예수님이라면
어떻게 하실까

예수님이라면 어떻게 하실까

저자 찰스 M. 쉘돈
역자 김창대

초 판 1쇄 발행 2006. 1. 25.
개정판 1쇄 발행 2008. 12. 8.
개정3판 1쇄 발행 2018. 11. 1.
개정3판 23쇄 발행 2025. 5. 15.

발행처 도서출판 브니엘
발행인 권혁선

책임교정 조은경
책임영업 기태훈
책임편집 브니엘 디자인실

등록번호 서울 제2006-50호
등록일자 2006. 9. 11.

서울특별시 송파구 백제고분로28길 25 B101호 (05590)
마케팅부 02)421-3436
편 집 부 02)421-3487
팩시밀리 02)421-3438

ISBN 979-11-86092-80-4 03230

독자의견 02)421-3487
이메일 editorkhs@empal.com

북카페 주소 cafe.naver.com/penielpub.cafe
인스타그램 @peniel_books

이 책은 저작권법에 따라 보호받는 저작물이므로 무단전제 및 무단복제를 금합니다.
이 책의 전부 또는 일부를 이용하려면 반드시 사전에 저작권자와 도서출판 브니엘의 동의를 받아야 합니다.

도서출판 브니엘은 독자들의 원고를 설레는 마음으로 기다리고 있습니다.
위의 이메일로 간단한 기획 내용 및 원고, 연락처 등을 보내주십시오.

도서출판 브니엘은 갓구운 빵처럼 항상 신선한 책만을 고집합니다.

In His Steps by Charles M. Sheldon

예수님이라면 어떻게 하실까

찰스 M. 쉘돈 지음 | 김창대 옮김

| 옮긴이 머리말 |

　성경에서 말하는 구원과 의를 단순히 법정적인 차원에서 하나님이 우리를 사탄의 세력으로부터 구원하셔서 의로 여기셨다는 영적인 의미로만 국한시켜서는 안 된다. 오히려 실제적인 삶의 관계적 의미로 이해해야 한다. 다시 말해, 하나님의 구원과 의가 하나님과 인간 사이의 수직적 관계, 그리고 인간과 인간, 인간과 세상 사이의 수평적인 관계 속에서 우리의 삶을 통해 행동으로 실현되어져야 한다는 것이다.

　그러므로 바울이 빌립보서에서 우리의 삶에서 구원을 이룰 것을 강조한 사실은 시사하는 바가 크다. "그러므로 나의 사랑하는 자들아, 너희가 나 있을 때뿐 아니라 더욱 지금 나 없을 때에도 항상 복종하여 두렵고 떨림으로 너희 구원을 이루라"(빌 2:12). 성경에서 말하는 구원적 의는 확실히 우리 삶의 열매와 밀접한 관계가 있다. 하나님으로부터 시작된 구원과 의가 우리 삶의 모든 영역에서 더욱 확장되는 것이 하나님의 뜻이기 때문이다. 그렇다고 하나님의 구원과 의가 구체적인 삶에서 우리의 힘으로 확장될 수 있는 것은 아니다. 그것은 어디까지나 성령의 열매이며, 하나님의 은혜이기 때문이다. 즉, 우리의 공로적 노력이 아니라 오직 성령의 힘을 통해서만 가능하다. 따라서 우리가 삶 속에서 하나님의 구원을 위해 힘쓴다는 표현은 성령의 능력을 힘입어, 구체적으로 성령의 온전한 지배를 받으며, 하나님의 구원적 의를 삶 속에서 나타내는 것이라고 표현하는 것이 보다 더 정확하다.

앞에서 언급한 것처럼 구원을 이루어 나가는 모습은 단순히 영적인 의미뿐만 아니라 삶의 모든 관계에 적용되는 실제적 의미를 띤다. 그러므로 우리는 삶의 모든 영역에서 기독교적 관심을 가지고 성령의 도우심을 받으며 하나님의 구원적 의가 실현되도록 노력해야 한다. 그런데 문제는 어떻게 성령의 도우심을 받을 수 있는가 하는 것이다. 이 책은 이를 위한 해결 방법으로 삶의 모든 상황 속에서 "예수님이라면 어떻게 하실까?"라는 질문을 하고, 그에 따라 행동할 것을 제안한다.

이 책의 저자인 쉘돈 박사가 이 질문을 던진 근본적인 목적은 개인적인 영적 구원의 차원을 넘어 사회적 차원에서 하나님의 구원과 의가 실현되도록 고난에 동참할 것을 촉구하기 위함이다. 하지만 이 대목에서 많은 사람이 자신의 방식대로 하나님의 뜻을 이루려는 오류를 범한다. 그러므로 이 책은 진정한 그리스도의 제자라면 성령의 철저한 인도하심을 받아 "예수님이라면 어떻게 하실까?"라고 스스로 자문할 줄 알아야 한다고 주장한다. 그렇게 할 때 비로소 우리의 행동이 진정으로 성령의 행동이 되어 자연스럽게 성령의 열매를 맺고 하나님의 구원과 의를 세상에 나타낼 수 있게 된다는 것이다.

바울은 빌립보서 3장 10절에서 그리스도를 본받는 자신의 삶을 언급하면서 "그의 죽으심을 본받아"라고 표현했다. 여기서 '본받아'로 번역된 헬라어는 '주님의 형상으로 끊임없이 닮아간다'라는 의미를 가지고 있다. 그러므로 위의 본문을 헬라어 원문대로 표현하자면 "그분의 죽으심을 따라서 그분과 같은 형상으로 닮아가기 위해 끊임없이 변화한다"라고 말할 수 있다. 결국 예수님을 본받는 삶이란, 그분의 죽으심에 동참하기 위해 고난을 감수하면서 끊임없이 주님의 형상을 닮아가는 삶이다. 단순히 영적 차원에서 뿐만 아니라 모든 삶의 차원에서 주님을 닮아가는 것이다. 아무쪼록 이 책을 통해 한국 교회가 예수님을 닮아가는 삶의 의미를 보다 깊이 있게 체험할 수 있기를 바란다.

옮긴이 김창대

C·O·N·T·E·N·T·S
차 례

옮긴이 머리말 · 5

1. 어느 실직자의 낯선 방문 · 13
2. 예수님의 발자취를 따른다는 것 · 26
3. 노먼 사장, 서약의 첫 걸음을 떼다 · 37
4. 데일리뉴스 신문에 닥친 위기 · 47
5. 불의에 맞설 것인가, 피할 것인가? · 57
6. 레이첼, 오페라단 입단을 거절하다 · 69
7. 렉탱글에 울려 퍼진 천상의 소리 · 79
8. 슬럼가 렉탱글로 간 맥스웰 목사 · 93
9. 변화를 몰고 온 성령의 바람 · 107
10. 와서 고난을 당하라 · 120
11. 마쉬 총장, 선거 캠페인을 주도하다 · 131
12. 창녀 로린의 친구가 된 버지니아 · 143
13. 강의실에 임재하신 성령의 물결 · 153
14. 누가 이 여인을 죽였는가? · 163

15. 슬럼가를 향한 버지니아의 계획 · 177

16. 노먼 사장의 새로운 시도 · 185

17. 방탕했던 롤린의 소명의 발걸음 · 196

18. 캘빈 브루스 목사의 장문의 편지 · 205

19. 스털링 가의 두 자매 · 220

20. 나사렛애비뉴교회에 이는 서약운동 · 235

21. 스털링 가의 끔찍한 비극 · 247

22. 안락한 삶을 포기하다 · 256

23. 펠리시아의 새로운 삶 · 264

24. 노상강도에게 임한 성령의 역사 · 273

25. 진정한 그리스도인은 어디 있는가? · 282

26. 한 남자의 슬픈 죽음 · 293

27. 복지관에서 열린 공개 토론 · 306

28. 당신은 진정 주님의 제자인가? · 320

예수님이라면 어떻게 하실까?

이것을 위해 여러분은 부르심을 받았습니다.
그리스도께서도 여러분을 위해
고난을 받으심으로 여러분에게 모범을 보여
그분의 발자취를 따르게 하셨습니다.

1.
어느 실직자의 낯선 방문

금요일 아침이었다. 헨리 맥스웰 목사는 다가오는 주일 설교 원고를 마무리하기 위해 씨름하고 있었다. 하지만 이미 여러 차례 방해를 받은 까닭에 그의 신경은 날카로워질 대로 날카로워져 있었다. 그로 인해 여전히 만족할 만한 수준의 원고가 나오지 않고 있었다.

그는 또 한 명의 방문자를 돌려보낸 후 다시 2층 서재로 올라가면서 아내에게 부탁했다.

"메리, 이제부터 사람들이 찾아오면 지금은 너무 바빠서 아주 중요한 일이 아니면 절대로 만나줄 수 없다고 전해줘요."

"그러죠. 하지만 저는 지금 유치원에 가야 하기 때문에 당신 혼자 집에 있어야 할 것 같아요."

그는 2층으로 올라가 방문을 닫았다. 몇 분이 지나자 아내가 외출하는 소리가 들렸다. 이내 집 안이 조용해졌다. 그는 깊은 한숨을 들이쉰 후 다시 설교 원고를 작성하기 시작했다. 본문은 베드로전서 2

장 21절이었다. "이를 위하여 너희가 부르심을 받았으니 그리스도도 너희를 위하여 고난을 받으사 너희에게 본을 끼쳐 그 자취를 따라오게 하려 하셨느니라."

맥스웰 목사는 설교문 서두에서 예수님이 삶과 죽음의 상황에서 처하셨던 여러 가지 시련과 고난의 모습에 초점을 맞추고 개인적 희생으로서 대속의 의미를 강조했다. 그리고 중반부에서는 사람들에게 본으로 보여주신 주님의 인격으로 말미암아 우리가 어떻게 그분을 믿음으로써 구원을 받을 수 있게 되었는지를 설명하기 위해 예수님의 삶과 가르침에서 실례를 열거했다. 그는 이제 마지막 결론으로 주님의 희생과 사랑을 본받아 예수님을 따라 살아가야 할 필요성에 관해 쓰고 있는 중이었다. 설교 제목을 이미 "세 가지 단계, 그것은 무엇인가?"라고 정한 그는 그 세 단계를 하나하나 논리적으로 전할 계획이었다.

그때 현관 벨이 시끄럽게 울렸다. 현관 벨은 자명종과 같은 원리였는데, 마치 한꺼번에 열두 번을 치는 것처럼 매우 요란했다. 맥스웰 목사는 미간을 찌푸렸다. 정말 움직이고 싶지 않았다. 하지만 벨이 다시 울렸다. 그는 하는 수 없이 의자에서 일어나 현관이 내려다보이는 창문 쪽으로 갔다. 초라한 옷차림의 어떤 사람이 현관 계단에 서 있는 모습이 보였다.

"떠돌이인가 보군."

그는 혼잣말을 중얼거리며 아래층으로 내려가 현관문을 열었다. 두 사람이 서로 마주보고 있는 동안 짧은 정적이 흘렀다. 마침내 남루한 옷차림의 방문자가 입을 열었다.

"실례지만 저는 일자리를 구하고 있는 중입니다. 혹시 목사님께서 저에게 일자리를 마련해 주실 수 있을까 싶어 찾아왔습니다."

"미안하지만 아는 데가 없습니다. 그리고 요즘 일자리들이 별로 없어서…."

목사는 말끝을 흐리며 천천히 문을 닫으려고 했다.

"그렇군요. 하지만 저를 위해 철도 회사나 가게 주인들에게 일자리를 문의해 주실 수는 없으신지요?"

그 사람은 빛바랜 모자를 한 손에서 다른 한 손으로 옮겨 쥐며 초조하게 말을 이었다.

"소용없을 겁니다. 더구나 오늘 아침은 매우 바쁘기 때문에 이만 실례해야겠습니다. 안타깝게도 지금은 우리 집에도 당신에게 줄 일거리가 없습니다. 말과 소가 한 마리씩 있지만 모두 제가 돌보고 있거든요. 곧 일자리를 찾을 수 있기를 바랍니다."

맥스웰 목사가 현관문을 닫자, 그 사람이 계단을 내려가는 소리가 들렸다. 서재로 올라가는 동안 거실 창문을 통해 그 사람이 손에 모자를 쥔 채 느릿느릿한 걸음으로 거리를 빠져나가는 모습이 보였다. 그야말로 삶에 지쳐 방황하는, 낙심으로 가득 찬 모습이었다. 그 모습을 바라보자 맥스웰 목사의 마음에 순간적으로 작은 동요가 일었다. 하지만 그는 모든 생각을 접고 책상에 앉아 깊은 심호흡을 한 후 다시 원고를 쓰기 시작했다. 그 후 더 이상의 방해는 없었다. 두 시간 후에 아내가 돌아왔을 때는 이미 설교 원고가 완성되어 있었다. 그는 흐트러진 원고를 가지런히 모아 성경책 위에 올려놓았다. 이로써 주일 아침 설교 준비가 모두 끝난 셈이었다.

점심 식사를 하는 동안 그의 아내는 유치원에서 있었던 이상한 일에 관해 말해주었다.

"여보, 오늘 유치원에서 정말 이상한 일이 있었어요. 아이들이 게임을 끝내고 막 점심을 먹으려고 식탁에 앉는 순간 갑자기 문이 열리더니 한 젊은 사람이 양손에 낡은 모자를 쥔 채 들어오지 뭐예요. 영락없는 떠돌이 행색이었어요. 렌 선생님과 보조 교사인 카일 선생님이 얼마나 당황해 하던지…. 그런데 그 사람은 얼마 동안 조용히 서 있더니 그냥 나가버리더라고요."

"아마도 너무 지쳐 어디서 쉴 곳을 찾으려 했던 모양이군. 가만있자. 그러고 보니 오늘 우리 집에 찾아왔던 사람과 같은 사람인 것 같은데. 옷차림이 떠돌이 같았다고 했소?"

"예, 그래요. 지저분하고 초라한 것이 영락없는 떠돌이 같았어요. 나이는 서른에서 서른 두 살쯤 되어 보였어요."

"확실히 같은 사람이야."

맥스웰 목사가 깊은 생각에 잠기며 말했다. 잠시 후 그의 아내가 물었다.

"여보, 설교 준비는 모두 끝냈어요?"

"다 끝냈소. 정말 이번 한 주는 너무 정신없이 지나갔어. 두 편의 설교를 준비하느라 진이 다 빠졌는걸."

"주일날 더 많은 사람이 모여 당신의 설교를 들었으면 좋겠어요. 그런데 이번 주일 설교 내용은 뭐예요?"

그의 아내가 궁금하다는 듯 물었다.

"예수님을 따라가자는 내용이오. 대속의 의미를 설명한 후, 주님의 희생을 따라가기 위해 필요한 단계들을 말할 작정이오."

"훌륭한 설교가 되겠네요. 그런데 이번 주일에는 제발 비가 오지 않았으면 좋겠어요. 정말 요즘 들어 주일마다 폭풍우가 치니 말이에요."

"맞아요. 그 바람에 한동안 교인들이 너무 적게 모였지. 폭풍우가 부는 날에는 사람들이 교회에 잘 오지 않으니 정말 큰일이야."

맥스웰 목사가 한숨을 쉬며 말했다. 그의 머릿속으로 엄청난 공을 들여 준비했지만 사람들이 별로 오지 않아 빛이 바래버린 자신의 설교들이 스쳐 지나갔다.

주일 아침, 레이몬드 시는 비바람과 먼지로 뒤덮였던 그동안의 궂은 모습과 달리 모처럼 청명했다. 공기는 맑고 상쾌했고 하늘에는 구름 한 점 없었다. 덕분에 교인들 거의 대부분이 출석했다. 아침 11시, 예배가 시작되었을 때 예배당은 정장 차림을 하고 흡족한 표정으로 앉아 있는 레이몬드 사람들로 입추의 여지없이 가득 찼다.

레이몬드 제일교회 교인들은 자신들이 돈으로 따지자면 가장 값비싼 최고의 음악을 교회 내에서 듣고 있다고 자부했다. 그날 아침에도 그들은 4중주 성가대의 찬양을 들으며 한없이 기뻐했다. 실로 영감 있는 찬양이었다. 가사는 설교 주제와 잘 맞았으며, 곡 역시 현대 음악 스타일로 정교하게 구성되어 있었다.

"십자가를 내가 지고
　주를 따라갑니다."

설교 시간 직전에는 소프라노 성악가인 레이첼 윈슬로우가 유명한 찬송을 솔로로 불렀다.

"주의 인도하심 따라

주의 인도하심 따라
어디든지 주를 따라
주와 같이 같이 가려네."

레이첼은 그날 따라 무척 아름다워 보였다. 그녀는 십자가와 가시 면류관이 의미 있게 새겨진 참나무 칸막이 뒤에 서 있었다. 그녀의 목소리가 매우 아름답다는 사실을 잘 알고 있는 교인들은 기대에 찬 표정으로 그녀의 특송을 귀 기울여 들었다. 맥스웰 목사도 강대상 뒤에서 만족한 표정으로 그녀를 바라보았다. 레이첼의 독창은 항상 그에게 큰 힘을 주었다. 그래서 그는 설교 전에 자주 그녀의 특송 순서를 마련했다. 찬양의 영감을 받으면 더욱더 인상적인 설교를 할 수 있었기 때문이다.

교인들은 레이첼의 독창을 들으며 지금까지 제일교회에서 들어본 찬양 중 최고라며 웅성거렸다. 그녀가 자리에 앉는 순간, 맥스웰 목사는 박수 소리인지, 아니면 발을 구르는 소리인지 분간할 수 없는 어떤 소리가 예배당 안을 가로질러 울려 퍼지는 듯한 느낌을 받았다. 순간적으로 당황스러웠지만 강대상 앞으로 나가 설교 원고를 성경책 위에 올려놓으며 아마도 환청일 것이라고 생각했다. 그런 일은 자신의 교회 안에서 일어날 수 없었다. 잠시 후, 그는 설교에 몰입하기 시작했다. 설교를 한다는 기쁨에 모든 것을 잊었다.

헨리 맥스웰 목사의 설교에 관해 지루하다고 말하는 사람은 아무도 없었다. 종종 몇몇 비판가들만이 그의 설교 전달 방법이 지나치게 선동적이라고 평했다. 그러나 그것은 제일교회 교인들에게 그리 큰 문제가 되지 않았다. 오히려 그들은 맥스웰 목사의 선동적 설교를 자신들의 교회와 맥스웰 목사 자신의 더할 나위 없는 장점으로 여기고 있었다.

맥스웰 목사는 설교하기를 좋아하는 사람이었다. 그는 좀처럼 강단을 비우는 일이 없었다. 항상 주일마다 자신의 교회 강단에서 설교하기를 원했다. 특히 예배당을 가득 메운 사람들이 자신의 설교를 경청할 때면 설교 시간 내내 흥이 절로 솟구쳤다. 실제로 교인 수에 매우 민감한 그였기 때문에 청중이 적으면 설교를 잘하지 못하는 스타일이었다. 설교를 잘할 때는 언제나 그날 아침과 같이 많은 사람이 자신을 주시할 때였다. 그의 설교에는 날씨도 큰 변수로 작용했다.

설교 도중 맥스웰 목사의 얼굴에는 만족하는 기색이 역력했다. 교회는 그 도시에서 가장 오랜 전통을 지니고 있었으며, 최고의 성가대가 있었다. 교회 구성원들도 레이몬드 시의 부와 지성, 지역 사회를 대표하는 지도자급 인사들로 채워져 있었다. 그는 제일교회 담임목사로서의 강력한 영향력과 지위 등 여러 가지 특권을 누리고 있었으며, 특히 해마다 여름이면 3개월 동안의 긴 휴가를 즐길 수 있었다.

맥스웰 목사가 설교를 하면서 동시에 어떻게 그런 생각들을 할 수 있었는지는 확실히 알 수 없다. 하지만 설교 끝 무렵, 그와 같은 생각들이 순간적으로 그의 마음속으로 파고들어 왔다는 사실 자체를 부인할 수는 없었다. 짧은 시간 동안 그의 의식 속에서 마치 독백처럼 목사로서의 지위와 그에 따른 우쭐한 감정들이 떠올랐던 것이다. 분명 그의 설교는 개인적 만족감에 흠뻑 젖어 있었다.

설교는 재미있었다. 재치가 번뜩이는 문장들로 가득 차 있었다. 책으로 인쇄되어 나왔다면 큰 주목을 받을 만한 설교였다. 극적이고 정열적이면서도 고함이나 연설조로 청중의 기분을 상하지 않게 하는 세련된 화법으로 인해 그의 설교는 큰 매력을 지니고 있었다. 그날 아침, 맥스웰 목사가 자신이 담임하는 교회에 만족하는 모습이었다면, 제일교회 교인들도 마찬가지였다. 그들 역시 강단에서 저속하고 불쾌한 요소가 전혀 없이 인상적인 용모와 함께 학자적이고 세련된 어투로 활기차게, 그리고 자유롭게 설교하는 목사가 자신들의 담임 목사라는 사실에 흡족한 표정이었다.

그때 갑자기 설교자와 청중 사이의 완벽한 조화를 깨뜨리는 방해꾼이 나타났다. 그 방해꾼이 몰고 온 파장은 엄청났다. 너무나 예기치 못한 사건이었고 누구도 상상할 수 없는 일이었기에 사람들은 그를 저지하지 못한 채 한동안 물끄러미 바라볼 수밖에 없었다. 그 일은 설교를 끝낸 맥스웰 목사가 성경책을 덮고 막 자리에 앉으려는 순간에 일어났다. 그리고 4중주 성가대가 마지막 찬양을 하기 위해 일어나려던 찰나였다.

어떤 사람이 뒤에서 큰소리로 외쳤다. 사람들은 깜짝 놀라지 않을 수 없었다. 그 소리는 2층 특별석 밑에서 들려왔다. 소리를 지른 사람은 어두운 그늘진 곳에서 나와 중앙 통로를 통해 앞으로 나왔다. 놀란 교인들이 상황을 미처 파악하기도 전에 그 남자는 벌써 강단 앞에 있는 넓은 공간까지 걸어 나왔다. 그 남자는 교인들을 향해 돌아서더니 이렇게 말했다.

"교회에 와서 계속 고민했습니다."

그 남자는 조금 전에 특별석 밑에서 큰소리로 외쳤던 말을 다시 한 번 반복했다.

"과연 설교 뒤에 이와 같이 말한다는 게 옳은 일인지는 잘 모르겠습니다. 하지만 저는 술 취하지도, 미치지도 않았습니다. 또한 누구를 해치려는 것도 아닙니다. 다만 며칠 안으로 죽을 것 같아서 죽기 전에 이런 곳에서 여러분과 같은 사람들에게 한마디 하고 싶어서 나왔습니다."

맥스웰 목사는 자리에 앉지 못한 채 강대상에 기대어 서서 그 낯선 방해꾼을 쳐다보았다. 그런데 자세히 보니 그 남자는 지난 금요일에 자신의 집을 방문했던 바로 그 사람이었다. 그때의 지저분하고 남루한 차림 그대로였다. 또한 여전히 양손으로 빛바랜 모자를 쥐고 있었다. 그것은 마치 오래된 습관처럼 보였다. 면도도 하지 않았으며 머리는 거칠고 헝클어져 있었다. 맥스웰 목사는 그와 같은 사람이 자신의 교회 안에서 교인들 앞에 서 있다는 사실이 믿어지지 않았다. 거리의 뒷골목이나 철도 공장 주위에서 그런 부류의 사람들이 활보하는 모습은 자주 보았지만, 교회에서 그런 모습을 본다는 것은 정말 꿈에도 상상하지 못한 일이었다.

다행히 그 사람의 태도나 말투로 볼 때 불손한 의도는 없어 보였다. 그 사람은 차분하게, 비록 저음이지만 분명한 어조로 말을 이어갔다. 맥스웰 목사는 그 방해꾼 때문에 충격을 받아 아무 말도 못하고 있었지만, 그 사람을 바라보며 얼마 전 꿈에서 자신과 함께 거닐며 이야기를 나누었던 낯선 사람을 떠올렸다.

교인들 역시 그 낯선 사람을 저지하거나 방해하지 않았다. 모두들 너무도 갑작스러운 상황에 어떤 조치를 취해야 할지 모르는 모양이었다. 또한 그 방해꾼이 아무도 자신을 방해하지 못할 것이라는 완강한 태도를 보였기 때문이기도 했다. 그 사람은 자신의 행동이 예배 시간에 얼마나 큰 충격을 몰고 왔는지에 관해서는 전혀 의식하지 않는 눈치였다. 그 사람이 말하는 동안 맥스웰 목사의 얼굴은 시간이 지날수록 슬픈 기색을 띤 채 더욱 창백해져 갔다. 하지만 그 사람을 제어하려는 행동을 취하지는 않았다. 교인들도 숨소리조차 내지 않고 조용히 그 사람을 지켜보았다. 성가대석에 앉아 있던 레이첼도 하얀 얼굴을 한 채 손에 빛바랜 모자를 쥐고 서 있는 초라한 그 사람을 골똘히 주시했다. 그녀의 얼굴은 오히려 빛나고 있었다. 전혀 예기치 못한 사건의 중압감 때문에 그녀의 얼굴선은 마치 불타오르는 것처럼 뚜렷한 윤곽을 그리고 있었다.

"저는 그저 평범한 떠돌이는 아닙니다. 그렇다고 떠돌이들에게도 무슨 등급이 있어 어떤 떠돌이가 다른 떠돌이보다 더 구원의 가치가 있다는 말은 아닙니다. 예수님도 그렇게 가르치지 않으셨다고 생각합니다. 여러분은 어떻게 생각하십니까?"

그 사람은 마치 전교인을 상대로 성경 공부를 하듯 자연스럽게 질문했다. 그러더니 잠시 말을 중단하고 고통스럽게 기침을 해댔다.

"저는 열 달 전에 직장을 잃은 인쇄공입니다. 새로 나온 자동 주조 식자기(linotype)는 정말 훌륭한 발명품입니다. 하지만 그 기계 때문에 제가 알기로 올해 들어서만 벌써 여섯 명의 사람이 자살을 했습니다. 물론 그 기계를 도입한 신문사들을 비난할 마음은 없습니다. 하지만 인쇄술밖에 배운 것이 없는 저로서는 달리 할 수 있는 일이 없었습니다. 저는 다른 일자리를 찾기 위해 많은 지역을 떠돌아다녔습니다. 그러는 동안에 저와 같은 사람이 많다는 사실을 알았습니다. 이것은 불평하는 말이 아닙니다. 단지 사실을 말하는 것뿐입니다. 조금 전 특별석 밑에 앉아 있으면서 여러분이 말하는 예수를 따르는 삶이 진정 그분의 교훈과 일치하는가 하는 의구심이 들었습니다. 예수님이 '나를 따르라'고 하셨을 때, 그 의미는 무엇이었습니까?"

그 사람은 갑자기 몸을 돌려 강단을 바라보았다.

"목사님은 예수님의 제자라면 당연히 그분의 발자취를 따라야 하고, 그 단계는 순종, 믿음, 사랑, 그리고 본받기라고 말씀하셨습니다. 하지만 특별히 그 마지막 단계가 의미하는 바에 관해서는 분명하게 말씀하지 않으셨습니다. 크리스천들이 예수님의 발자취를 본받는다는 게 과연 무슨 뜻입니까? 저는 이 도시를 사흘 동안이나 헤매며 일자리를 찾아다녔습니다. 그렇지만 여기 서 계신 목사님을 제외하고 저에게 동정이나 위로의 말을 건넨 사람은 단 한 사람도 없었습니다. 목사님은 저에게 미안하다고 하시며 꼭 다른 곳에서 일자리를 찾기 바란다고 하셨습니다. 물론 여러분이 전문적인 떠돌이들에게 많이 속아본 경험 때문에 정말 도움이 필요한 사람들에게 무관심했다고 말할 수도 있겠죠. 아무튼 누구를 비난할 생각은 없습니다. 저는 단지 있는 사실을 그대로 말한 것뿐입니다.

저도 잘 압니다. 여러분이 저와 같은 사람을 위해 만사를 제쳐놓고 일자리를 구해주실 수는 없겠죠. 그렇게 해달라고 요구할 마음도 없습니다. 하지만 저의 마음속에서 끊임없이 혼란스러운 부분은 과연 예수님을 따르는 삶이 무엇인가 하는 것입니다. 여러분은 '주와 같이 같이 가려네' 라는 찬송을 무슨 의미로 부르셨습니까? 예수님처럼 잃어버리고 고통받는 사람들을 구원하기 위해 자신을 부인하고 고난에 참여하시겠다는 뜻이었습니까? 무슨 뜻이었습니까? 한 번 이 사회의 어두운 그늘을 생각해보십시오. 지금 이 도시에는 저와 같은 처지에 있는 사람들이 5백 명이 넘습니다. 그들 대부분은 가족이 있습니다. 저의 아내는 네 달 전에 죽었습니다.

하지만 저는 오히려 아내가 고통 없는 곳으로 갔다는 사실에 위안을 얻습니다. 저의 어린 딸은 제가 일자리를 찾을 때까지 다른 인쇄공 집에 맡겨진 상태니까요. 저는 많은 크리스천이 사치스럽게 살면서 '십자가를 내가 지고 주를 따라갑니다' 라고 찬송할 때 혼란을 느낍니다. 그럴 때마다 뉴욕의 빈민가에 있는 아파트에서 힘겨운 목소리로 어린 딸도 함께 데려가 달라고 기도하다 숨을 거둔 아내가 머릿속에 떠오릅니다. 물론 여기 계신 분들이 굶주림, 영양실조, 그리고 열악한 주거 환경 때문에 죽어가는 사람들을 모두 막을 수 있다고 생각하지는 않습니다.

하지만 예수님을 따른다는 의미가 무엇입니까? 제가 알기로 많은 크리스천이 아파트를 소유하고 있습니다. 저의 아내가 죽었던 아파트의 소유주 역시 크리스천이었습니다. 과연 그 아파트 주인이 예수님을 따르는 삶을 실천했다고 말할 수 있을지 의문이 듭니다. 어느 저녁, 교회 기도회 모임에서 사람들이 다음과 같이 찬양하는 것을 들은 적이 있습니다.

> '나의 생명 드리니 주여 받아주셔서
> 세상 살아갈 동안 찬송하게 하소서.
> 손과 발을 드리니 주여 받아주셔서
> 주의 일을 위하여 민첩하게 하소서.
> 나의 시간 드리니 주여 받아주셔서
> 평생토록 주 위해 봉사하게 하소서.'

교회 밖 계단에 앉아서 그들이 부르는 찬양의 의미가 무엇인지 곰곰이 생각해 보았습니다. 만약 찬양을 부르는 사람들이 세상에 나가 문제를 해결했다면, 지금쯤 이 세상은 천국으로 변했을 것이라는 느낌을 지울 수 없었습니다. 아직도 이해가 가지 않습니다. 예수님이라면 어떻게 하실까요? 그분의 발자취를 따른다는 게 고작 이런 건가요? 교회 밖에 수천의 사람들이 다 쓰러져가는 집에서 죽어가고 있고, 많은 사람이 일거리를 찾기 위해 거리를 헤매고 있습니다. 그들은 피아노나 그림을 집 안에 들일 생각은 꿈도 꾸지 못한 채 매일매일을 불행과 술 취함, 그리고 죄악 가운데에서 살아가고 있습니다. 그런데도 크리스천들은 멋진 집에서 좋은 의복을 입고 사치스럽게 돈을 낭비하며 여름마다 휴가를 즐기고 있습니다."

그 사람은 갑자기 몸을 비틀거리더니 지저분한 손으로 성찬상을 잡았다. 그 바람에 그의 모자가 카펫 위로 떨어졌다. 순간 교인들이 동요했고, 의사인 웨스트 박사가 자리에서 벌떡 일어났다. 하지만 아직 회중석에서 적막을 깰 만한 이렇다 할 소리나 움직임은 없었다. 떠돌이 행색을 한 그 사람은 다른 한 손으로 얼굴을 가리는 듯 하더니 쿵 소리를 내며 앞으로 넘어졌다.

맥스웰 목사가 급히 말했다.

"예배가 폐회되었습니다."

맥스웰 목사는 강단에서 내려와 쓰러진 사람 옆에 무릎을 꿇었다. 교인들도 모두 자리에서 일어났다. 통로는 사람들로 가득 찼다. 그 사람을 진찰한 웨스트 박사는 아직 숨이 붙어 있다고 말했다. 그는 기절했던 것이다. 웨스트 박사는 다른 사람들과 함께 그 사람을 교회에서 맥스웰 목사가 사용하는 서재로 옮기면서 낮게 중얼거렸다.

"심장에 문제가 있군."

2.
예수님의 발자취를 따른다는 것

맥스웰 목사와 교인 몇 명이 서재에 모여 있었다. 낯선 사람은 소파에 누워 거친 숨을 몰아쉬고 있었다. 모두들 그 사람의 처리를 놓고 고심하고 있을 때, 맥스웰 목사가 그 사람을 자신의 사택으로 데려가겠다고 했다. 사택은 교회에서 가까웠고 빈방도 있었다.

레이첼도 나섰다.

"요즘 집에 어머니 혼자 계세요. 이분을 저희 집에 모셨으면 좋겠어요."

그녀는 상당히 흥분해 있었다. 하지만 그것을 눈치 챈 사람은 아무도 없었다. 교인들은 제일교회가 생긴 이래 가장 이상한 이번 사건을 놓고 모두 동요하고 있었다. 맥스웰 목사는 자신이 데려가겠다는 뜻을 굽히지 않았다. 들것이 도착하자, 의식을 잃은 그 사람은 결국 목사관으로 옮겨졌다. 그 사람이 목사관의 빈방으로 옮겨진 사건은 나중에 맥스웰 목사의 삶에 새로운 전환점이 되었다. 하지만 크리스천의 제자로서의 삶과 관련해서 이번 사건이 몰고 올 파장에 관해서는 아직 그 누구도, 심지어 맥스웰 목사 자신도 알지 못했다.

이 사건은 제일교회 교인들에게 큰 반향을 불러일으켰다. 사람들은 일주일 내내 그 사람에 대해 이야기했다. 사람들은 삶의 큰 고통으로 인해 정신 이상을 일으킨 사람이 우연히 자신들의 교회에 들어온 것이라고 결론을 내렸다. 그리고 그 사람이 정신 착란 상태에 빠져 주위 상황을 전혀 의식하지 못했을 것이라고 분석했다. 이런 분석을 통해 교인들은 나름대로 그 사람의 행동을 동정하려는 분위기였다. 또한 교인들은 모두들 그 사람의 말이 비난조가 아니었다는 데 동의했다. 교인들의 눈에 그 사람은 처음부터 끝까지 온순하면서도 미안한 어조로 매우 힘든 자신의 문제를 이야기한 한 성도로 비춰졌다.

목사관으로 옮겨진 뒤 사흘 후, 그 사람은 어느 정도 차도를 보였다. 하지만 의사는 더는 가망이 없다고 말했다. 토요일 아침, 그 사람은 여전히 숨을 쉬고 있었지만 몸은 빠르게 악화되어 가고 있었다. 주일 새벽, 시계가 한 시를 가리키기 전 갑자기 그 사람이 원기를 회복했다. 그리고 자신의 딸이 왔는지 물었다. 맥스웰 목사는 이미 그 사람의 호주머니에서 딸이 맡겨진 집의 주소가 적혀 있는 편지를 발견하고, 즉시 그 사람의 딸에게 연락을 취한 상태였다. 그 사람이 심장마비로 쓰러진 후 짧은 순간이나마 그와 같이 의식을 되찾아 말하기는 이번이 처음이었다.

"지금 따님이 오고 있습니다. 이제 곧 도착할 겁니다."

그 사람의 곁에 앉아 있던 맥스웰 목사가 말했다. 그의 얼굴에는 한 주 내내 밤을 새면서 병간호를 한 흔적이 엿보였다. 그는 사람들의 만류를 뿌리치고 거의 매일 밤을 새웠다.

"이 세상에서는 더는 딸아이를 보지 못할 것 같군요."

그 사람이 한숨을 쉬며 힘겹게 말했다.

"지금까지 베풀어 주신 목사님의 호의에 감사드립니다. 목사님의 모습에서 예수님을 보는 느낌입니다."

그로부터 몇 분 후, 그 사람의 머리가 한쪽으로 기울었다. 의사가 미처 상황을 깨닫지 못한 맥스웰 목사에게 조용히 말해주었다. "운명했습니다."

그날 아침에도 지난주처럼 많은 교인이 모였다. 맥스웰 목사는 강대상에서 교인들을 바라보았다. 그는 오랜 병마에서 막 헤어난 사람처럼 수척해 보였다. 지금 그의 아내는 그 사람이 죽은 지 한 시간 뒤에 새벽 열차를 타고 도착한 그 사람의 딸과 함께 집에 머물러 있었다. 그 사람의 시신은 사택의 빈방에 그대로 안치되어 있었다. 죽음으로 인해 이제 그 사람의 모든 고통은 사라졌다. 맥스웰 목사는 성경을 펼치면서 그 사람의 얼굴을 떠올렸다. 그리고 지난 10년 동안 자신이 해오던 방식대로 강대상 한쪽에 쪽지들을 가지런히 정리했다.

그날 아침 예배는 이전과 사뭇 다른 분위기를 띠었다. 지금까지 맥스웰 목사가 주일 아침 예배 때 원고 없이 설교한 적은 한 번도 없었다. 사실 사역 초창기 시절에는 때때로 원고 없이 설교한 적도 있었다. 하지만 그 후 오랫동안 원고를 주의 깊게 읽어 나가는 방식으로 설교를 해왔다. 성경 공부 때도 마찬가지였다. 하지만 그날 아침, 그는 원고 없이 설교를 했다. 원고 없이 한 그날 설교가 특별하다거나 인상적이었다고 말할 수는 없었다. 그는 상당히 주춤거리며 설교를 했다. 머릿속으로 할 말을 찾기 위해 애쓰는 모습이 역력했다. 설교 주제와 관련해서 생각들을 제대로 표현할 수 없었던 것이다. 하지만 설교 끝 무렵에 그는 설교 시작 전에 느낄 수 없었던 어떤 힘을 느낄 수 있었다.

그는 성경을 덮고 강대상 옆으로 나와 교인들을 바라보았다. 그리고 지난주에 일어난 이상한 사건에 관해 이야기하기 시작했다.

"오늘 새벽, 우리의 형제가 세상을 떠났습니다. 그 형제에 관해서는 잘 모릅니다. 누이동생이 시카고에 산다는 사실 정도만 압니다. 그래서 우리는 그녀에게 편지를 보냈고, 지금 답장을 기다리고 있는 중입니다. 그 사람의 어린 딸은 지금 저희 집에 와 있으며, 당분간 함께 지내게 될 것입니다."

맥스웰 목사의 분위기는 왠지 모르게 전과 달라 보였다. 그는 잠시 말을 멈추고 교인들을 둘러보았다. 지금까지 목회자로 사역하면서 이처럼 많은 사람이 진지한 얼굴로 자신을 바라보기는 처음이라는 생각이 들었다. 그는 자신이 겪고 있는 위기와 심경의 변화를 교인들에게 모두 터놓고 이야기할 수는 없었다. 하지만 그가 자신의 모든 속내를 드러내 보이지 않았음에도 그의 감정이 교인들에게 어느 정도 전해지고 있었다.

그는 계속 말을 이어갔다.

"지난주, 그 형제의 말과 행동에 저는 강한 인상을 받았습니다. 솔직히 말해서 저는 그 형제의 말 때문에 그 사람이 저희 집에서 숨을 거둔 후 전에는 한 번도 스스로에게 묻지 않았던 질문을 하게 되었습니다. 그것은 다름 아니라 '예수님을 따른다는 것은 무슨 의미인가?

하는 것입니다. 이 자리에서 그 형제와 그와 같은 처지에 있는 사람들을 돕지 못한 데 관해 저 자신을 포함해 여러분을 비난할 생각은 추호도 없습니다. 하지만 그 사람의 말이 너무나 진실이기 때문에 만약 우리가 반성하고 행동으로 옮기지 않는다면, 그리스도의 제자로서 주님 앞에서 큰 책망을 받게 될 것이라는 생각을 떨쳐버릴 수 없습니다. 지난 주일 아침, 그 형제의 말은 오늘날 교회들이 생각하는 기독교를 향한 커다란 도전이었습니다. 그날 이후로 저의 마음속에는 이 생각이 점점 더 강하게 자리 잡게 되었습니다. 그리고 그로 인해 저의 마음속에 떠오른 계획을 여러분에게 말씀드리는 게 좋겠다고 판단했습니다."

맥스웰 목사는 다시 한 번 말을 멈추고 교인들의 얼굴을 바라보았다. 그의 눈에 진지한 자세로 바라보는 모습들이 들어왔다. 제일 먼저 레이몬드 데일리뉴스 신문의 사장인 에드워드 노먼의 얼굴이 보였다. 그는 10년째 제일교회에 다니는 교인이었다. 실로 교인들은 하나같이 지역 사회에서 존경받는 인물들이었다. 알렉산더 파워즈는 레이몬드에 있는 굴지의 철도공장 감독관으로서 마치 철도사업을 위해 태어난 것처럼 보일 정도로 전형적인 철도인이었다. 도널드 마쉬는 레이몬드 외곽 지역에 위치한 링컨대학의 총장이었다. 또한 밀턴 라이트는 레이몬드 시에서 몇 손가락 안에 드는 거상으로 여러 개의 점포와 백 명 이상의 종업원을 두고 있었다. 의사인 웨스트 박사는 상대적으로 젊은 나이임에도 특정 수술 분야의 권위자였다. 젊은 야스퍼 체이스는 이미 한 권의 베스트셀러를 쓴 소설가로서 또 다른 소설을 준비하고 있었다. 버지니아 페이지는 아버지로부터 백만 달러 이상의 재산을 상속받은 상속녀였다. 그녀는 또한 보기 드문 매력적인 성품과 지성을 겸비하고 있었다. 그리고 누구보다 레이첼 윈슬로우가 있었다. 성가대에 앉아 있는 그녀의 얼굴은 그 모든 사건에 관한 관심 때문인지 더욱 빛나고 있었다.

이와 같은 구성원들을 생각할 때, 맥스웰 목사가 지난주처럼 자신의 교인들을 바라보며 만족감에 도취한 것도 충분히 이해할 만한 일이었다. 그 외에도 교인들은 강인한 개성을 지닌 많은 무리로 이루어져 있었다. 하지만 그날 아침, 맥스웰 목사는 그들의 얼굴을 바라보면서 그들 가운데 얼마나 많은 사람이 지금부터 자신이 하려는 제안에 반응할지 의구심이 들었다. 그는 어휘 사용에 신중을 기하면서 천천히 말을 이어갔다. 그러는 동안 교인들은 맥스웰 목사로부터 가장 극적인 설교를 들었을 때보다 더 강한 인상을 받기 시작했다.

"지금부터 제가 여러분께 드리려는 제안은 유별나거나 전혀 실현 가능성이 없는 일은 아닙니다. 하지만 저의 마음 한구석에는 많은 사람이 그렇게 생각할 수도 있다는 우려가 듭니다. 어쨌든 서로의 생각을 확실하게 이해하기 위해 먼저 저의 제안을 솔직하게 말씀드리겠습니다. 저는 여러분 중에서 앞으로 일 년 동안 모든 삶 속에서 '예수님이라면 어떻게 하실까?' 라는 질문 없이는 어떤 일도 하지 않겠다고 서약할 자원자를 모집하기 원합니다. 자원자는 항상 이 질문을 하고, 그 결과에 상관없이 예수님의 방식대로 행동해야 합니다. 물론 당연히 저도 자원자의 대열에 합류할 것입니다. 따라서 교회가 앞으로 저의 행동에 관해 놀라지 않으셨으면 합니다. 그리고 무엇보다 자원자가 예수님의 방식이라고 판단되는 행동을 실천에 옮길 때 반대하지 않으셨으면 합니다. 제가 드린 말씀을 분명히 이해하셨습니까? 이 운동의 주제는 '예수님이라면 어떻게 하실까?' 입니다. 이 운동의 목적은 그 결과에 상관없이 예수님이 우리와 같은 상황에 처하셨다면 하실 만한 행동을 몸소 실천에 옮기는 데 있습니다. 다시 말해 우리가 믿는 바 그대로 예수님의 발자취를 따라가자는 것입니다. 이 뜻에 동참하기 원하시는 분들은 오늘부터 시작해서 앞으로 일 년 동안 예수님을 따르겠다고 서약해야 합니다. 이와 같은 뜻에 동참하실 분들은 좀 더 구체적으로 논의하기 위해 예배 후에 남아주십시오."

맥스웰 목사는 잠시 말을 중단하고 다시 교인들의 얼굴을 바라보았다. 이 간단한 제안은 교인들에게 형용할 수 없는 파문을 불러일으켰다. 교인들은 놀란 표정으로 서로를 쳐다보았다. 이런 방식으로 그리스도의 제자도를 정의하는 것은 평소 맥스웰 목사의 스타일이 아니었다. 교인들은 확실히 그의 제안에 혼란을 느꼈다. 물론 그 의미를 모르는 바는 아니었다. 하지만 예수님의 가르침과 그분의 모범을 실생활에 적용하는 문제에 있어 일반 교인들의 생각은 크게 달랐다.

맥스웰 목사는 짧은 기도로 예배를 마쳤다. 축도가 끝나자 오르간 반주가 이어졌다. 교인들이 예배당을 빠져나가기 시작했다. 여기저기서 교인들의 대화 소리가 들렸다. 그들은 담임목사의 제안에 관해 열띤 토론을 벌였다. 확실히 그 제안은 큰 논쟁거리가 아닐 수 없었다. 몇 분 후, 맥스웰 목사는 자신의 제안에 동참할 사람들은 예배당 옆 강의실로 모이라고 말했다. 그는 예배당 앞쪽에서 몇몇 교인들과 이야기를 나누느라 잠시 시간을 지체했다. 이야기를 마치고 뒤돌아섰을 때 예배당 안에는 아무도 없었다.

맥스웰 목사는 서둘러 강의실로 갔다. 강의실에 들어서는 순간 그는 그곳에 모여 있는 교인들을 보고 놀라지 않을 수 없었다. 누가 참석할지 미리 예상하지는 않았지만, 그렇게 많은 사람이 그리스도의 제자로서 자신의 삶을 시험하기 위해 모이리라고는 기대하지 않았기 때문이다. 약 50명 정도의 교인이 참석했다. 그중에는 레이첼 윈슬로우, 버지니아 페이지, 노먼 사장, 마쉬 총장, 알렉산더 파워즈 감독관, 밀턴 라이트, 웨스트 박사, 그리고 야스퍼 체이스의 모습도 보였다.

맥스웰 목사는 강의실 문을 닫고 사람들 앞에 앉았다. 그의 얼굴은 창백해져 있었고, 입술은 감정에 못 이겨 약간 떨고 있었다. 실로 그에게 그 순간은 그의 교회뿐만 아니라 그의 삶에 큰 위기였다. 성령에 완전히 사로잡히기 전까지 사람은 자신이 무엇을 할 수 있으며, 자신의 고정관념과 습관, 행동, 그리고 말이 어떻게 변화될 수 있는지 알지 못한다. 맥스웰 목사 역시 자신이 무엇을 경험하게 될지 아직 잘 알지 못했다. 하지만 크리스천의 제자도에 관한 자신의 생각에 커다란 변화가 일어난 것은 그 자신도 감지할 수 있었다. 그는 자신 앞에 모여 있는 교인들의 얼굴을 바라보면서 깊은 감정에 휩싸였다.

맥스웰 목사는 교인들에게 먼저 기도하자고 제안했다. 그의 입에서 기도의 첫마디가 나오는 순간, 사람들은 성령의 임재를 느낄 수 있었다. 기도가 계속 진행되면서 사람들은 더욱더 성령을 강하게 체험했다. 강의실은 성령으로 충만해져 갔다. 마치 성령을 직접 볼 수 있을 것 같은 분위기였다. 기도가 끝나자 잠시 정적이 흘렀다. 사람들은 모두 고개를 숙이고 있었다. 맥스웰 목사의 눈에 눈물이 고였다. 주님의 발자취를 따르겠다는 이들의 서약에 하늘이 화답했다면, 참석한 사람들은 한 사람도 빠짐없이 그 화답하는 하늘의 축복을 체험했으리라. 마침내 이렇게 해서 제일교회에서 가장 진지한 개혁운동이 시작되었다.

맥스웰 목사가 매우 조용히 말했다.

"우리가 지금 무엇을 하려고 하는지 모두들 잘 알고 계실 겁니다. 우리는 지금 '예수님이라면 어떻게 하실까?' 라는 질문과 함께 그 결과에 상관없이 매일의 삶에서 그분의 방식을 본받아 행동하기로 서약하려고 합니다. 지난 일주일 동안 저의 삶에 어떤 변화가 일어났는지에 관해서는 나중에 기회가 되면 자세히 말씀드리겠습니다. 하지만 분명한 것은 지난 주일 이후 저의 마음속에 있던 크리스천의 제자도에 관한 그동안의 생각에 환멸을 느끼게 되었고, 그래서 오늘처럼 서약에 관한 강한 충동을 느끼게 되었다는 사실입니다. 이것은 저 개인의 생각이 아닙니다. 이 모든 일에는 하나님의 사랑의 손길이 있었습니다. 여러분도 그 동일한 손길을 느끼셨기에 이 자리에 나오신 줄 믿습니다. 이제 우리가 하려는 서약의 의미를 완전히 이해하셨습니까?"

"목사님, 질문이 있습니다."

레이첼이 손을 들었다. 모든 눈길이 그녀에게 모아졌다. 그녀의 얼굴은 아무나 쉽게 흉내 낼 수 없는 아름다운 사랑의 빛으로 빛나고 있었다.

"저는 '예수님이라면 어떻게 하실까?' 라는 질문에 있어 우리가 그 답을 알 수 있을지 확신이 서지 않습니다. 저의 경우 예수님이라면 행하실 행동을 누가 말해주지요? 오늘날 우리 사회에는 예수님이 언급하지 않으신 많은 혼란스러운 문제가 있습니다. 그러니 그분이라면 행하실 행동을 어떻게 알 수 있죠?"

맥스웰 목사가 신중하게 대답했다.

"성령의 인도하심을 통해 예수님을 알아가는 방법 외에는 달리 길이 없습니다. 윈슬로우 양도 예수님이 제자들에게 성령에 관해 어떻게 말씀하셨는지 잘 아실 것입니다. '그러하나 진리의 성령이 오시면 그가 너희를 모든 진리 가운데로 인도하시리니, 그가 자의로 말하지 않고 오직 듣는 것을 말하시며 장래 일을 너희에게 알리시리라. 그가 내 영광을 나타내리니 내 것을 가지고 너희에게 알리겠음이니라. 무릇 아버지께 있는 것은 다 내 것이라. 그러므로 내가 말하기를 그가 내 것을 가지고 너희에게 알리리라 하였노라.' 제가 아는 바로는 이 방법밖에는 없습니다. 우리 모두는 이 방법을 따라 예수님이라면 어떻게 하실 것인지를 결정해야 합니다."

이번에는 파워즈 감독관이 질문했다.

"그런데 만약 우리의 행동을 보고 다른 사람들이 예수님이라면 그렇게 하지 않으실 것이라고 말하면 어떻게 하죠?"

"그렇게 말하는 사람을 막을 수는 없습니다. 하지만 우리는 자신에게 솔직해야 합니다. 그리고 모든 행동에 있어 크리스천으로서 기준을 지키려고 노력해야 합니다."

마쉬 총장이 보충 질문을 했다.

"하지만 여전히 어떤 사람이 예수님의 방식이라고 생각하는 행동을 다른 사람은 예수님의 행동 양식이 아니라고 부인할 수도 있습니다. 모든 사람이 동일한 모습으로 그리스도를 닮아갈 수 있도록 우리의 행동 기준을 정할 수는 없습니까? 모든 사람이 항상 동일한 결론에 도달하는 게 불가능합니까?"

맥스웰 목사는 잠시 침묵을 지켰다. 그리고 다음과 같이 대답했다.

"물론 모두에게 동일한 결론을 기대한다는 것은 힘듭니다. 하지만 진심으로 솔직하게 예수님의 발자취를 따르면서 그분의 뜻을 구한다면, 자신과 타인의 결정 사이에 그렇게 많은 혼란이 일어나지는 않을 것이라고 확신합니다. 우리는 광신주의를 경계해야 하지만, 반대로 너무 그것을 경계한 나머지 다른 한쪽으로 치우쳐서도 안 됩니다. 예수님이 우리에게 모범을 보이셨다면 확실히 그 본을 따라가는 일은 실행 불가능하지 않습니다. 하지만 이때 분명히 명심해야 할 것이 있습니다. 우리가 성령께 예수님이라면 어떻게 하실지 말씀해달라고 간구하고 응답을 받은 후에는 결과에 상관없이 그대로 실천으로 옮겨야 한다는 사실입니다. 이해하셨습니까?"

강의실에 모인 사람들은 엄숙한 목소리로 강조하는 맥스웰 목사를 바라보았다. 이제 사람들이 그의 말을 오해한다는 것은 불가능했다. 맥스웰 목사는 나이 많은 사람들 뒤에 몇몇 교인들과 함께 앉아 있는 젊은 봉사회 회장을 보자, 다시 얼굴이 상기되었다.

사람들은 잠시 더 구체적인 사항에 관해 질문하며 이야기를 나누었다. 그리고 매주 정기 모임을 가지고 예수님을 따르기로 한 서약의 경험을 서로 나누기로 했다. 맥스웰 목사가 폐회 기도를 드렸다. 기도하는 동안 앞서처럼 성령이 강하게 임했다. 모든 사람이 한동안 고개를 숙인 채로 있었다. 그리고 조용히 자리를 떴다. 깊은 감동을 받은 뒤였기에 서로 말을 하지 않았다. 맥스웰 목사는 떠나는 사람들과 조용히 악수를 했다. 교인들이 모두 돌아간 후, 그는 자신의 교회 서재로 돌아와서 무릎을 꿇고 30분 동안 기도를 드렸다. 그 후 목사관으로 돌아가 시신이 안치된 방으로 들어갔다. 시신을 보자, 순간적으로 그는 주님께 다시 힘과 지혜를 달라고 부르짖었다. 확실히 그는 앞으로 레이몬드 시에 역사상 가장 놀라운 변화를 몰고 올 개혁운동에 자신이 선봉장이 되었다는 사실을 알지 못했다.

3.
노먼 사장, 서약의 첫 걸음을 떼다

월요일 아침, 레이몬드 데일리뉴스 신문의 사장이자 발행인인 에드워드 노먼은 자신의 사무실에 앉아 앞으로 취해야 할 행동에 관해 생각했다. 전날, 모든 일을 하기 전에 "예수님이라면 어떻게 하실까?"라는 질문을 하겠다고 굳게 서약했기 때문이다. 그리고 그는 그로 인한 어떤 결과에도 상관하지 않겠다고 다짐했다. 하지만 또 다른 한 주의 바쁜 일정 속에서 신문사 일이 시작되자, 약간의 주저하는 마음과 함께 두려움이 일어났다.

그날따라 노먼은 매우 일찍 출근했다. 그리고 잠시 혼자만의 시간을 가졌다. 그런데 깊은 사색에 빠져 있던 그의 마음속에 기도의 열망이 일어났다. 아직 그는 그리스도를 따르기로 서약한 다른 사람들과 마찬가지로 성령이 자신의 삶에 어떤 놀라운 역사를 이루실지 깨닫지 못하고 있었다. 그는 자리에서 일어나 사무실 문을 닫았다. 그리고 수년 동안 한 번도 하지 않았던 행동을 했다. 책상 옆에 무릎을 꿇고 주님의 임재와 지혜를 구하면서 자신을 인도해달라고 기도했던 것이다.

노먼은 기도를 마치고 하루의 일과를 시작하기 위해 다시 자리에 앉았다. 순간 자신의 서약이 마음속에 선명하게 떠올랐다. 마음 깊은 곳에서 "자, 이제 행동해야지"라고 말하는 것 같았다. 그는 다시 사무실 문을 열고 일상적인 업무를 시작했다. 편집국장은 이미 옆방 사무실에서 사무를 보고 있었다. 밖에서는 기자 중 한 사람이 타자기를 두드리고 있었다. 이윽고 노먼은 사설을 쓰기 시작했다. 데일리뉴스는 석간신문이었고, 그는 보통 9시 전에 자신의 사설을 완성했다. 15분 정도 사설을 쓰고 있는데, 옆방에서 편집국장이 외치는 소리가 들렸다.

"사장님, 어제 유원지에서 열린 내기 권투 시합에 관한 기사가 전신으로 들어왔네요. 이 기사에 지면을 3단 반쯤 할애할까 하는데 괜찮겠죠?"

노먼은 세부적인 기사까지 챙기는 사장이었다. 그래서 편집국장은 항상 큰 기사부터 작은 기사 하나하나까지 사장과 상의했다. 하지만 보통 그것은 형식적인 절차에 지나지 않았다. 노먼은 습관적으로 대답하려다 잠시 멈칫했다.

"그렇게 하지. 아니야, 잠깐만 내가 한 번 보겠네."

노먼은 전신으로 들어온 기사를 가져다가 꼼꼼히 훑어보았다. 그는 기사를 책상 위에 내려놓고 잠시 생각에 잠겼다. 그가 마침내 말문을 열었다.

"오늘은 이 기사를 싣지 말게."

문 앞에 서 있던 편집국장은 노먼의 말에 황당하다는 듯한 표정을 지었다. 혹시 자신이 잘못 들은 게 아닌가 싶었다.

"뭐라고 말씀하셨나요?"

"그 기사를 빼게나. 싣지 않을 걸세."

"하지만…."

편집국장은 기가 막혔다. 편집국장은 노먼을 바라보았다. 마치 노먼이 정신 나간 사람처럼 보였다.

"클라크, 나는 이 기사가 우리 신문에 실리는 것을 원치 않네. 더는 이 문제에 관해 왈가왈부하지 않았으면 좋겠네."

노먼은 자리에 앉은 채 편집국장을 올려다보며 말했다.

편집국장인 클라크는 좀처럼 상사의 말에 대꾸하는 사람이 아니었다. 노먼의 말은 사무실에서 항상 법이었고, 그가 한 번 말하면 좀처럼 마음을 바꾸지 않았기 때문이다. 하지만 그날 상황은 달랐다. 클라크는 이의를 제기하지 않을 수 없었다.

"권투 시합 기사를 단 한 줄도 싣지 않은 채 신문을 내보내겠다는 말씀입니까?"

"그렇다네. 그것이 나의 뜻일세."

"하지만 이런 일은 그동안 단 한 번도 없었습니다. 다른 신문들도 모두 그 기사를 다룰 텐데요. 독자들이 항의하면 어떻게 하시겠습니까? 제가 왜 이런 말씀을 드리느냐면…."

순간 클라크는 말문이 막혔다. 너무나 당황한 나머지 자신의 생각을 표현할 단어가 생각나지 않았던 것이다. 노먼은 여전히 깊은 생각에 잠긴 듯한 태도로 클라크를 바라보았다. 편집국장은 비록 노먼과 다른 교단이기는 했지만 똑같은 교인이었다. 하지만 지난 수년 동안 두 사람이 신문과 관련된 일 외에 종교와 관련해서 따로 대화를 나눈 적은 없었다. 노먼이 말했다.

"클라크, 잠시 문을 닫고 들어와 앉게."

클라크는 사장실로 들어와서 노먼과 마주앉았다. 노먼은 한동안 침묵하고 있다가 갑자기 말을 꺼냈다.

"클라크, 만약 예수님이 일간 신문의 사장이시라면 내기 권투 시합 따위의 기사에 3단 반의 지면을 할애하실 것이라고 생각하나?"

클라크는 사장의 다소 엉뚱한 질문에 엉거주춤 대답했다.

"물론 그렇지는 않겠죠."

"바로 그 이유 때문에 오늘 신문에서 그 기사를 빼겠다는 걸세. 나는 앞으로 일 년 동안 우리 신문과 관련된 모든 일에 있어 예수님이라면 하지 않으실 일을 절대로 하지 않기로 작정했네."

클라크는 노먼이 마치 갑자기 미친 사람이나 된 양 놀란 표정을 지었다. 노먼이 그럴 사람은 아니었지만 실제로 그의 정신이 잘못되어 이상하게 되었을 수도 있다는 생각이 들었다.

클라크가 힘없는 목소리로 물었다.

"사장님의 결정이 신문사에 미칠 영향을 생각해 보셨습니까?"

노먼이 클라크를 바라보며 날카롭게 되물었다.

"자네 생각에는 어떤가?"

클라크는 조금의 망설임도 없이 즉시 대답했다.

"그렇게 되면 우리 신문사는 망할 것입니다."

클라크는 흥분한 자신을 추스르며 항의하듯 말을 이어갔다.

"오늘날 그와 같은 방식으로 신문사를 운영한다는 것은 불가능합니다. 그것은 너무 이상적입니다. 세상은 그것을 용납하지 않습니다. 또한 수지 타산도 맞지 않습니다. 권투 시합 기사를 싣지 않는다면 수백 명의 구독자를 잃게 될 게 불 보듯 뻔합니다. 이 도시의 많은 사람이 그 기사를 읽고 싶어합니다. 오늘 저녁, 그들은 당연히 그 기사가 실렸다고 생각하고 신문을 펼쳐들 것입니다. 적어도 반 페이지 이상의 지면에 그 내용이 실렸을 것이라는 기대를 가지고요. 이러한 대중들의 바람을 무시하는 것은 올바른 행위가 아닙니다. 제 생각에 사장님이 그렇게 하신다면 큰 실수를 하시는 것입니다."

노먼은 잠시 조용히 있다가 부드럽지만 단호한 목소리로 말했다.

"클라크, 자네의 생각에 우리의 행동에 있어 올바른 기준은 무엇이라고 생각하나? 사람들의 올바른 행동 기준을 예수 그리스도의 모범에서 찾을 수 있지 않을까? 즉, 사람들이 따르며 살아야 할 최고의 법은 '예수님이라면 어떻게 하실까?'라는 질문을 하고 그 결과에 상관없이 따르는 것이 아닐까? 자네는 사람들이 어디에서든 매일의 삶 속에서 예수님의 본을 따라가야 한다고 생각하지 않나?"

노먼의 말에 클라크의 얼굴이 벌게졌다. 클라크는 노먼의 질문에 대답하기 전에 의자에 앉은 채로 어색하게 몸을 움직였다.

"물론 사람들이 본받아야 할 행동 규범이 예수님의 모범이라는 데는 이의가 없습니다. 하지만 문제는 그것이 과연 실행 가능한지, 수지가 맞는지 하는 것입니다. 신문사가 성공하기 위해서는 사회의 관습과 세상의 가치 기준을 따라가야 합니다. 현실을 떠나 이상 속에서만 머물러 행동할 수는 없는 노릇입니다."

"자네는 우리가 철저히 예수님의 입장에서 신문사를 운영한다면 성공할 수 없다고 보는군."

"네, 그렇습니다. 그것은 실현 불가능합니다. 만약 우리가 그렇게 한다면 신문사는 한 달 안에 파산하고 말 것입니다."

노먼은 그 말에 즉시 반응하지 않았다. 그는 잠시 깊은 생각에 잠겼다.

"클라크, 다시 이 문제를 가지고 이야기할 기회가 있을 걸세. 그때까지 우리가 서로를 솔직하게 이해했으면 좋겠네. 나는 앞으로 일 년 동안 신문사 일과 관련해서 정직하게 '예수님이라면 어떻게 하실까?'라고 자문한 후 행동하기로 서약했네. 내가 그렇게 하는 이유는 그런 자세로 행동할 때 분명히 성공할 뿐만 아니라 이전보다 더 큰 성공을 거두리라는 확신 때문일세."

클라크가 자리에서 일어서며 물었다.

"그럼 그 기사는 실리지 않는 겁니까?"

"싣지 말게. 그것을 메울 좋은 기사도 많네. 자네가 적당히 알아서 하게."

클라크가 멈칫거리며 다시 물었다.

"그 기사가 실리지 않는 것에 관한 해명의 글이라도 싣지 않으시겠습니까?"

"해명하지 않겠네. 처음부터 내기 권투 시합과 같은 것은 없었다는 듯이 신문을 발행하게."

클라크는 사장실에서 나와 자신의 방으로 돌아갔다. 모든 것이 기초부터 무너지는 기분이었다. 클라크는 너무도 놀란 나머지 어리둥절했다. 또한 분노가 일어났다. 하지만 노먼에 대한 존경심 때문에 치밀어 오르는 분노와 불만을 가까스로 억제했다. 그러면서 한편으로 필경 데일리뉴스 신문을 파산으로 몰고 갈 이 갑작스러운 변화에 관해 의아한 생각이 들었다.

정오가 되기 전, 신문사에서 일하는 기자, 인쇄공, 그리고 직원들 모두는 어제 벌어진 내기 권투 시합에 관한 기사가 단 한 줄도 실리지 않을 것이라는 사실을 접하고 놀라움을 금치 못했다. 기자들은 그 사실에 모두 망연자실했다. 조판실의 직원들 역시 그 기사 삭제 건에 관해 제각기 한마디씩 말했다. 그날 노먼은 두세 번 조판실에 들렀다. 조판실 직원들은 하던 일을 멈추고 활자에서 눈을 뗀 뒤 호기심 어린 눈으로 그를 바라보았다. 노먼은 그들이 자신을 지켜보고 있다는 사실을 알았지만 아무 내색도 하지 않고 모르는 척 했다. 그동안 신문과 관련해서 노먼 사장이 변화를 준 적은 여러 번 있었지만 특이할 만한 것은 아니었다.

노먼은 온종일 깊은 생각에 잠겨 있었다. 그는 "예수님이라면 어떻게 하실까?"라는 질문에 올바로 대답하기 위해서는 여러 번의 시행착오를 거쳐야 한다고 생각했다. 사실 그가 즉시 어떤 행동을 취하지 않은 이유는 자신의 신문사 안에 예수님의 정신에 위배되는 일이 별로 많지 않았기 때문이 아니라 예수님이 자신의 입장에서 취하실 구체적 행동에 관해 아직 확신이 서지 않았기 때문이다.

데일리뉴스 신문이 배달되자 예상대로 독자들 사이에 큰 반향이 일어났다. 독자들의 반향은 만약 내기 권투 시합에 관한 기사가 실렸다면 보였을 반응과 비교도 안 될 정도로 컸다. 정기 구독자들뿐만 아니라 호텔, 시내 상점의 일반 시민들까지 그 시합에 관한 기사를 보기 위해 신문을 펼쳐들었다가 곧 데일리뉴스 신문에 그 기사가 실리지 않았다는 사실을 발견하고는 신문 판매대로 가서 다른 신문을 구입했다. 심지어 신문 판매 소년들조차도 처음에는 그 기사가 빠진 것을 알지 못했다. 그래서 그들 중 한 명은 "데일리뉴스요! 유원지에서 열린 내기 권투 시합 기사가 자세히 실려 있습니다"라고 외치고 다녔다. 데일리뉴스 신문사 근처 거리 모퉁이에서 그 소년으로부터 신문을 산 신사는 급하게 1면 기사 제목들을 훑어보다 말고 성난 목소리로 소년에게 다그쳤다.

"이봐! 이 신문 도대체 어떻게 된 거야? 내기 권투 시합에 관한 기사가 빠져 있잖아. 이런 낡은 신문을 팔다니 어떻게 된 거 아니야?"

소년이 무슨 말을 하는지 모르겠다는 목소리로 반문했다.

"낡은 신문이라고요? 이 신문은 오늘 자 신문이에요. 뭔가 착각하신 거 아닙니까?"

"하지만 여기에는 내기 권투 시합에 관한 기사가 없잖아. 자, 보라고!"

소년은 신사로부터 건네받은 신문을 서둘러 훑어보았다. 소년의 얼굴에 당황한 기색이 역력했다. 소년은 급히 신문을 들고 뛰어다니는 다른 소년에게 신호를 보내 불러 세웠다.

"이봐, 샘. 네 신문 뭉치 좀 보자."

소년들은 곧 모든 데일리뉴스 신문에 내기 권투 시합에 관한 기사가 실리지 않았다는 사실을 발견했다.

조금 전의 신사가 그것 보라는 듯 목소리를 높였다.

"어서 빨리 다른 신문을 줘! 내기 권투 시합 기사가 실린 제대로 된 신문 말이야."

신사가 다른 신문을 받아들고 사라진 뒤 두 소년은 그 자리에 남아 계속 신문들을 비교했다. 그들은 아연실색했다. 첫 번째 소년이 말을 꺼냈다.

"누군가 큰 실수를 했군."

하지만 그들은 그 원인을 알 수 없었다. 그래서 그들은 그 원인을 알아보기 위해 데일리뉴스 신문사로 뛰어갔다. 신문 배달실에는 이미 여러 명의 다른 소년들이 와 있었다. 그들 모두 당황하고 흥분한 모습이었다. 소년들은 기다란 카운터 뒤에 있는 배달실 직원을 향해 거칠게 항의했다. 배달실 직원은 이런 식의 항의에 어느 정도 익숙해 있었기 때문인지 크게 개의치 않는 모습이었다. 이때 퇴근하기 위해 계단을 내려오던 노먼이 이 소란스러운 소리를 듣고 배달실 안으로 들어왔다. 노먼이 직원에게 물었다.

"조지, 대체 무슨 일인가?"

배달실 직원인 조지가 노먼 사장의 반응을 기대하며 호기심에 차서 대답했다.

"소년들이 우리 신문을 팔 수 없다고 하는군요. 내기 권투 시합 기사가 없기 때문이래요."

노먼은 잠시 머뭇거리더니 소년들에게 물었다.

"지금 가지고 있는 신문이 모두 몇 부나 되지? 모두 세어 보거라. 내가 너희 신문을 모두 다 사주마."

노먼의 말에 소년들은 모두 그를 쳐다보는 동시에 정신없이 신문을 셌다.

"조지, 이 아이들에게 돈을 주게. 그리고 다른 아이들이 와서 똑같은 불평을 하거든 그들의 팔리지 않은 신문도 대신 사주게."

노먼이 그의 뜻밖의 조치에 한 대 맞은 듯 어안이 벙벙한 소년들을 향해 다시 말했다.

"이제 공평하지?"

"공평하다마다요. 그런데 사장님, 앞으로 계속 이렇게 하실 생각이신가요? 저희들을 배려하셔서 정말로 이렇게 계속 선의를 베푸실 작정이세요?"

노먼은 미소를 띠었다. 하지만 그 질문에 대답할 필요성은 느끼지 못했다. 노먼은 신문사에서 나와 곧장 집으로 향했다. 집으로 가는 내내 "예수님이라면 조금 전 나처럼 그렇게 하셨을까?"라는 질문을 되뇌었다. 예수님과 약속을 한 지금, 그에게 있어 정말 중요한 것은 소년들의 신문을 사준 일이 아니라 그 일 속에 숨겨진 그의 진정한 동기였다. 신문 판매 소년들은 그가 취한 행동의 어쩔 수 없는 피해자들이었다. 그들이 손해를 봐야 할 이유는 없었다. 그것은 그들의 책임이 아니었기 때문이다. 부자인 노먼 사장에게는 원한다면 소년들의 삶에 새로운 기회를 열어줄 수 있는 여유가 있었다. 집에 도착했을 때, 그는 예수님도 정의를 위해 자신과 같은 행동, 적어도 그와 유사한 행동을 하셨을 것이라고 굳게 믿었다.

그날, 여러 상황 가운데 취한 그의 행동은 다른 사람을 위한 것이 아니라 바로 자기 자신을 위한 것이었다. 행동의 옳고 그름을 체계에 맞춰 분석하고 재단하는 일은 그의 능력 밖의 일이었다. 그는 단지 "예수님이라면 어떻게 하실까?"라는 물음과 관련해서 순간순간마다 양심적으로 행동할 수밖에 없었다. 하지만 노먼은 그와 같은 행동이 계속될 때, 신문사에 미칠 파장을 아직 온전히 인식할 수 없었다.

4.
데일리뉴스 신문에 닥친 위기

내기 권투 시합에 관한 기사를 싣지 않은 탓에 노먼 사장은 그 주 내내 여러 통의 편지를 받았다. 그중 관심을 끌 만한 네 통의 편지를 소개하면 다음과 같다.

데일리뉴스 발행인 귀하.
사실 그동안 저는 계속해서 신문을 바꿔볼까 고민하고 있었습니다. 제가 바라는 신문은 모든 면에서 대중의 요구에 부합하며, 시대에 발맞춰 진보적이면서도 독자들에게 흥미를 가져다주는 신문입니다. 그런데 최근에 귀사가 유원지에서 벌어진 유명한 내기 권투 시합 기사를 싣지 않은 것을 보고 신문을 다른 것으로 바꿀 수밖에 없다는 결론을 내리게 되었습니다. 죄송하지만 앞으로 더는 신문 배달을 하지 말아주십시오. ○○○ 올림.

앞의 편지는 수년 동안 데일리뉴스를 구독해 온 어느 사업가의 편지였다.

친애하는 노먼에게.
자네가 이 지역 사람들에게 어떤 반향을 불러일으켰는지 아는가? 자네가 택한 새로운 정책은 무엇인가? 혹시라도 신문을 통해 사업계의 개혁을 노리는 것은 아니겠지? 만약 그렇다면 그것은 정말로 위험한 실험이네. 나의 충고를 듣고 그동안 자네의 신문사가 지켜왔던 현대적 방법을 그대로 고수해주기를 바라네. 대중은 내기 권투 시합 같은 기사들을 원하네. 그들에게 원하는 것을 주게. 그리고 사업계의 개혁은 다른 사람에게 맡기게. 옛 친구로부터.

이 편지는 인근 지역에서 일간 신문의 편집장으로 일하고 있는 노먼의 옛 친구로부터 온 것이었다.

친애하는 노먼 씨에게.
당신이 우리와의 약속을 이행한 것을 보고 이렇게 서둘러 감사의 편지를 보냅니다. 정말 훌륭한 출발입니다. 저는 그 행동의 의미를 누구보다도 잘 알고 있습니다. 이 일로 인해 어떤 희생을 치르셔야 할지 전부 다 알 수는 없지만 조금이나마 이해합니다.
헨리 맥스웰 목사 올림.

노먼은 맥스웰 목사로부터 온 편지를 읽고 난 후, 다음 편지를 보고 자신의 행동으로 인해 발생한 사업적 손실을 실감할 수 있었다.

데일리뉴스 사장인 에드워드 노먼 씨에게.

저희와의 광고 계약이 만료되는 대로 귀하의 신문에 더는 광고를 게재하지 않을 것을 통보합니다. 여기에 미지불된 광고료를 동봉하오니 만료일 이후로 더는 거래를 하지 않을 것임을 알아주셨으면 합니다. ○○○로부터.

그 편지는 도시에서 제일 큰 담배 판매상 중 한 사람으로부터 온 것이었다. 그 사람은 그동안 신문 광고란에 눈에 띄는 광고를 내보내 주는 대가로 많은 광고료를 지불해 왔다. 노먼은 깊은 생각에 잠긴 채 그 편지를 내려놓았다. 그리고 잠시 후 신문을 펼쳐들고 광고란을 유심히 살펴보았다. 담배 판매상은 광고 계약 철회와 관련해서 직접적으로 내기 권투 시합 기사 사건을 언급하지는 않았다. 하지만 그 상관관계를 부정할 수는 없었다. 실제로 얼마 후 노먼은 그 담배 판매상이 데일리뉴스 신문사의 해괴한 정책으로 인해 신문 구독률이 떨어지게 될 것이라는 소문을 듣고 광고 계약을 철회했다는 사실을 알았다.

아무튼 담배 판매상의 편지로 인해 노먼은 새로운 시각을 가지고 신문 광고란을 바라보게 되었다. 전에는 그다지 신경을 쓰지 않던 부분이었다. 그는 광고란을 검토하면서 몇몇 광고들의 경우 예수님이라면 자신의 신문에 그와 같은 광고를 싣지 않으실 것이라는 확신이 들었다. 특히 오랫동안 지면을 차지해 온 술과 담배 광고에 관해 "예수님이라면 어떻게 하실까?"라고 생각해 보았다. 그는 크리스천이었고 또한 존경받는 시민이었지만, 그동안 자신의 신문에 술 광고를 낸다고 해서 그를 비난하는 사람은 아무도 없었다. 아무도 이의를 제기하지 않았던 것이다. 술장사는 실로 합법적인 사업이었다. 레이몬드 시에서 술집은 허가제로 운영되고 있었다. 그래서 허가를 받은 술집, 술을 파는 당구장, 그리고 맥줏집은 그 도시의 기독교 문화의 자연스러운 일부분이었다. 노먼은 레이몬드 시의 다른 신문사들처럼 사업을 하고 있었다. 실로 술 광고는 최고의 수익을 가져다주는 사업 원천 중 하나였다. '그런데 만약 신문에 그런 술 광고를 싣지 않는다면 어떻게 될까? 과연 살아남을 수 있을까?' 정말 심각한 질문이 아닐 수 없었다. 하지만 이제 그에게 있어 보다 더 중요한 질문은 "예수님이라면 어떻게 하실까?"라는 것이었다.

노먼은 그 주간 내내 다음과 같은 질문과 씨름했다. "예수님이라면 신문에 위스키나 담배 광고를 게재하실까?" 노먼은 솔직하게 자문했다. 그리고 주님께 도움과 지혜를 구한 다음 클라크를 자신의 사무실로 불렀다. 클라크는 신문사가 심각한 상황에 처해 있다는 위기의식을 느끼고 사장실로 들어왔다. 클라크는 지난 월요일 아침 이후 일어난 모든 일에 관해 세차게 따질 듯한 기세였다. 그날은 목요일이었다. 노먼은 천천히, 그리고 신중하게 말을 걸었다.

"클라크, 나는 신문 광고란을 살펴보다가 몇몇 광고주와는 계약 기간이 끝나는 대로 계약을 만료해야겠다는 결정을 내렸네. 자네가 광고 대행사에 연락해서 여기 내가 표시한 광고들을 계약 만료 이후 더는 싣지 않겠다고 말해주게."

노먼은 신문 한 부를 클라크에게 넘겨주었다. 클라크는 신문을 받아들고 심상치 않은 표정으로 광고란을 바라보았다.

"이렇게 하시면 우리 신문사는 치명적인 손실을 입게 됩니다. 도대체 언제까지 이와 같이 하실 작정이십니까?"

클라크는 사장의 행동이 못마땅했다. 도저히 그를 이해할 수가 없었다.

"클라크, 자네는 예수님이 레이몬드 시에 있는 한 일간 신문의 소유주이시며 발행인이시라면 위스키나 담배 광고를 내보내셨을 것이라고 생각하나?"

"물론 그러지 않으시겠죠. 하지만 그게 우리와 무슨 상관이 있습니까? 우리가 예수님처럼 행동할 수는 없는 노릇입니다. 신문사는 그런 방식으로는 결코 운영될 수 없습니다."

노먼이 조용히 물었다. "왜 운영될 수 없지?"

클라크는 너무 당연한 걸 묻는다는 듯 짜증스러운 목소리로 대꾸했다. "왜냐고요? 몰라서 물으세요! 그렇게 되면 버는 돈보다 잃는 돈이 더 많기 때문이죠. 단순히 그 이유 때문입니다. 사장님이 이런 정책을 고수하신다면 신문사는 곧 파산하고 말 것입니다."

노먼은 상대방이 아니라 마치 자신에게 대답을 구하듯 질문을 던졌다. "정말 그렇게 생각하나?"

잠시 침묵이 흐른 후 노먼이 다시 말을 이었다.

"내가 말한 대로 광고 담당자인 마크스에게 지시해서 일을 처리해 주게. 나는 예수님도 그와 같이 하셨을 것이라고 확신하네. 그리고 클라크, 전에 말한 것처럼 나는 앞으로 일 년 동안 결과에 상관없이 나의 약속을 지킬 작정이네. 아무리 논리적으로 추론해 봐도 주님이 이 시대의 신문에 위스키나 담배 광고를 내보내실 것이라고는 생각하지 않네. 나는 계속해서 우리의 신앙과 배치되는 이중적 광고들이 더 있나 찾아볼 걸세. 하지만 지금 당장 분명한 것은 이 술 광고들을 용납할 수 없다는 걸세."

클라크는 자신의 책상으로 돌아왔다. 마치 전혀 알지 못하는 낯선 사람과 대면하고 돌아온 기분이었다. 클라크는 이 모든 일의 의미를 이해할 수 없었다. 마음속에서 경악과 함께 분노가 일어났다. 노먼 사장이 어리석은 도덕적 기준으로 모든 일을 처리할 것이라는 소문이 퍼지면 신문사가 파산하는 것은 명약관화하다는 확신이 들었다. '도대체 그런 황당한 기준으로 사업을 운영하면 그 사업체는 어떻게 되겠는가? 분명 모든 것을 잃고 끝없이 추락하게 될 것이다. 참으로 어리석은 일이며 바보 같은 행동이 아닐 수 없다.' 클라크의 머릿속은 너무도 복잡했다. 사장의 지시를 전해들은 마크스 역시 클라크 편집국장의 생각에 동의하며 탄식했다.

"도대체 우리 사장님 어떻게 되신 거 아니에요? 신문사를 말아먹을 작정이시래요?"

금요일 아침, 노먼이 신문사에 출근했을 때 보다 더 심각한 갈등을 불러일으킬 만한 문제가 기다리고 있었다. 일요일 판 신문의 편집 계획을 짜야 할 상황에 놓이게 된 것이다. 데일리뉴스 신문은 레이몬드 시에서 일요일 판을 발행하는 소수의 석간신문 중 하나였다. 더구나 일요일 판으로 인해 재정적으로 엄청난 성공을 거두고 있던 터였다. 일요일 판은 문학과 종교에 관한 기사는 평균 한 페이지에 불과했고, 나머지 삼사십 페이지는 스포츠, 극장, 만담, 패션, 사회, 그리고 정치 기사로 채워졌다. 이처럼 모든 분야의 기사를 재미있게 다루었기에 교인들을 포함한 모든 독자에게 없어서는 안 될 필수 요소로 인식되고 있었다.

노먼은 그 사실을 잘 알고 있으면서도 속으로 다음과 같이 질문했다. '예수님이라면 어떻게 하실까? 그분이 신문 발행인이시라면 성스럽고 선하게 보내야 할 날에 레이몬드 시에 살고 있는 교인들의 가정에 그와 같은 저속한 읽을거리들을 배달하도록 하실까?' 물론 예수님도 일요일 판 신문의 필요성에 관해 잘 알고 계실 것이다. 대중들은 일요일에도 읽을거리를 원하고, 특별히 사정상 교회에 나갈 수 없는 사람들에게는 일요일 소일거리로, 또는 교육적 목적으로 읽을거리가 있어야 했다. 하지만 만약 일요일 판 신문이 수지가 맞지 않는다면 어떻겠는가? 돈이 생기지 않는다면 과연 사장이나 발행인이 가난한 사람들의 성화에 굴복해 계속 신문을 발행하겠는가?

노먼은 그 문제에 관해 정직하게 자신을 돌아보았다. '모든 것을 고려할 때, 과연 예수님이 일요일 판 신문을 발행하실까? 수지 타산과 상관없이?' 하지만 그것은 문제가 되지 않았다. 사실 데일리뉴스 신문은 일요일 판으로 많은 돈을 벌었다. 따라서 만약 발행을 중지한다면 수천 달러 이상의 손실을 입게 될 것이 분명했다. 더구나 정기구독자들은 이미 일요일 판 신문을 위해 신문 대금을 지불한 상태였다. 그들은 자신이 지불한 대가만큼 서비스를 받을 권리가 있었다.

노먼은 그 문제를 놓고 씨름했다. 일요일 판 발행 중지는 너무도 큰 파장을 몰고 올 것이었다. 그래서 이번만큼은 "예수님이라면 어떻게 하실까?"라는 기준에서 행동하지 말까 하는 생각도 들었다. 서약 이후 처음으로 흔들린 것이다. 하지만 그는 신문사의 소유주였다. 자신의 선택대로 신문을 발행할 권리가 있었다. 정책에 관해 동의를 구해야 할 이사진도 없었다.

마침내 그는 일요일 판에 실릴 여러 기사들 속에 파묻힌 채 단호한 결정을 내렸다. 그는 신문사의 직원들에게 솔직하게 자신의 동기와 목적을 밝혀야겠다고 마음먹었다. 이윽고 그는 클라크와 다른 직원들을 불렀다. 그리고 신문사 안에 있는 모든 기자와 공무국, 조판실 직원들을 불렀다. 다소 이른 시간이었기 때문에 몇몇 직원들은 아직 출근하기 전이었다. 모두들 무슨 일인지 궁금한 표정으로 우편실로 모였다. 우편실은 매우 큰 방이었다. 직원들은 호기심 어린 얼굴로 테이블과 카운터 등에 앉았다. 사실 이런 모임은 매우 드문 것이었다. 직원들은 최근 들어 신문사가 새로운 경영 원칙에 따라 운영되고 있음을 감지하고 있었다. 그들은 노먼 사장의 말에 귀를 기울였다.

"여러분을 모이게 한 이유는 데일리뉴스 신문을 위한 앞으로의 청사진을 설명해 드리기 위해서입니다. 저의 생각에 이것은 매우 필요한 변화입니다. 여러분은 이미 제가 취한 여러 행동을 보고 이상하게 여기고 계실 것입니다. 그래서 이 자리에서 저의 행동의 동기를 설명드리고자 합니다."

노먼은 직원들에게 자신이 클라크에게 한 설명을 다시 해주었다. 직원들은 클라크가 보였던 반응처럼 노먼을 뚫어지게 바라보았다. 고통스러운 표정들이었다.

"놀라시겠지만 이런 저의 행동 기준에 따라 새로운 결론에 도달하게 되었습니다. 오는 일요일 판 이후 더는 일요일에 신문을 발행하지 않겠다는 것입니다. 이번 일요일 판에 발행 중지에 관한 이유를 설명할 예정입니다. 그리고 정기 구독자들은 이미 신문 대금을 완납했기 때문에 읽을거리를 보충해주기 위해 토요일 지면을 두 배로 늘릴 것입니다. 일요일 판을 발행하지 않는 신문들은 이미 그렇게 하고 있습니다. 크리스천의 관점에서 일요일 판 신문은 득보다 실이 더 많다고 확신합니다. 예수님이 오늘날 저의 위치에 계셨다면 그렇게 하지 않으실 것이라고 믿습니다. 이번 결정으로 인해 광고주들이나 구독자들과 관련해 일어날 문제들을 자세히 나열한다는 것은 쉽지 않습니다. 하지만 저는 그 문제들을 차차 해결해 나갈 것입니다. 분명한 점은 손실이 생길 것이고, 그것은 전적으로 저의 책임이라는 사실입니다. 기자들과 직원 여러분은 평소와 다름없이 일해주셨으면 감사하겠습니다."

그는 방 안을 둘러보았다. 아무도 말이 없었다. 노먼은 자신이 신문사를 경영하는 동안 처음으로 모든 직원을 한자리에 모아놓고 이야기했다는 사실을 알았다. 예수님이라면 어떻게 하셨을까? 아마도 그분은 사랑스러운 가족적 분위기에서 신문사를 운영하지 않으셨을까? 편집자, 기자, 인쇄공, 그 외에 모든 직원과 함께 의논하고 계획하며 신문을 만들지 않으셨을까?

노먼은 자신의 서약으로 인해 인쇄 노조와의 원만한 관계, 사무실 규칙, 그리고 기자들의 사기, 냉철한 경영 등 일간 신문이 성공할 수 있는 제반 경영 기법에서 자신이 멀어져가는 느낌을 받았다. 노먼이 자신의 사무실로 돌아가자 다른 직원들도 사장의 이상한 행동에 혀를 차며 각기 한마디씩 하고 제자리로 돌아갔다. 그 후로도 우편실에 서 있었던 회동은 직원들의 머릿속에서 쉽게 사라지지 않았다.

클라크는 사장실을 찾아가서 노먼과 오랫동안 심각한 대화를 나누었다. 클라크는 극도로 화가 나 있었다. 클라크의 항변은 거의 사임하겠다는 수준으로 치달았다. 그럴수록 노먼은 침착하게 자신을 절제했다. 매 순간 대화할 때마다 고통을 느꼈지만 무엇보다도 자신이 크리스천답게 행동해야 한다고 생각했다. 그에게 클라크는 매우 소중한 사람이었다. 사실 클라크를 대신할 만한 사람도 없었다. 하지만 그는 "예수님이라면 어떻게 하실까?"라는 질문 앞에서 더는 일요일 판을 계속 발행할 이유를 찾을 수 없었다.

클라크가 솔직하게 말했다.

"그렇게 되면 뻔합니다. 지난번에 이미 말씀 드렸듯 우리 신문사는 사장님 때문에 한 달 안에 문을 닫게 될 것입니다. 차라리 지금부터 파산에 대비하시는 게 나을 것입니다."

노먼이 엷은 미소와 함께 물었다.

"나는 그렇게 생각하지 않네. 어쨌든 자네는 파산할 때까지 신문사에 남아 있을 거지?"

"사장님, 저는 도저히 사장님을 이해할 수 없습니다. 이번 주 들어 사장님은 전에 제가 알고 있던 분이 아니에요."

"클라크, 나 자신도 지금의 나를 모르겠네. 뭔가 놀라운 것이 나를 사로잡아 여기까지 오게 되었네. 하지만 나는 신문사의 성공에 관해 그 어느 때보다도 더욱 확신한다네. 자네는 여전히 나의 질문에 대답하지 않았네. 그래 나와 함께 남아 있어 주겠나?"

클라크는 잠시 머뭇거렸지만 마침내 그렇게 하겠다고 대답했다. 노먼은 클라크와 악수를 한 후 자신의 책상에 앉았다. 클라크도 자기 방으로 돌아갔다. 클라크의 머릿속에 여러 가지 상념이 교차했다. 지금까지 이처럼 혼란스럽고 흥분된 주간을 보낸 적은 단 한 번도 없었다. 클라크는 마치 일순간 붕괴될 수밖에 없는, 자신과 관련된 모든 것을 파멸로 몰아넣을 모종의 모의에 가담한 듯한 기분이 들었다.

5.
불의에 맞설 것인가, 피할 것인가?

레이몬드 시에 다시 주일이 찾아왔다. 맥스웰 목사의 교회는 지난 주일과 마찬가지로 교인들로 붐볐다. 예배가 시작되기 전, 노먼은 사람들로부터 큰 주목을 받았다. 노먼은 평소와 다름없이 맨 앞에서 세 번째 줄에 있는 자신의 자리로 가서 조용히 앉았다. 그날, 사람들은 데일리뉴스 일요일 판 신문에 더는 일요일 판을 발행하지 않는다는 사고(社告)가 나온 것을 보고 크게 당황했다. 데일리뉴스 신문과 관련된 최근 일련의 사건들은 레이몬드 시의 기존의 경영 스타일과 비교할 때 큰 변화가 아닐 수 없었다. 하지만 데일리뉴스 신문의 일만이 전부는 아니었다. 사람들은 그 주간에 알렉산더 파워즈 감독관이 철도공장에서 한 이상한 일과 밀턴 라이트가 자신의 상점에서 행한 행동에 관해 설왕설래했다.

예배가 진행되는 동안 회중석에서는 흥분의 파도가 출렁거렸다. 맥스웰 목사는 그 모든 것을 침착하게 바라보았다. 그의 침착한 태도에서 이전과 다른 어떤 힘과 목적의식이 느껴졌다. 그의 기도는 인상적이었다. 그의 설교 또한 매우 심오했다. 일주일 내내 "예수님이라면 어떻게 하실까? 예수님이라면 어떻게 말씀하실까?"라고 질문하며 살아온 성도들 앞에서 설교한다는 것은 참으로 행복한 일이었다. 맥스웰 목사는 2주 전과 같은 방식으로 설교하지 않았다. 지난 화요일, 맥스웰 목사는 고인이 된 낯선 사람의 무덤을 방문했다. 거기서 그는 "흙은 흙으로, 재는 재로, 먼지는 먼지로 돌아가노니"라는 말씀을 떠올렸다. 그 자리에서 교인들을 생각하며 주일에 강단에서 그리스도의 메시지를 전할 것을 생각하니 알 수 없는 어떤 깊은 전율이 느껴졌다.

마침내 주일이 돌아왔고 많은 사람이 말씀을 듣기 위해 모였다. 맥스웰 목사는 마음속으로 생각했다. '예수님이라면 저들에게 무슨 말씀을 하실까?' 그는 자신이 준비한 설교 원고를 가지고 잠시 씨름했다. 그리스도에 대한 그의 이상과 비교하면 설교 원고는 빈약하기 짝이 없었다. 하지만 설교를 마쳤을 때, 제일교회 교인들은 맥스웰 목사로부터 평소와 전혀 다른 새로운 설교를 들었다는 인상을 받았다. 설교에는 죄, 특별히 위선에 관한 꾸짖음이 있었다. 그리고 이제껏 한 번도 들어보지 못한 부의 탐욕과 상류 사회의 이기심에 관한 질타가 있었다. 그러면서도 설교 내내 교인들을 향한 그의 사랑이 새로운 힘을 발휘하며 나타났다. 설교가 끝났을 때, 교인들은 마음속으로 '성령에 의한 설교였다'라고 읊조렸다. 실로 그들의 말은 옳았다.

설교가 끝난 후, 맥스웰 목사의 요청으로 레이첼이 찬양을 불렀다. 그녀의 찬양이 끝났을 때, 교인들은 전과 달리 박수를 치지 않았다. 도대체 교인들을 경건의 침묵과 부드러운 사색으로 이끈 그 깊은 감동은 무엇인가? 레이첼은 아름다운 여인이었다. 하지만 자신의 뛰어난 미모를 너무 의식한 나머지 그녀의 노래는 오히려 깊은 영성을 가지고 들으려는 사람들의 귀에 거슬렸다. 그리고 그 때문에 노래뿐만 아니라 그녀 자신도 종종 엉망이 되곤 했다. 하지만 오늘 그녀의 찬양에서는 그런 요소들을 전혀 찾아볼 수 없었다. 그녀의 목소리에는 장엄한 힘이 실려 있었다. 그리고 겸손함과 순수함이 배어 있었다. 그것을 느낀 교인들은 감동받을 수밖에 없었다.

예배를 마치기 전, 맥스웰 목사는 지난주 예배 후에 남았던 사람들과 상의할 문제가 있으니 다시 모여달라고 부탁했다. 그는 새로 서약을 하기 원하는 사람들도 참석할 수 있다고 덧붙였다. 그가 교인들을 배웅하고 강의실로 들어섰을 때, 놀랍게도 방 안은 지난번보다 더 많은 사람으로 가득 차 있었다. 주로 젊은층 사람들이 새로 참석했다. 그중에 몇 명의 사업가와 교회 직원들도 포함되어 있었다. 맥스웰 목사는 이번에도 사람들에게 먼저 기도하자고 제안했다. 사람들은 이전처럼 성령의 임재를 통해 분명한 응답을 들을 수 있었다. 참석한 사람들 중에 자신이 하고자 하는 일이 하나님의 뜻이며, 하나님의 축복이 그 자리에 특별한 방법으로 임하고 있다는 사실을 의심하는 사람은 단 한 명도 없었다.

그들은 서로 질문하며 여러 가지 문제를 상의했다. 그러는 동안 제일교회를 다니면서 한 번도 느껴보지 못했던 교제의 기쁨을 맛보았다. 사람들은 노먼 사장의 행동을 잘 알고 있었다. 노먼은 사람들의 질문에 성심껏 답변했다. 먼저 노먼의 옆에 앉아 있던 알렉산더 파워즈가 질문을 던졌다.

"일요일 판 신문 발행 중지로 인해 예상되는 결과는 무엇입니까?"

"아직 정확하게 모릅니다. 하지만 분명히 구독률과 광고 계약률이 감소되리라고 봅니다."

이번에는 맥스웰 목사가 물었다.

"당신의 행동에 회의를 품고 있지는 않습니까? 다시 말해 후회하지는 않습니까? 또는 마음이 바뀌어 예수님도 일요일 판 신문을 발행하실 것이라고 생각하지는 않습니까?"

"조금도 그렇지 않습니다. 혹시 여러분 중에 예수님이 가십 위주의 일요일 판 신문에 찬성하실 것이라고 생각하는 분이 계신다면 말씀해 보십시오."

아무도 대답하는 사람이 없었다. 그때 야스퍼 체이스가 말문을 열었다.

"물론 우리도 그 점에서 당신과 똑같이 생각합니다. 하지만 지난주 저는 '예수님이라면 어떻게 하실까?' 라는 질문의 답을 얻기 위해 여러 번 곤욕을 치러야 했습니다. 사실 그것은 쉬운 일이 아닙니다."

"저도 마찬가지 어려움을 치르고 있어요."

야스퍼의 말에 레이첼 옆에 앉아 있던 버지니아 페이지가 동의를 표했다. 버지니아에 대해 알고 있는 사람들은 그녀가 어떻게 그 서약을 지킬지 의구심을 가지고 있었다.

"솔직히 저는 재산 문제와 관련해서 그 질문의 답을 찾기가 참으로 어렵습니다. 우리 주님은 한 번도 재산을 소유하신 적이 없습니다. 그리고 돈의 활용에 있어 어떤 모범도 직접 보여주지 않으셨습니다. 그래서 지금 저는 계속 고민하고 기도하고 있습니다. 물론 '예수님이라면 어떻게 하실까?' 라는 물음에 어느 정도 답을 가지고 있지만 완전하지는 않습니다. 저의 물음은 '예수님은 백만 달러의 돈을 가지고 어떻게 하실까?'라는 것입니다. 아직 만족할 만한 수준의 답을 얻지 못했다는 것이 저의 고백입니다."

레이첼이 버지니아를 향해 고개를 돌리며 말했다.

"당신이 그중에 일부를 가지고 무엇을 할 수 있는지는 말씀드릴 수 있는데요."

버지니아가 옅은 미소와 함께 레이첼의 말을 받았다.

"그 정도는 저도 알고 있어요. 제가 정말로 알고 싶은 것은 저의 재산의 활용과 관련해서 주님의 행동에서 찾을 수 있는 원리입니다."

맥스웰 목사가 천천히 말했다.

"시간이 걸릴 것입니다."

강의실 안의 나머지 사람들도 같은 문제로 진지하게 고민하고 있었다. 밀턴 라이트는 자신의 경험을 이야기했다. 라이트는 자신의 상점에서 종업원들과 관계 개선과 관련해서 세운 계획들을 서서히 실행에 옮기고 있었다. 실제로 라이트와 종업원들 사이에는 새로운 세계가 열리고 있었다. 몇몇 젊은 사람들도 '예수님이라면 어떻게 하실까?'라는 질문에 답하기 위해 자신이 특별히 어떤 시도를 했는지 간증했다. 모인 사람들은 그리스도의 정신과 행동을 일상생활에 적용하는 문제가 매우 진지한 작업이라는 사실에 공감했다. 그리고 이를 위해서는 그분에 대한 지식과 함께 일반 사람들이 쉽게 알지 못하는 그분의 동기에 관한 통찰력이 있어야 한다는 것을 깨달았다. 그날 회의는 모두들 주님의 강력한 임재를 느끼는 가운데 조용히 묵상기도를 드린 후 폐회되었다.

사람들은 회의가 끝난 뒤에도 진지하게 자신들의 어려움을 논의하며 서로에게서 통찰력을 얻으려고 노력했다. 친구 사이인 레이첼과 버지니아는 함께 강의실을 나섰다. 노먼은 밀턴 라이트와 너무 열띤 토론을 벌인 나머지 자신의 집을 지나쳤다가 다시 돌아와야 했다. 야스퍼 체이스와 봉사회 회장은 강의실 한쪽 구석에서 진지하게 토론을 벌였다. 알렉산더 파워즈와 맥스웰 목사는 다른 사람들이 모두 떠난 뒤에도 계속 남아 이야기를 나누었다. 파워즈 감독관이 맥스웰 목사에게 한 가지 부탁을 했다.

"목사님, 시간이 되시면 내일 저희 공장에 오셔서 직접 저의 계획을 확인하시고 직원들에게 좋은 말씀도 해주십시오. 다른 누구보다도 목사님이 그들에게 도움을 주실 수 있으리라는 생각이 듭니다."

"그 점은 자신이 없지만 하여튼 가도록 하겠습니다."

맥스웰 목사는 약간 걱정스러운 기색을 띠며 대답했다. '내가 어떻게 수백 명의 낯선 사람들 앞에서 메시지를 전할 수 있을까?' 이렇게 자문하며 약한 생각에 사로잡혔던 맥스웰 목사는 곧 정신을 차리고 스스로를 꾸짖었다. "예수님이라면 어떻게 하실까?" 이 질문으로 그의 자신 없는 태도는 순식간에 사라졌다.

다음날 정오 무렵, 맥스웰 목사는 약속대로 철도공장을 찾아갔다. 파워즈 감독관은 자신의 사무실에 있었다. 파워즈 감독관이 맥스웰 목사를 반갑게 맞으며 말했다.

"위층으로 올라가시죠. 제 계획을 보여드리겠습니다."

그들은 기계 공작실을 지나 긴 계단을 올라간 다음 텅 빈 넓은 방으로 들어갔다. 한때 저장실로 사용되던 방이었다. 파워즈 감독관이 쑥스러운 듯 말했다.

"목사님, 저는 지난주에 서약한 이후로 많은 것을 생각했습니다.

그러다 마침내 한 가지 계획을 세웠습니다. 공장에서 제 마음대로 사용할 수 있는 이 방에 커피를 끓일 수 있는 도구와 테이블을 가져다 놓기로 말입니다. 그래서 직원들이 오전 근무를 마치고 스팀이 나오는 이 방으로 올라와 점심을 먹을 수 있게 할 계획입니다. 또한 그 시간을 이용해 일주일에 두세 번 15분 정도 삶에 정말로 도움이 될 만한 이야기를 들을 수 있는 혜택을 줄 작정입니다."

맥스웰 목사가 놀란 표정으로 사람들이 과연 이곳에 올지 물었다. 파워즈 감독관이 자신 있게 답했다.

"물론이죠. 그들은 반드시 올 것입니다. 저는 그들을 잘 알고 있거든요. 여기서 일하는 사람들은 가장 똑똑한 근로자층에 속하는 사람들입니다. 하지만 유감스럽게도 교회와는 담을 쌓고 살고 있죠. 그래서 저는 속으로 '예수님이라면 어떻게 하실까?' 라고 물었죠. 그리고 여러 가지 생각을 하다가 예수님이라면 사람들에게 보다 많은 육신적인 안락과 영적인 편안함을 제공해주실 것이라는 생각이 들었습니다. 사실 이 방은 매우 볼품없습니다. 하지만 제 양심에 비추어서 옳다고 여겨지는 일을 하기로 서약한 저는, 결국 이 방을 개조하기로 했습니다. 그러니 점심시간에 사람들이 올라오면 목사님께서 말씀을 전해주셨으면 합니다. 이미 직원들에게 이곳에 올라와서 한 번 구경해 보라고 일러놓았습니다. 그들이 오면 이 방의 목적에 관해 이야기할 것입니다."

맥스웰 목사는 파워즈 감독관에게 근로자들 앞에서 말씀을 전해달라는 부탁이 자신을 얼마나 당혹스럽게 만드는 일인지 말하기가 부끄러웠다. 어떻게 원고도 없이 그렇게 많은 사람을 상대로 말씀을 전할 수 있단 말인가? 낯선 사람들을 대할 것을 생각하니 속에서 겁부터 났다. 솔직히 그런 사람들을 마주하는 것이 두려웠다. 주일에 만나는 교인들과 전혀 다른 세계의 무리를 상대로 말씀을 전해야 한다는 생각에 저절로 몸이 움츠러들었다.

방 안에는 열두 개의 긴 의자와 테이블이 놓여 있었다. 정오를 알리는 벨이 울리자 아래층 기계실로부터 올라온 사람들이 방 안으로 쏟아져 들어왔다. 그들은 테이블에 앉아 점심을 먹기 시작했다. 대략 삼백 명의 사람이 모였다. 이미 파워즈 감독관이 공장 곳곳에 붙인 공고를 읽은 터라 모두들 호기심 어린 얼굴들이었다.

근로자들은 그 방을 마음에 들어 했다. 방은 컸고 통풍이 잘 되었으며 먼지도 없었고 스팀 파이프로 인해 따뜻했다. 12시 40분이 되자, 파워즈 감독관은 사람들에게 자신의 생각을 설명했다. 그는 근로자들의 성격을 잘 알고 있었기에 매우 간단하게 말을 이어갔다. 그리고 헨리 맥스웰 목사를 소개했다.

맥스웰 목사는 지저분한 얼굴의 근로자들 앞에서 처음으로 말씀을 전한 그 순간을 평생 잊지 못할 것 같았다. 여느 다른 수백 명의 목사들처럼 그는 자신과 비슷한 옷차림과 교육 수준, 그리고 관습을 가진 계층의 사람들 외에는 다른 사람들을 대상으로 말씀을 전해본 적이 한 번도 없었기 때문이다. 그것은 그에게 신천지나 다름없었다. 그가 만약 예수님 앞에서 새롭게 약속하지 않았다면 그런 사람들 앞에서 메시지를 전한다는 것 자체가 불가능했을 것이다. 맥스웰 목사는 삶의 만족에 관한 주제로 이야기했다. 즉, 무엇이 진정한 만족을 주며, 그 만족의 원천이 무엇인지를 전했다. 그는 모인 사람들에게 훌륭한 양식을 가진 목사라는 편견으로 인해 자신과 다른 사람이라는 인상을 주지 않으려고 노력했다. 그래서 근로자라는 명칭도 사용하지 않앉고, 자신의 삶과 그들의 삶이 서로 다르다는 어떤 암시도 주지 않았다. 말씀을 들은 사람들은 즐거워했다. 많은 사람이 작업장으로 내려가기 전에 맥스웰 목사와 악수를 나누었다.

집으로 돌아온 맥스웰 목사는 아내에게 그날 일들을 이야기하며 육체적인 노동에 종사하는 사람들과 악수를 나눌 때 이전까지 한 번도 느껴보지 못한 기쁨을 맛보았다고 말했다. 그날은 그의 목회 경험에서 매우 중요한 날이었다. 그날은 맥스웰 목사와 근로자들 사이에 새로운 관계가 시작된 날이며, 동시에 레이몬드 시의 근로자 사회와 교회 사이의 간격을 좁히기 위한 첫번째 징검다리가 세워진 날이었다.

그날 오후, 알렉산더 파워즈는 자신의 계획을 통해 근로자들이 큰 도움을 받았다는 사실에 매우 고무되어 있었다. 곰곰이 생각해 보니 철도역 주위에 있는, 지금은 폐쇄된 식당에서 더 많은 테이블을 구할 수 있을 것 같았다. 또한 커피 도구들도 어떻게 배치하면 더 좋을지 연구했다. 근로자들의 반응은 기대 이상이었다. 확실히 이 모든 조치가 그들에게 큰 혜택을 준다는 것은 두말할 필요가 없었다.

파워즈는 만족스러운 얼굴로 그날 오후 일과를 시작했다. 그는 스스로에게 "예수님이라면 어떻게 하실까?"라는 행동 양식에 따라 모든 것을 이루었다고 속삭였다. 오후 4시경, 그는 본사에서 보내온 기다란 봉투 하나를 받았다. 파워즈는 봉투 안에 당연히 주문 내역이 들어 있을 것이라고 생각했다. 평소와 다름없이 빠른 손놀림으로 봉투를 열고 서류의 첫 페이지를 읽어가던 그는 화물부서 책임자 앞으로 보내져야 할 서류가 자신에게 잘못 왔음을 깨달았다.

파워즈는 자신과 상관없는 서류라고 여기며 읽어볼 생각도 없이 무심코 다음 페이지를 펼쳐 보았다. 순간 그는 거기에 자신의 회사가 미국의 주 정부간 상법을 의도적으로 위반해 왔다는 증거가 적혀 있는 것을 보고 놀라지 않을 수 없었다. 정말 명백한 불법 행위였다. 리베이트와 관련된 행위들은 완전히 상법을 위반한 것들이었다. 회사는 철도회사의 담합 행위를 막기 위해 최근에 입법된 주 정부 법의 규정들을 명백히 어기고 있었다. 한마디로 그의 손에 회사가 연방법과 주 정부법을 고의적으로, 그리고 지능적으로 위반했다고 고소할 수 있는 증거가 들려 있는 셈이었다.

그는 마치 전기에 감전된 것처럼 격렬한 몸짓으로 서류를 책상 위에 내던졌다. 순간적으로 "예수님이라면 어떻게 하실까?"라는 물음이 스쳐 지나갔다. 하지만 그는 이 질문을 외면하려고 애썼다. 자신의 업무 소관이 아니라며 스스로를 합리화하려고 했다. 사실 그는 전부터 회사 내의 다른 임원들처럼 이런 관행이 모든 철도 회사에서 암암리에 행해지고 있음을 알고 있었다. 하지만 자신의 위치에서 그 비리에 관한 직접적인 증거들을 접할 수는 없었다. 그래서 그동안 그 문제를 자신과 상관없는 일로 여겨왔다.

그런데 지금 눈앞에 그 모든 비리를 명백히 드러내주는 증거가 놓여 있었다. 우편 담당자의 부주의로 인해 그의 손에 들어오게 된 것이다. '이것을 어떻게 처리해야 할까? 이웃집에 몰래 들어와 물건을 훔치는 도둑을 보고 경찰에 신고하는 것이 당연한 시민의 의무가 아닌가? 회사의 행위가 이것과 무엇이 다른가? 철도회사는 거대한 조직이기 때문에 다른 규칙이 적용되는가? 대중을 강탈하고 일반법을 무시해도 괜찮은 무법지대인가? 예수님이라면 어떻게 하실까?' 그의 머릿속은 온갖 생각들로 복잡하게 얽혀갔다.

그 순간 가족의 얼굴이 떠올랐다. 상법위원회에 이 사실을 알리면 직장을 잃을 수도 있었다. '그렇게 되면…' 그동안 그의 아내와 딸은 윤택한 삶을 살아왔다. 하지만 그가 회사의 불법 행위를 폭로하는 순간 직장을 잃는 것은 물론 법정에 증인으로 서게 될 것이고, 혹시라도 자신의 동기가 오해를 받게 되면 지역 사회에서 불명예의 멍에를 지고 살아야 될 것이었다. 확실히 회사의 불법 행위는 자신과 상관없는 일이었다. 아무 일도 없었다는 듯 서류를 봉투에 집어넣어 화물부서에 보낼 수도 있었다. 그것이 가장 현명한 처사인 것 같았다. 마음 한 구석에서 다음과 같은 외침이 들려왔다. '불법이 성행하도록 내버려 둬라. 그리고 범법 행위를 방관해라. 그렇게 한다고 무슨 문제가 있는가? 내가 할 일은 눈앞에 닥친 상황들을 해결하기 위해 계획을 짜고 실행하는 일로도 충분하다. 철도사업이란 너무나 복잡한 일이기 때문에 크리스천의 기준을 적용해서 일일이 간여할 수도 없다. 한 개인이 철도사업의 투명성을 위해 과연 무엇을 할 수 있단 말인가?' 그러나 곧 반대의 외침이 들려왔다. '예수님이 이 사실을 아셨다면 어떻게 하실까?' 파워즈는 저녁이 될 때까지 이 문제로 계속 고민했다.

작업장에서 들려오는 거대한 엔진 소리와 절단 기계의 마찰음이 6시까지 계속 이어졌다. 마침내 작업 종료 휘슬이 울리자 엔진이 서서히 멈춰 섰다. 사람들은 일손을 놓고 자신들의 사물함으로 달려갔다. 파워즈는 창문을 통해 사물함 앞에 늘어서 있는 근로자들을 바라보았다. 그는 자신의 부하 직원에게 할 일이 남아서 나중에 퇴근하겠다고 말했다. 그는 마지막 사람이 돌아갈 때까지 기다렸다. 마침내 사물함 앞에 모여 있던 사람들이 다 돌아갔다. 한 명의 엔지니어와 그 사람의 조수가 30분 정도 더 일을 했지만 그들도 곧 퇴근했다. 그날 저녁 7시, 누군가 감독관실을 들여다보았다면 그 의외의 광경을 보고 틀림없이 놀랐을 것이다. 파워즈 감독관이 무릎을 꿇고 손으로 얼굴을 감싼 채 책상 위에 있는 서류에 머리를 대고 있었기 때문이다.

6.
레이첼, 오페라단 입단을 거절하다

레이첼 윈슬로우와 버지니아 페이지는 주일 예배 후 모임을 마치고 헤어지면서 월요일에 다시 만나자고 약속했다. 버지니아는 레이첼에게 자신의 집에 와서 함께 점심 식사를 하자고 제안했다. 그래서 레이첼은 월요일 오전 11시 30분경에 버지니아의 저택으로 찾아가 벨을 눌렀다. 버지니아가 직접 문을 열어주었다. 두 사람은 곧 진지한 대화를 시작했다. 레이첼이 먼저 입을 열었다.

"사실은 말이지, 지난번에 말한 문제와 관련해서 '예수님이라면 어떻게 하실까?' 라는 물음에 확실한 판단이 서지 않아. 하지만 이 제안을 받아들여서는 안 된다는 생각이 들어."

그러자 버지니아가 매우 흥미진진하게 물었다.

"그러면 어떻게 하려고?"

"나도 잘 몰라. 하지만 이 제안을 거절하기로 마음을 굳혔어."

레이첼은 자신의 무릎에 놓여 있는 편지를 집어 들어 다시 한 번 그 내용을 훑어보았다. 그 편지는 한 유명한 오페라 단장이 보낸 것이었다. 그 편지에는 대규모 순회공연에 함께 해달라는 제안이 담겨 있었다. 단장은 편지에서 고액의 출연료와 함께 그 밖에 여러 가지 혜택들을 제시했다. 단장은 지난번 제일교회에서 낯선 사람이 예배 도중에 튀어나와 연설을 했던 그 주일 예배에 참석해서 우연히 레이첼의 찬양 소리를 듣고 깊은 감명을 받았던 터였다. 편지에는 레이첼의 목소리는 충분히 상업적 가치가 있기 때문에 오페라에 사용하고 싶다는 뜻이 담겨 있었다. 그리고 가급적 빨리 답장을 보내달라는 말로 끝이 났다.

"이미 주님과 약속을 한 이상 이와 같은 제안을 거절하는 것은 그리 큰 문제가 안 돼."

레이첼은 깊은 생각에 잠기며 계속 말을 이어 나갔다.

"물론 이것은 어려운 결정이야. 하지만 나는 이미 마음을 먹었어. 사실 버지니아, 나는 처음부터 예수님이라면 오직 돈을 벌기 위해 자신의 좋은 목소리를 사용하지는 않으실 거라는 확신이 있었어. 물론 이 제안을 보면 유명한 오페라단에 뛰어난 배우와 바이올린 연주자, 남성 4중창단, 그리고 유명 인사들과 함께 여행하는 것으로 되어 있어. 정말 대단하지. 출연료도…. 내가 말했지? 월 200불이야. 하지만 예수님이 이 제안에 응하실 것 같지는 않아. 너는 어떻게 생각하니?"

레이첼의 말을 듣고 있던 버지니아가 슬픈 미소를 띠며 대답했다.

"미안해. 하지만 너의 문제를 나에게 결정해달라고 부탁해서는 안 돼. 나는 우리 각자가 스스로의 판단에 따라 예수님의 방식이라고 생각되는 행동을 해야 한다는 맥스웰 목사님의 말씀이 옳다고 믿어. 실제로 '예수님이라면 어떻게 하실까?'라는 질문을 놓고 나는 너보다 훨씬 더 어려운 시간을 보내고 있어."

"그러니?"

레이첼은 자리에서 일어나 창문 쪽으로 걸어가 바깥을 바라보았다. 버지니아도 따라와 레이첼의 옆에 섰다. 거리는 활기로 가득 차 있었다. 그녀들은 한동안 조용히 그 광경을 바라보았다. 갑자기 버지니아가 격양된 목소리로 말문을 열었다. 레이첼은 버지니아에게서 한 번도 그와 같이 격양된 목소리를 들어본 적이 없었다.

"레이첼! 너는 '예수님이라면 어떻게 하실까?' 라는 물음과 오늘날 현실의 이중적인 모습을 보면서 어떤 생각이 드니? 나는 내가 자란 사회, 우리 모두가 속해 있는 이 사회에서 사람들이 날마다 쾌락 속에서 먹고 마시며, 자신을 치장하고, 호화 주택이나 사치품에 돈을 낭비하면서 때때로 양심의 가책을 달래기 위해 자선을 한답시고 아무런 희생도 없이 자선 단체에 적은 돈을 희사하는 정도로 만족하는 모습을 보면 정말 화가 나! 나도 너와 마찬가지로 명문 학교들 중 한 곳에서 공부했어. 그리고 상속녀로서 사회에서 남부럽지 않은 위치에 있게 됐지. 실로 완벽할 정도로 행복해. 당장 여행을 떠날 수도 있고, 무슨 일이든 내가 하고 싶은 일을 할 수도 있어. 마음만 먹으면 무엇이든지 할 수 있지. 거의 모든 욕망과 욕구를 채울 수 있는 능력이 있단 말이야! 하지만 솔직히 지금까지, 그리고 앞으로 나의 여생을 예수님도 반대하지 않으실 것이라고 합리화하면서 수천의 다른 부자들처럼 보낼 생각을 하니 마음 한구석에 내가 이 세상에서 가장 사악하고 이기적이고 쓸모없는 인생 중 하나라는 자책감이 들어. 지난 수주 동안 이 창문 바깥으로 우리 집을 지나가는 사람들을 볼 때마다 나 자신에 대해 혐오감을 느끼지 않을 수 없었어."

버지니아는 답답한 듯 방 안을 서성거렸다. 레이첼은 그런 버지니아를 바라보면서 예수님의 제자가 된다는 의미가 무엇인지에 관한 뚜렷한 확신이 마음속에서 솟구쳐 오르는 걸 느꼈다. '크리스천이라면 찬양의 은사를 어떻게 사용해야 할까? 한 달 동안 나의 재능을 팔아 오페라단과 함께 순회공연을 하면서 아름다운 옷을 입고 대중의 박수갈채를 받으며 위대한 성악가로서 명성을 쌓는 일이 크리스천으로서 내가 할 수 있는 최선인가? 과연 예수님도 그와 같이 하실까?' 레이첼은 건강한 정신과 육체를 가진 여자였다. 성악가로서 자신의 능력을 믿었기 때문에 자신이 세상에 나가면 많은 돈을 벌 수 있고, 또한 유명인사가 될 수 있다는 점을 잘 알고 있었다. 이것은 스스로의 과대평가가 아니었다. 아무튼 레이첼은 버지니아의 말에 큰 충격을 받았다. 둘 다 비슷한 환경에 있었기 때문이다.

점심이 준비되었다는 말을 듣고 그녀들은 방을 나섰다. 버지니아의 할머니인 페이지 여사가 자리를 같이 했다. 그녀는 올해 65세로 용모가 단정하고 기품 있는 여자였다. 또한 버지니아의 오빠인 롤린도 동석했다. 아무런 야망도 없이 클럽에서 대부분의 시간을 소일하는 그는 레이첼에게 연모의 마음을 가지고 있었다. 그래서 레이첼이 자신의 집에서 식사를 한다는 사실을 알면 항상 집에 남아 함께 식사를 하려고 했다. 페이지 가(家)에는 이 세 사람이 전부였다. 작년에 고인이 된 버지니아의 아버지는 은행가인 동시에 투기업자였다. 어머니는 10년 전에 돌아가셨다. 남부에서 태어나 그곳에서 교육을 받은 할머니는 지금까지 살아오면서 한 번도 부와 사회적 지위를 잃지 않았던 탓에 상류사회의 전통과 분위기를 강하게 풍기고 있었다. 페이지 여사는 탁월하면서도 신중한 사업가로서 보통 사람 이상의 능력을 소유하고 있었다. 페이지 가의 재산은 대부분 할머니에 의해 관리되고 있었다. 하지만 버지니아의 상속분은 아무런 제약 없이 버지니아 스스로 처리할 수 있었다. 아버지로부터 사업 세계의 생리를 배운 그녀였기 때문에 할머니도 손녀의 재산 관리 능력을 인정해 주었다.

하지만 할머니와 오빠인 롤린은 자신들 곁에 있는 버지니아의 속마음에 관해서는 그 누구보다도 문외한이었다. 레이첼은 어릴 적부터 버지니아의 소꿉친구였기 때문에 페이지 가에 관해 잘 알고 있었다. 레이첼은 버지니아가 "예수님이라면 어떻게 하실까?"라는 판단 기준에 따라 행동하기로 서약한 상황에서 페이지 가문이 어떤 일들을 경험하게 될지 궁금했다. 레이첼은 점심을 먹으면서 버지니아가 격앙된 목소리로 말했던 내용을 상기하며, 머릿속으로 앞으로 고지식한 할머니와 손녀 사이에 일어날 일들을 상상했다. 롤린이 무거운 분위기를 깨뜨리며 레이첼에게 말을 건넸다.

"윈슬로우 양, 곧 오페라 무대에 서게 될 것이라고 들었습니다. 정말 축하드립니다."

순간 레이첼의 얼굴이 빨개졌다. 갑자기 불편한 느낌이 들었다.

"누가 그러던가요?"

그때 조용히 침묵을 지키고 있던 버지니아가 갑자기 몸을 세우고 관심이 있다는 듯 대화에 끼어들 준비를 했다. 롤린은 레이첼의 말에 아무렇지도 않다는 듯 대답했다.

"거리에서 두세 사람에게 들었습니다. 더구나 2주 전에 크랜달 단장이 교회에 온 것을 모든 사람이 다 보았습니다. 그는 설교를 듣기 위해 교회에 오는 사람이 아니거든요. 사실 저는 특별한 행사가 열리는 주일을 제외하고는 그야말로 억지로 교회에 참석하는 부류의 사람들을 잘 알고 있답니다."

롤린의 말에 레이첼은 조용히 다음과 같이 대답해주었다.

"잘못 아셨어요. 저는 오페라 무대에 서지 않을 것입니다."

"정말 유감이군요. 크게 성공할 수 있는 기회인데…. 모든 사람이 당신의 목소리를 칭찬하고 있습니다."

이 말에 화가 난 레이첼의 얼굴이 다시 붉어졌다. 레이첼이 말을 하기 전에 마침내 버지니아가 끼어들었다.

"오빠가 말한 모든 사람이란 누구죠?"

"누구냐고? 그야 주일마다 윈슬로우 양의 노래를 듣는 사람들이지. 그때 말고 사람들이 언제 또 윈슬로우 양의 노래를 듣겠니? 정말 레이몬드 시 이외의 지역에 사는 사람들이 윈슬로우 양의 노래를 들을 수 없는 게 유감이야."

더는 참을 수 없다는 듯 레이첼이 약간 날카로운 목소리로 말했다.

"화제를 바꾸죠!"

그러자 페이지 여사가 레이첼을 바라보며 부드럽고 품위 있는 목소리로 말했다.

"레이첼, 네가 이해하렴. 롤린은 말을 돌려서 칭찬할 줄 몰라서 그래. 영락없이 제 아비를 닮았거든. 아무튼 우리 모두는 너의 계획에 관해 진심으로 알고 싶어한단다. 오랫동안 서로 알고 지낸 사이니까 그 정도는 물어볼 수 있다고 생각하는데…. 더구나 버지니아가 우리에게 이미 오페라 단장의 제안에 관해 이야기해 주었단다."

버지니아가 식탁 맞은편에서 미안한 미소를 지으며 말했다.

"어차피 아시게 될 것 같아 먼저 말씀드렸어. 그저께 데일리뉴스 신문사에 들렸거든."

"그랬었구나."

레이첼은 페이지 여사에게 공손하게 대답했다.

"할머니 말씀은 이해해요. 하지만 버지니아와 저는 그 문제로 조금 전 서로 이야기를 나누었어요. 그리고 저는 그 제안을 받아들이지 않기로 결정했어요. 현재로서는 그게 전부예요."

레이첼은 대화가 진행되면서 오페라단의 제안에 관한 처음의 망설임이 "예수님이라면 어떻게 하실까?"라는 질문에 의해 제안을 거절하겠다는 결심으로 굳어져 가는 것을 느낄 수 있었다. 하지만 자신의 결심을 공개적으로 이야기하고 싶지는 않았다. 아무튼 롤린의 말과 그의 태도로 인해 레이첼은 자신의 결심을 더욱 공고히 할 수 있었다. 페이지 여사가 마치 손녀딸을 대하듯 다정하게 물었다.

"레이첼, 왜 그 제안을 거절하기로 했는지 우리에게 이유를 말해줄 수 있겠니? 네게는 절호의 기회 같은데. 다른 사람들도 너의 목소리를 듣고 싶어한다고 생각하지 않니? 너의 목소리가 레이몬드 시와 제일교회 안에 그대로 묻혀 있는 것은 정말 안타까운 일이야. 그 점에 관해서는 나도 롤린과 같은 생각이란다."

레이첼은 천성적으로 조용한 편이었다. 그래서 자신의 계획이나 생각을 남들에게 말하는 것을 싫어했다. 하지만 때로는 충동적으로 자신의 솔직한 속마음과 감정을 나타내는 경우도 있었다. 결국 레이첼은 억제할 수 없는 자신의 감정을 페이지 여사에게 이야기하기 시작했다. 그로 인해 레이첼의 모습이 더욱 매력적으로 비춰졌다.

"제안을 거절한 이유는 간단해요. 예수님도 그처럼 하실 것이라는 확신 때문이에요. 다른 이유는 없어요."

레이첼은 맑고 진지한 눈으로 페이지 여사를 바라보았다. 레이첼의 말에 페이지 여사의 얼굴이 붉어졌다. 롤린도 휘둥그레진 눈으로 레이첼을 바라보았다. 페이지 여사가 막 무슨 말을 하려는 순간, 버지니아가 가로막고 나섰다. 버지니아의 상기된 표정에서 그녀가 레이첼의 말에 크게 고무되어 있음을 엿볼 수 있었다. 버지니아의 하얗고 해맑은 얼굴은 무척 건강해 보였다. 그것은 레이첼의 열정적인 아름다움과 상당히 대조를 이루었다.

"할머니도 아시다시피 우리는 앞으로 일 년 동안 '예수님이라면 어떻게 하실까?' 라는 질문을 행동 기준으로 삼고 실천하기로 서약했어요. 맥스웰 목사님의 제안은 겉으로는 매우 쉬워 보여요. 하지만 구체적으로 행동에 옮기기는 힘들지요. 그래서 요즘 레이첼과 저는 '예수님이라면 어떻게 하실까?' 라는 질문에 답하기 위해 상당히 고민하고 있어요."

페이지 여사는 말을 하기에 앞서 버지니아를 날카롭게 응시했다.

"물론 나도 맥스웰 목사님의 제안을 잘 알고 있단다. 하지만 그것을 실천에 옮긴다는 것은 정말 불가능해. 확신하건대 그렇게 서약한 사람들 대부분이 한 번쯤 시도해 보다 곧 비현실적이고 어리석은 짓임을 알고 포기하게 될 게야. 레이첼의 결정에 관해서는 내가 뭐라고 할 바는 아니지만…."

페이지 여사는 잠시 말을 중단한 후 레이첼이 이제껏 한 번도 들어 보지 못한 단호한 목소리로 말을 이었다.

"버지니아야, 나는 네가 이 문제로 인해 어리석은 생각을 하지 않았으면 좋겠다."

그 말에 버지니아 역시 조용하지만 단호한 목소리로 대답했다.

"저는 많은 생각을 가지고 있어요. 그것들이 어리석은 생각인지, 아니면 옳은 생각인지는 '예수님이라면 어떻게 하실까?'라는 저의 판단에 따라 결정해 나갈 거예요. 그리고 예수님의 방식이라는 판단이 서면 즉시 실행할 생각이에요."

잠자코 듣고 있던 롤린이 식탁에서 일어나며 말했다.

"숙녀 여러분, 오늘 대화는 저의 짧은 머리로는 도저히 감당하기 어렵군요. 담배를 피우기 위해 잠시 서재에 다녀오겠습니다."

롤린이 나가자 한동안 침묵이 흘렀다. 페이지 여사는 하녀가 디저트를 가져오는 동안 잠시 기다렸다. 페이지 여사는 레이첼이 옆에 있었기 때문에 스스로를 절제하려고 했지만 확실히 대노한 모습이었다. 레이첼의 눈에 이런 페이지 여사의 보수적인 모습에서 인간의 죄를 위해 희생하신 예수님과 할머니 사이에 서 있는 커다란 차가운 장벽이 보였다. 마침내 페이지 여사가 다시 말을 이었다.

"나는 너희들보다 수십 년을 더 살았다. 추측하건대 너희들의 서약은 거짓 충동에서 나온 것이기 때문에 실천할 수 없을 게다."

버지니아도 물러서지 않았다.

"지금 할머니의 말씀은 우리가 예수님처럼 행동할 수 없다는 뜻인가요? 아니면 아무리 노력해도 사회의 관습과 편견을 부술 수 없다는 뜻인가요?"

"그것은 이 시대의 요구 사항도, 필요한 일도 아니야. 게다가 어떻게 네가 그와 같이…."

페이지 여사는 몸을 파르르 떨며 말을 끝내지 못했다. 그녀는 레이첼을 향해 몸을 돌렸다.

"레이첼, 너의 결정에 어머니가 뭐라고 하실 것 같으냐? 애야, 정말 어리석은 짓 아니냐? 도대체 너의 목소리로 무엇을 하고 싶은데 그러니?"

"저희 어머니가 뭐라고 하실지 아직 모르겠어요."

레이첼은 페이지 여사에게 자신의 어머니가 보일 태도를 말하고 싶지 않았다. 확실히 레이몬드 시에서 그녀의 어머니만큼 자신의 딸이 성악가로 성공하기를 바라는 어머니도 없을 것이었다.

페이지 여사는 더는 대화가 힘들다는 듯 식탁에서 일어나며 단호하게 말했다.

"분명 나중에 그 문제를 현명하게 생각하면 달리 보이게 될 게다. 오페라단의 제안을 거절한다면 평생 후회할 게야."

물론 레이첼도 자신의 선택으로 인한 고충을 어느 정도 느끼고 있었다. 잠시 후, 레이첼은 페이지 가를 나섰다. 그녀는 자신이 돌아간 뒤 버지니아와 페이지 여사 사이에 고통스러운 대화가 기다리고 있다는 사실을 알았다. 나중에 안 일이지만 버지니아는 할머니와 그날의 대화를 통해 큰 갈등을 겪었고, 그것을 계기로 오히려 크리스천으로서 자신의 재산과 사회적 지위의 활용에 관한 결정을 서두르게 되었다.

7.
렉탱글에 울려 퍼진 천상의 소리

레이첼은 불편한 분위기에서 벗어나 홀로 있게 된 것이 기뻤다. 그녀는 마음속으로 자신의 계획을 구체화하면서 홀로 시간을 보내며 좀 더 주의 깊게 생각하고 싶었다. 하지만 두 블록도 채 가지 못해 롤린이 자신의 뒤를 따라온 것을 발견하고 짜증이 났다. 롤린이 말을 걸어왔다.

"윈슬로우 양, 당신의 생각을 방해해서 미안해요. 우연히 당신과 같은 길을 함께 걸어왔는데 당신이 싫어하지 않는 눈치더라고요. 사실 한 블록이나 당신 옆에서 걷고 있었는데 별로 개의치 않는 모습이었어요."

레이첼이 짧게 대답했다.

"저는 당신이 제 옆에 있는지 몰랐어요."

"가끔씩 나를 생각해 줘도 그리 나쁘지 않을 텐데."

롤린은 그녀의 냉담한 반응에 초조한 기색을 보이며 시가 연기를 마지막으로 길게 뿜은 다음 담배를 길바닥에 던졌다. 그리고 창백한 얼굴로 계속 레이첼과 나란히 걸었다. 그녀는 당황스러웠지만 내색하지 않았다. 그녀는 어린 시절부터 롤린을 잘 알고 있었다. 한때는 서로 격 없이 이름을 부르며 지낸 적도 있었다. 하지만 최근 들어 그녀의 태도 변화로 인해 서로 격식을 차리는 관계가 되었다. 사실 그동안 그녀는 롤린의 직접적인 칭찬에 익숙해 있었으며, 때때로 그런 칭찬을 즐기기도 했다. 하지만 지금 솔직히 그녀는 롤린이 옆에서 없어져 주기를 바랐다. 롤린이 침묵을 깨고 다시 물었다.

"윈슬로우 양, 나에 대해 자주 생각하십니까?"

레이첼이 어색한 미소를 띠며 말했다.

"물론이죠. 가끔씩 생각합니다."

"지금 이 순간에도 나에 대해 생각하고 있습니까?"

"그런 셈이죠."

"어떻게 생각하시는데요?"

"솔직한 답을 원하시나요?"

"물론입니다."

"당신이 이 자리에 없으면 얼마나 좋을까 하고 생각하고 있어요."

이 말에 롤린은 입술을 깨물며 시무룩한 표정을 지었다.

"이봐요, 레이첼. 나 좀 보세요. 오! 이러면 안 되는 줄 알지만 어차피 말하려고 했어요. 당신도 나의 감정을 잘 알고 있을 거예요. 무엇 때문에 나를 이렇게 야박하게 대하는 거죠? 한때는 당신도 나를 좋아했잖아요, 그렇지 않나요?"

"제가 그랬었나요? 물론 어린 시절에 좋은 관계로 지낸 적은 있었죠. 하지만 이제는 우리 모두 어린애가 아닙니다."

레이첼은 계속해서 퉁명스럽고 대수롭지 않은 듯한 태도로 말을 받았다. 롤린의 갑작스러운 출현으로 방해를 받기는 했지만 그녀는 여전히 머릿속으로 자신의 계획에 관해 골몰히 생각하고 있었다. 그들은 잠시 침묵 속에서 함께 걸었다. 거리는 사람들로 넘쳐났다. 멀리서 야스퍼 체이스가 다가오는 것이 보였다. 야스퍼는 레이첼과 롤린이 함께 걸어오는 것을 보자 반갑게 인사를 하고 지나갔다. 야스퍼가 지나간 후 롤린은 레이첼을 유심히 바라보며 우울한 목소리로 다시 입을 열었다.

"내가 야스퍼 체이스라면 얼마나 좋을까 하는 생각이 듭니다. 그러면 나에게도 기회가 있을 텐데…."

레이첼은 자신도 모르게 얼굴색이 변했다. 그녀는 아무 대꾸도 하지 않고 약간 빨리 걸었다. 롤린은 다시 무엇인가 말하려는 기색이었다. 그녀는 그런 그를 더는 막을 수 없을 것 같았다. 결국 롤린에게 진실을 말해주는 것이 낫겠다는 생각이 들었다.

"레이첼, 당신을 향한 나의 감정이 어떤지 당신도 잘 알 겁니다. 이제 나에게 더는 희망이 없는 건가요? 나는 당신을 충분히 행복하게 해줄 자신이 있습니다. 수년 동안 나는 당신을 사랑해 왔다고요."

"아니, 여보세요. 지금 제가 어린앤 줄 아세요?"

레이첼이 신경질적인 표정을 지으며 롤린의 말을 가로막았다. 평소의 그녀와 달리 약간 흔들리는 모습이었다. 롤린은 물러서지 않고 계속 말했다.

"내가 무슨 말을 하는지 당신도 알잖아요? 단지 당신과 결혼하고 싶다고 해서 나를 이렇게 비웃을 권리는 없다고 생각하는데요."

"비웃고 있는 게 아니에요. 롤린, 당신의 말은 이제 더는 소용이 없어요."

레이첼이 잠시 머뭇거리다가 말했다. 레이첼이 롤린의 이름을 부른 것은 그와 구면이었기 때문이지 그 이상의 의미는 없었다. 레이첼이 강한 어조로 말했다.

"결혼은 불가능해요!"

그녀는 자신이 대로 한가운데에서 청혼을 받았다는 사실 때문에 신경이 쓰였다. 하지만 사람들의 소음 때문에 마치 집 안에서처럼 그들의 대화는 둘만의 대화로 진행되었다.

"시간을 주신다면 나는⋯."

"싫습니다!"

레이첼이 굳은 의지로 말했다. 하지만 곧 원래 의도와 달리 롤린에게 너무 거칠게 말했다는 생각이 들었다. 그들은 또다시 한동안 말없이 계속 걸었다. 레이첼은 빨리 그 어색한 상황을 피하고 싶었다. 대로에서 벗어나 한적한 골목길로 들어섰을 때, 롤린이 갑자기 지금까지의 모습보다 더 용감한 자세로 말을 꺼냈다. 그의 목소리에는 레이첼이 그로부터 한 번도 들어보지 못한 위엄이 서려 있었다.

"윈슬로우 양, 나의 아내가 되어주셨으면 합니다. 당신이 나의 청혼을 받아들일 가능성은 전혀 없습니까?"

"전혀 없습니다."

레이첼이 지체 없이 대답했다.

"도대체 그 이유가 뭐죠?"

롤린은 마치 자신이 진실한 답을 들을 권리가 있다는 사람처럼 물었다.

"그 이유는 여자로서 당신의 아내가 되고 싶은 감정이 전혀 없기 때문이에요."

"다른 말로 말해서 나를 사랑하지 않는다는 건가요?"

"나는 당신을 사랑하지 않습니다. 그리고 사랑할 수도 없고요."

"왜 그렇죠?"

레이첼은 롤린의 이 물음에 약간 당황했다.

"왜냐하면…."

그녀는 너무 많은 진실을 이야기하면 어떻게 하나 염려가 되어 망설였다.

"이유를 말씀해주세요. 이미 상처를 받을 대로 받았으니 솔직하게 말씀하셔도 괜찮습니다."

"제가 당신을 사랑하지 않고, 또 사랑할 수 없는 이유는 당신에게는 인생의 목적이 없기 때문이에요. 이 세상에 보탬이 되기 위해 당신이 하는 일이 무엇입니까? 클럽, 쾌락, 여행, 그리고 사치로 시간을 보내고 있지 않나요? 그렇게 사는 사람을 어떤 여자들이 좋아하겠어요."

"별로 좋아할 게 없겠군요."

롤린은 씁쓸한 미소를 지었다.

"하지만 주위의 다른 남자들보다 내가 못하다고 생각하지는 않습니다. 상대적이지만 나에게도 좋은 면이 있거든요. 아무튼 당신의 이유를 들어서 기쁩니다."

그는 갑자기 걸음을 멈추고 모자를 벗었다. 그리고는 정중하게 인사를 한 후 되돌아갔다.

집에 도착한 레이첼은 서둘러 자신의 방으로 갔다. 롤린과의 예상치 않은 만남으로 인해 마음이 심란했다. 그녀는 롤린과의 대화를 곰곰이 되새기다 그에게 한 비판이 바로 자신에게도 해당된다는 생각이 들었다. '인생에서 나의 목적은 무엇인가?' 그녀는 유럽으로 유학을 가서 유명한 음악 선생님 밑에서 공부를 했다. 그리고 지금은 제일교회 성가대에서 일 년 간 솔리스트로 활동하고 있었다. 보수도 꽤 많았다. 2주 전 주일까지만 해도 그녀는 자신과 자신의 위치에 꽤 만족하고 있었다. 그야말로 어머니의 기대대로 음악계에서 승승장구가 예상되는 유망주였다. 그녀 스스로도 성악가로서의 명성을 얻는 것 외에 인생의 다른 목적은 없다고 생각했다.

그녀는 롤린과의 대화를 다시 상기하면서 자신에게 진정 위대한 인생의 목적이 있는지 자문해 보았다. "예수님이라면 어떻게 하실까?" 확실히 그녀의 목소리는 훌륭한 자산이었다. 그것은 자만심에서 나온 생각이 아니라 실제 사실이었다. 2주 전까지만 해도 그녀는 오로지 부와 명예, 그리고 박수갈채를 얻기 위해 자신의 목소리를 사용하고자 했었다. 과연 이것이 롤린이 추구하는 목적보다 더 고상한 것이라고 말할 수 있는가?

그녀는 한동안 자신의 방에 앉아 있었다. 그러다 마침내 오페라단의 제안 건과 자신이 구상하는 새로운 계획에 관해 어머니와 상의해야겠다는 생각이 들어 아래층으로 내려갔다. 그녀는 이미 어머니와 오페라단의 제의에 관해 대화를 나눈 적이 있었다. 그때 그녀의 어머니는 레이첼이 그 제안을 받아들여 대중적 성악가로서 화려한 경력을 쌓기 원한다는 뜻을 분명히 밝혔다.

레이첼은 어머니와 대화가 길어지는 것이 두려웠기 때문에 바로 본론으로 들어갔다.

"어머니, 저는 오페라단의 제안을 받아들이지 않기로 했어요. 나름대로 생각이 있어서요."

윈슬로우 부인은 비록 몸집은 컸지만 우아하고 사교적인 여자로 사회적 명성을 중요시하는 사람이었다. 또한 자녀들이 자신의 기대에 조금도 어긋남 없이 성공하기를 바랐다. 레이첼보다 두 살 어린 동생인 루이스 역시 어머니의 뜻에 따라 사관학교에 다니고 있었으며 올 여름에 졸업할 예정이었다. 그래서 레이첼은 어머니와 함께 단 둘이 지내고 있었다. 그녀의 아버지는 버지니아의 아버지와 마찬가지로 가족이 외국에 있을 때 돌아가셨다. 그녀는 자신도 버지니아처럼 이제 자신의 새로운 행동 규칙 때문에 가장 가까운 가족과 마찰을 겪게 될 것임을 직감했다. 윈슬로우 부인은 레이첼에게 계속 말하라고 했다.

"어머니, 2주 전에 제가 한 서약 아시죠?"

"맥스웰 목사의 서약 말이냐?"

"아니, 제 서약이요. 어머니, 그 서약이 무엇을 의미하는지 아시죠?"

"알 것 같다. 물론 교인이라면 그리스도를 본받고 그분을 따르는 게 당연하지. 하지만 그것은 어디까지나 오늘날 우리의 상황과 상충되지 않는다는 조건에서만 가능한 거야. 그런데 그게 오페라단 제안에 관해 내린 너의 결정과 무슨 상관이 있는 거냐?"

"매우 큰 관계가 있어요. 저는 '예수님이라면 어떻게 하실까?'라는 질문을 하고 지혜를 구하는 동안 그분이라면 아름다운 목소리를 돈벌이에 사용하지 않으실 것이라는 결론을 내렸어요."

"뭐 때문에? 돈을 버는 게 잘못이라도 된단 말이냐?"

"그렇지는 않아요. 그것이 잘못이라고 말할 수는 없지요."

"레이첼, 지금 돈을 벌기 위해 노래하는 사람들을 정죄하겠다는 게냐? 그들이 예수님이라면 하지 않으실 일들을 하고 있다는 뜻이냐?"

"어머니, 오해하지 마세요. 저는 아무도 판단하지 않아요. 제가 직업적인 성악가들을 정죄하고 있다는 어머니의 생각은 잘못된 거에요. 저는 단순히 저의 진로를 결정한 것뿐이에요. 오페라단의 제안을 생각하는 동안 예수님은 분명히 달리 행동하셨을 것이라는 확신이 들었어요."

"그러면 무엇을 하려고?"

다행히 윈슬로우 부인은 아직 평정을 잃지 않고 있었다. 윈슬로우 부인은 자신의 딸이 갈등하는 이유를 제대로 이해하지 못했다. 윈슬로우 부인의 관심은 오직 레이첼이 재능을 살려 성공적인 삶을 사는 데 있었다. 윈슬로우 부인은 현재 제일교회에서 일어나고 있는 특별한 종교적 열정들이 수그러들면 레이첼 역시 자신의 뜻에 따라 대중 성악가로서의 삶을 택할 것이라고 확신하고 있었다. 그런 까닭에 레이첼이 그 뒤에 한 말은 커다란 충격이 아닐 수 없었다.

"무엇을 할 거냐고요? 찬양 사역자가 필요한 곳에 가서 인류를 위해 봉사하고 싶어요. 어머니, 저는 단순히 노래 자체를 위한 욕구를 채워주기 위해, 또는 사교계의 사람들을 즐겁게 해주고 돈을 벌기 위해서가 아니라 제 자신의 영혼을 위해 더 가치 있는 목적에 목소리를 사용하기로 마음먹었어요. 그래서 '예수님이라면 어떻게 하실까?' 라는 물음에 만족할 수 있는 일을 찾아 실천에 옮길 생각이에요. 제 자신이 오페라단의 일원이 되어 노래를 부르는 일은 만족스럽지도 않고, 만족할 수도 없어요."

윈슬로우 부인은 레이첼의 힘차고 진지한 모습에 놀라지 않을 수 없었다. 마침내 윈슬로우 부인은 더는 자신의 분노를 숨기려고 하지 않았다.

"완전히 어리석은 짓이야! 레이첼, 너 정신이 나갔구나! 무엇을 하겠다고?"

레이첼은 어머니의 그런 반응을 이미 어느 정도 예상했기에 전혀 개의치 않았다.

"많은 사람이 자신의 재능을 쏟아 부어가며 이 세상을 위해 봉사하고 있어요. 그런데 음악에 재능을 가진 제가 오직 그 재능에 값을 매기고 돈만 벌 생각을 하는 게 과연 옳은가요? 어머니는 저에게 음악적 재능을 항상 금전적, 사회적 성공의 잣대로만 생각하도록 가르치셨어요. 하지만 2주 전에 예수님과 서약한 이후 저의 마음속에서 예수님이 돈을 버실 목적으로 오페라단에 입단하셔서 성악가의 삶을 사실 것이라고는 도저히 인정할 수 없었어요."

윈슬로우 부인은 급기야 자리에서 일어났다가 다시 앉았다. 평정을 찾으려고 애쓰는 모습이 역력했다.

"그러면 무엇을 하려고 하는데? 너는 아직 이 질문에 구체적으로 답하지 않았다."

"당분간 교회에서 노래할 생각이에요. 여름 전까지는 계속 노래하기로 약속했거든요. 이번 주에는 렉탱글에서 열리는 백십자회 집회에서 찬양을 부를 예정이고요."

"뭐라고? 레이첼 윈슬로우! 네가 지금 무슨 말을 하고 있는지 알기는 하는 거냐? 거기에 모이는 사람들이 도대체 어떤 부류의 사람들인지 알기나 하니?"

레이첼은 어머니의 고함에 움찔했다. 그래서 잠시 조용히 있었지만 이윽고 다시 단호하게 말문을 열었다.

"잘 알고 있습니다. 그 때문에 제가 가려고 해요. 그레이 씨 부부가 그곳에서 지난 수주 전부터 전도 집회를 열고 있어요. 오늘 아침 그들로부터 집회를 위해 찬양할 사람을 찾는다는 이야기를 들었어요. 렉탱글은 교회의 도움이 가장 절실한 곳이에요. 그래서 그들에게 봉사자로 섬기겠다고 말했어요. 어머니!"

레이첼은 자신의 격앙된 감정을 못이겨 결국 울음을 터뜨렸다.

"저는 저 자신을 희생할 수 있는 그런 일을 하고 싶어요. 어머니가 이해하지 못하신다는 거 잘 알아요. 하지만 무언가 고난에 동참하고 싶은 게 제 심정이에요. 레이몬드 시에 있는 고통받고 죄로 물든 사람들을 위해 그동안 우리가 한 일이 뭐죠? 예수님의 삶을 살고 따라야 할 우리가 이 세상을 축복하기 위해 얼마나 우리 자신의 안위와 기쁨을 희생하며 다른 사람들에게 베풀어주었나요? 항상 이기적인 사회의 생리에 따라 쾌락과 육신의 기쁨의 좁은 쳇바퀴를 맴돌며 희생의 고통은 좀처럼 맛보지 않은 채 살아온 게 사실 아닌가요?"

"레이첼! 너 지금 이 어미에게 설교하는 거냐!"

마침내 레이첼이 자리에서 일어났다. 어머니의 말에 담긴 의미가 무엇인지 알았기 때문이다. 그녀는 가능한 부드럽게 대답했다.

"아니에요. 저 자신에게 하는 설교에요."

자신의 방으로 돌아온 레이첼은 어머니로부터 더는 공감이나 올바른 이해를 구할 수 없다는 생각이 들었다. 그녀는 무릎을 꿇었다. 2주 전 남루한 차림에 빛바랜 모자를 손에 쥔 이상한 사람이 제일교회에 출현한 이후 더 많은 교인이 무릎을 꿇고 기도했다. 그녀가 기도를 마치고 일어났을 때 그녀의 얼굴은 온통 눈물로 젖어 있었다. 그녀는 한동안 깊은 사색에 잠겨 있었다. 그런 다음 버지니아에게 편지를 썼다. 사람을 시켜 편지를 보낸 그녀는 다시 아래층으로 내려왔다. 그리고 어머니에게 버지니아와 함께 저녁에 렉탱글로 가서 전도자인 그레이 씨 부부를 만날 것이라고 말했다.

"버지니아가 간다면 그녀의 삼촌인 웨스트 박사도 함께 갈 거예요. 이미 버지니아에게 삼촌에게 전화를 걸어 동행을 요청하라고 일렀어요. 웨스트 박사는 그레이 씨 부부의 친구로 지난 겨울에도 그들의 집회에 몇 번 참석한 적이 있대요."

윈슬로우 부인은 아무 말도 하지 않았다. 하지만 딸의 행동이 못마땅하다는 표정이 가득했다. 레이첼은 어머니의 무언의 냉대를 느낄 수 있었다.

저녁 7시경, 웨스트 박사와 버지니아가 나타났다. 셋은 함께 백십자회 집회가 열리는 곳으로 출발했다. 렉탱글은 레이몬드 시에서 가장 악명 높은 지역이었다. 그 주변에 철도공장과 포장재료를 생산하는 공장이 자리하고 있었다. 또한 바로 옆에는 이 도시에서 가장 더럽고 비참한 빈민가가 위치해 있었다. 렉탱글은 황량한 들판으로 주로 여름에 서커스단이나 유랑극단이 와서 공연을 하는 곳이었다. 이 들판 주위로 술집, 도박장, 그리고 값싼 여인숙들이 즐비했다.

레이몬드 제일교회는 그동안 단 한 번도 렉탱글 지역에 관심을 기울이지 않았다. 너무 더럽고 추악하고 죄로 물든 끔찍한 곳이라고 여겨 감히 접근을 하지 않았던 것이다. 솔직히 말해 몇몇 교회에서는 성가대나 주일학교 교사, 또는 복음 전도자들을 보내 이곳을 정화하려는 시도를 했었다. 하지만 레이몬드 제일교회는 수년 동안 렉탱글 지역을 악의 세력에서 구원하기 위해 단 한 번도 노력하지 않았다.

이처럼 죄악으로 가득한 렉탱글의 중심부에 용감한 순회 전도자인 그레이 씨 부부가 들어와서 대형 천막을 치고 집회를 하고 있었다. 지금은 봄이었기 때문에 저녁 집회는 쾌적한 날씨 속에서 이루어졌다. 그레이 씨 부부는 많은 크리스천에게 도움을 청했으며, 그 결과 기대 이상의 많은 격려를 받으며 사역하고 있었다. 하지만 여전히 더 많은 영감 있는 찬양자들이 필요했다. 더구나 오르간으로 봉사하던 사람마저 병이 나는 바람에 지난 몇 주 동안 주일 집회에 참석하지 못하고 있었다. 찬양 자원자들은 극소수였으며, 그나마 목소리도 평범한 수준을 넘지 못했다.

7시가 약간 지난 시간에 그레이 부인이 촛불을 붙이면서 말했다.

"존, 오늘 저녁에는 왠지 사람들이 많이 모이지 않을 것 같네요."

"나도 걱정하던 참이요."

그레이 씨는 체구는 작지만 열정이 넘치는 사람이었다. 쾌활한 목소리의 소유자로 고귀한 가문의 기사처럼 용기 있는 사람이었다. 그는 이미 주위에서 여러 명의 사람들에게 복음을 전했다. 그중 한 사람이 천막 안에서 의자를 배열하는 일을 돕고 있었다.

파워즈 감독관은 8시를 넘겨서야 철도 공장 사무실을 나와 집으로 향했다. 렉탱글 거리의 한 모퉁이에서 차를 타려고 기다리는데, 근처의 대형 천막에서 아름다운 찬양이 흘러나왔다. 레이첼 윈슬로우의 목소리였다. 그녀의 목소리는 조금 전까지 주님 앞에 무릎을 꿇고 문제의 해답을 얻기 위해 씨름한 파워즈 감독관의 마음속으로 강하게 파고들어 왔다. 사실 그는 아직도 결론을 내리지 못한 상태였기에 무척 괴로워하고 있었다. 그동안 철도인으로서 바쁘게 살아왔던 삶이 정작 믿음의 희생 앞에서는 준비되지 못한 삶이었다는 자책이 들었다. 회사의 비리와 부정에 관해 자신이 어떻게 할지 아직 뭐라고 확실히 답할 수 없었다.

파워즈 감독관은 속으로 생각했다. '레이첼이 어떻게 이런 곳에 왔지?' 주위에서 사람들이 창문을 열고 찬양을 듣는 모습이 보였다. 술집에서 싸우던 사람들도 싸움을 멈추고 신기한 듯 찬양 소리를 듣고 있었다. 천막 쪽으로 발걸음을 옮기는 이들도 있었다. 그날 저녁, 레이첼의 찬양 소리는 제일교회에서 지금까지 한 번도 들어볼 수 없었던 놀랍도록 힘 있는 소리였다. '그녀가 지금 부르는 찬양이 뭐지?' 파워즈 감독관은 조용히 귀를 기울였다.

"주의 인도하심 따라
 주의 인도하심 따라
 어디든지 주를 따라
 주와 같이 같이 가려네."

주위의 불결한 환경 때문에 더 순수하게 들리는 레이첼의 찬양 소리가 술집과 여인숙 사이로 울려 퍼지자 렉탱글 지역이 추잡하고 난폭한 삶에서 깨어나 새로운 삶으로 승화되는 느낌이 들었다. 그때 한 술 취한 사람이 파워즈 감독관 옆을 비틀거리며 지나갔다. 그 사람은 마치 파워즈 감독관의 질문에 대답이라도 하듯 다음과 같이 중얼거렸다.

"오늘 밤 저 천막에서 무슨 일인가 일어나고 있는 거야. 바로 저게 진짜 음악이지. 안 그래?"

파워즈 감독관은 천막을 향해 걸어가려다가 발걸음을 멈췄다. 일 분 정도 망설이던 그는 모퉁이 쪽으로 다시 돌아가 집에 가기 위해 차를 탔다. 하지만 레이첼의 목소리가 귀에서 완전히 사라지기 전, 자신이 "예수님이라면 어떻게 하실까?"라는 물음에 관한 해답을 얻었다는 사실을 깨달았다.

8.
슬럼가 렉탱글로 간 맥스웰 목사

맥스웰 목사는 서재 안을 거닐고 있었다. 그날은 수요일이었다. 그는 아침부터 수요 기도회의 설교 주제를 놓고 고민하고 있었다. 서재 창문을 통해 우뚝 솟아 있는 철도공장의 굴뚝이 보였다. 그리고 렉탱글 주위의 건물들 사이로 그레이 씨의 천막 꼭대기가 눈에 들어왔다. 맥스웰 목사는 방향을 틀 때마다 창문 밖을 내다보았다. 잠시 후 그는 갑자기 책상으로 가서 큰 종이 한 장을 꺼냈다. 그리고 한동안 사색에 잠긴 채 큰 글자로 종이 위에 다음과 같이 써 내려갔다.

예수님이 레이몬드 제일교회의 담임목사라면 하실 일들.
1. 불필요하게 사치하지도, 또한 과도하게 금욕적으로 사시지도 않으시고 단순하게 사실 것이다.
2. 교회 내의 위선자들에게 그들의 사회적 지위나 부와 상관없이 담대하게 설교하실 것이다.

3. 교육받고 세련된 부유층의 교인들뿐만 아니라 일반 교인들에게도 주님의 사랑과 연민을 실질적으로 보여주실 것이다.
4. 스스로를 부정하고 고난에 동참하는 개인적인 방법으로 인류의 대의를 위해 자신을 동일시하실 것이다.
5. 레이몬드 시의 술집들을 질타하실 것이다.
6. 렉탱글 지역에 사는 죄인들의 친구가 되실 것이다.
7. 올 여름 유럽 여행을 취소하실 것이다. (나는 벌써 두 번이나 외국에 다녀왔다. 그러므로 또다시 해외여행을 간다는 것은 사치이다. 또한 지금 나는 건강하기 때문에 휴가를 포기할 수도 있다. 대신 그 돈을 가지고 나보다 휴가가 더 필요한 사람을 위해 사용할 것이다. 아마도 이 도시에 그런 사람이 많을 것이다.)

전에는 찾아볼 수 없었던 겸손한 태도로 목록을 써 내려가던 맥스웰 목사는 자신이 쓰고 있는 예수님의 행동 목록이 깊이와 힘에서 약간 부족하다는 느낌이 들었다. 그래서 예수님의 행동 양식이라고 생각되는 것을 더욱 구체적으로 표현하기 위해 세심히 노력했다. 목록에 적은 내용들은 지난 수년 동안 자신의 목회 방식과 습관을 완전히 뒤바꾸는 혁신적인 것들이었다. 그럼에도 맥스웰 목사는 여전히 그리스도 정신의 근본을 더욱 깊이 있게 탐구하기 위해 애썼다. 그는 이제 더는 종이에 쓰지 않았다. 대신 책상에 앉은 채로 자신의 삶 속에 예수님의 정신을 심기 위해 깊이 몰입했다. 그러는 동안 아침부터 생각했던 수요 기도회 설교 주제를 까맣게 잊어버리고 말았다.

너무나 깊게 몰입한 탓에 맥스웰 목사는 벨이 울리는 것조차 듣지 못했다. 잠시 후 서재로 올라온 그레이 씨가 자신의 방문 이유를 말했다.

"안녕하세요? 맥스웰 목사님. 목사님의 도움이 필요해서 왔습니다. 물론 목사님도 지난 월요일과 화요일 저녁에 우리가 얼마나 은혜로운 모임을 가졌는지 들으셨을 줄 압니다. 윈슬로우 양이 자신의 목소리로 제가 할 수 있는 것 이상의 놀라운 일을 했습니다. 정말 천막이 비좁을 정도로 사람들이 모였습니다."

"물론 저도 들었습니다. 그곳 사람들이 처음으로 윈슬로우 양의 찬양을 들었다더군요. 당연히 사람들이 그녀의 목소리에 매료되었겠죠."

"그녀의 찬양은 하나님의 놀라운 계시였습니다. 그리고 우리들의 사역에 가장 고무적인 사건이기도 합니다. 사실 제가 온 목적은 목사님께 오늘 저녁 모임의 설교를 부탁드리기 위해서입니다. 보시다시피 저는 지금 심한 몸살감기를 앓고 있어 목소리에 문제가 있습니다. 바쁘신데 무리한 부탁이라는 것을 잘 알고 있습니다. 오실 수 없다면 솔직하게 말씀해주셔도 괜찮습니다."

"죄송하지만 오늘 저녁에는 수요 기도회가 있어서요."

맥스웰 목사는 그레이 씨의 부탁을 거절하려다가 갑자기 얼굴이 빨개지더니 다음과 같이 말을 바꾸었다.

"하지만 어떻게 하든 천막에 가려고 조치를 취하겠습니다. 제 약속을 믿으셔도 좋습니다."

그레이 씨는 진심으로 감사드린다고 말하며 자리에서 일어났다. 순간 맥스웰 목사가 그레이 씨를 붙잡았다.

"그레이 씨, 잠깐만요. 함께 기도합시다."

"그러죠."

두 사람은 서재에서 무릎을 꿇고 함께 기도했다. 맥스웰 목사는 어린아이와 같이 순수한 마음으로 기도했다. 그레이 씨도 기도하는 동안 마음에 감동을 받아 눈물을 흘렸다. 좁은 울타리에서 목회자의 삶을 살았던 맥스웰 목사가 렉탱글 지역의 사람들에게 설교를 하기 위해 지혜와 힘을 달라고 기도하는 모습은 불쌍하게 보일 정도로 간절했다.

기도가 끝나자 그레이 씨가 일어서며 손을 내밀었다.

"맥스웰 목사님, 하나님의 축복이 함께 하시기를 빕니다. 성령님께서 오늘 저녁 목사님께 능력을 주시리라고 믿습니다."

맥스웰 목사는 아무 대답도 하지 않았다. 자신도 그렇게 바란다고 말하기에는 실제로 너무나도 자신이 없었다. 하지만 예수님과의 약속을 떠올리자 마음속에 평안이 찾아오면서 새로운 기운이 솟는 걸 느꼈다.

그날 저녁, 제일교회의 수요 기도회에 엄청나게 많은 교인이 참석했다. 이것은 지난 2주 전 주일 예배 이후 새롭게 나타난 현상 중 하나였다. 이전에는 적은 수의 사람들만이 수요 기도회에 참석했었다. 맥스웰 목사는 즉시 본론부터 말했다

"저는 하나님으로부터 오늘 밤 렉탱글 지역에 가서 설교를 하라는 부르심을 받았습니다. 오늘 기도 모임을 계속할지는 여러분 각자의 선택에 맡기겠습니다. 제 생각에 몇 분이 저와 함께 렉탱글로 가서 필요한 일들을 도와주셨으면 좋겠습니다. 그리고 다른 분들은 이곳에 남으셔서 성령의 강한 힘이 저희와 함께 할 수 있도록 기도해주셨으면 합니다."

여섯 명의 자원자가 맥스웰 목사와 동행하기로 했고, 나머지 교인들은 교회에 남았다. 맥스웰 목사는 교회 문을 나서며 죄악에 물들어

구원의 손길이 필요한 사람들을 그리스도께로 인도할 수 있는 교인들이 전 교인 중에 스무 명도 채 안 될 것 같다는 생각이 들었다. 하지만 천막으로 가는 도중 그런 생각은 곧 그의 마음속에서 사라졌다. 아무튼 그가 그렇게 생각하게 된 이유는 그리스도의 제자도에 관해 새로운 이해를 가졌기 때문이다.

맥스웰 목사와 교인들이 렉탱글에 도착했을 때, 천막 안은 이미 사람들로 발 디딜 틈도 없었다. 천막 주위에도 많은 사람이 몰려들어 천막 안을 주시하고 있었다. 그들은 어렵게 연단으로 올라갔다. 이미 레이첼과 버지니아가 와 있었다. 그날 밤, 웨스트 박사 대신 동행한 야스퍼 체이스의 모습도 보였다. 레이첼의 독창으로 집회가 시작되었다. 뒤를 이어 사람들이 함께 찬양을 불렀다. 밤공기는 온화했다. 천막의 양옆에는 깃대가 높이 세워져 있었다. 레이첼의 찬양과 도시의 다른 지역에서 사역하는 어느 목사의 기도가 끝난 후, 그레이 씨는 자신이 설교를 할 수 없는 이유를 설명하고 간단하게 "제일교회 헨리 맥스웰 목사님이 나오시겠습니다"라고 소개했다.

천막 한구석에서 누군가가 거친 목소리로 말했다.

"저 양반은 또 누구야?"

"제일교회 목사래. 오늘 밤에는 온통 고상한 사람들만 왔군."

"제일교회라고 했어? 나도 잘 알지. 우리 집 건물 주인이 그 교회의 예배에 참석해서 맨 앞자리에 앉거든."

또 다른 사람이 맞장구를 치자 주위에서 한바탕 웃음이 터졌다. 그 건물 주인이 술집을 운영하고 있었기 때문이다. 갑자기 그 옆에 있던 한 술 취한 사람이 무의식적으로 유랑 극단 가수의 콧소리를 흉내 내며 노래를 부르기 시작했다.

"생명줄 던져! 생명줄 던져!"

그러자 그 사람을 향해 웃음과 야유가 뒤범벅이 되어 쏟아졌다. 천막 안에 모여 있던 사람들이 소란스러운 소리가 나는 쪽으로 일제히 시선을 돌렸다. 여기저기서 "그 사람을 천막 밖으로 쫓아내!"라는 소리가 들렸다. 천막 안은 아수라장으로 변해갔다.

"제일교회 목사에게 기회를 주자고!"

"노래! 노래! 노래 한 곡 더 뽑으라고!"

마침내 맥스웰 목사가 설교를 하기 위해 자리에서 일어섰다. 거대한 공포의 물결이 그를 엄습해 왔다. 교회에서 정장을 입고 사람들의 존경을 받으며 품행이 단정한 사람들을 상대로 설교하는 것과는 완전 딴판이었다. 그는 힘겹게 메시지를 전하기 시작했다. 하지만 소란은 그칠 줄 몰랐다. 그레이 씨가 사람들 가운데로 내려갔지만 진정될 기미가 보이지 않았다. 그때 갑자기 맥스웰 목사가 한 손을 올리더니 목소리를 높였다. 그러자 천막 안의 사람들이 겨우 그의 말에 주목하기 시작했다. 하지만 여전히 천막 바깥에서는 시끄러운 소리가 계속 들려왔다. 몇 분이 지났지만 도저히 통제가 불가능했다. 맥스웰 목사가 슬픈 미소를 띠며 레이첼에게 부탁했다.

"윈슬로우 양, 미안하지만 찬양 한 곡만 더 불러주세요. 사람들이 당신의 찬양은 들을 거예요."

맥스웰 목사는 이렇게 부탁하고 자리에 앉아 손으로 얼굴을 감쌌다. 레이첼은 오르간 앞에 앉아 있는 버지니아에게 다음의 찬송가를 반주해 달라고 요청했다.

"자비하신 예수여 내가 사람 가운데

의지할 이 없으니 슬픈 자가 됩니다.
맘이 어두웠으니 밝게 하여주소서.
저를 보호하시고 항상 인도하소서."

레이첼이 찬양을 부르기 시작하자 천막 안의 사람들이 일제히 그녀를 향해 몸을 돌렸다. 언제 그랬느냐는 듯 갑자기 조용해지고 경건한 분위기가 감돌았다. 레이첼이 1절을 다 불렀을 때 렉탱글 지역은 고요하고 온순한 모습으로 변해 있었다. 마치 맹수가 그녀의 발 앞에서 양처럼 온순해진 형국이었다. 비록 더럽고 술 취하고 부정한 사람들이지만 이 젊은 여자에게서 울려 나오는 천상의 소리를 듣고 몸을 떨며 우는 모습은 정말로 큰 감동이 아닐 수 없었다. 맥스웰 목사는 얼굴을 들어 변화된 청중들을 바라보면서 만약 예수님도 레이첼과 같은 목소리를 가지고 계셨다면 그렇게 하셨을 것이라고 생각했다.

야스퍼 체이스는 찬양을 부르는 레이첼에게 시선을 고정한 채 앉아 있었다. 야스퍼는 머릿속으로 만약 자신이 레이첼을 사랑하게 되면 야심적인 작가로서 높은 욕망에 어떤 변화가 일어날지를 그려보고 있었다. 이때 천막 안에 어두운 그림자 하나가 나타났다. 전도 집회 따위에는 나타나지 않을 법한 그 사람은 바로 롤린 페이지였다. 롤린은 사방에서 사람들이 자신의 몸을 밀치는데도 아랑곳하지 않은 채 레이첼로부터 나오는 알 수 없는 힘에 완전히 압도되어 서 있었다. 롤린은 조금 전까지 클럽에 있다 오는 길이었다. 물론 레이첼과 버지니아는 그곳에 롤린이 나타나리라고는 꿈에도 생각하지 못했다.

레이첼의 찬양이 끝나자 맥스웰 목사가 다시 나왔다. 조금 전보다 한층 더 침착한 모습이었다. 그는 이전의 자신에게서는 상상할 수도 없었던 강력한 메시지를 사람들에게 토해내기 시작했다. '이들은 누구인가? 이들은 불멸의 영혼을 소유한 사람들이다. 기독교의 목적은 무엇인가? 의인이 아닌 죄인을 불러 회개시키는 일이다. 예수님이라면 어떻게 말씀하실까? 그리고 무엇이라고 말씀하실까?' 맥스웰 목사는 예수님이라면 말씀하실 내용들을 그들에게 모두 전할 수는 없다고 생각했다. 하지만 적어도 그중 일부분은 전할 수 있다는 확신이 들었다. 그리고 그 확신 속에 설교를 계속 이어갔다.

전에는 한 번도 사람들에 대해 동정을 느껴보지 못한 그였다. 제일교회에서 십 년 가까이 사역하는 동안 그는 도시의 대중들을 모호하고, 더럽고, 위험한, 사회의 문젯거리로, 그리고 교회와 자신의 영역 밖의 사람들로 치부해 왔다. 물론 때때로 그들 때문에 마음 한구석에 불편한 양심의 가책을 느끼곤 했지만, 그것은 잠시뿐이었다. 그들은 레이몬드 시의 여러 모임에서 단순히 '대중'이라는 말로 묘사되었고, 신문사들은 그들이 같은 형제임에도 불구하고 사회로부터 왜 따돌림을 받는지 그 이유를 합리화하기 위해 열을 올렸다.

하지만 오늘 밤 그들을 대면한 맥스웰 목사는 '예수님도 이와 같은 무리들과 동행하지 않으셨을까?' 라고 자문하지 않을 수 없었다. 그는 진정으로 그 사람들에게서 사랑을 느꼈다. 사람들에 대한 사랑은 설교자가 세상의 구원자이신 주님의 심장에 매우 가까이 있다는 증거였다. 개인적으로 특출 나고 재미있는 사람을 사랑하는 일은 어렵지 않다. 하지만 죄 많은 무리를 사랑한다는 것은 그리스도를 닮아가는 사람만이 할 수 있는 일이었다.

집회가 끝났을 때 사람들에게서 특별한 반응을 찾아볼 수는 없었다. 후속 모임에 참여한 사람은 아무도 없었다. 사람들은 빠르게 천막을 빠져나갔다. 집회가 열리는 동안 한가했던 술집들도 다시 붐비기 시작했다. 렉탱글은 마치 잃어버린 시간을 보충하려는 듯이 평소와 마찬가지로 주색에 빠져들었다. 레이첼, 버지니아, 그리고 야스퍼 체이스를 비롯한 맥스웰 목사 일행은 즐비한 술집과 죄악의 소굴을 지나 차들이 다니는 길로 향했다.

"이곳은 정말 무서운 곳입니다."

맥스웰 목사가 차를 기다리며 입을 열었다.

"레이몬드에 이렇게 곪아터진 곳이 있었다니 믿어지지 않습니다. 이 도시가 그리스도의 제자들로 넘쳐나는 일은 무척 요원해 보입니다."

야스퍼 체이스가 맥스웰 목사에게 물었다.

"이와 같은 거대한 술의 저주를 인간의 힘으로 무너뜨릴 수 있다고 생각하십니까?"

"전에는 한 번도 그럴 수 있다고 생각하지 않았지만, 최근 들어 크리스천들이 술의 저주를 깨뜨릴 수 있지 않을까 하는 생각이 듭니다. 왜 우리는 단합해서 술집에 대항할 수 없습니까? 레이몬드 시의 전 교인이 하나로 뭉쳐 술장사를 하지 못하도록 막을 수 없을까요? 예수님이라면 어떻게 하실까요? 그냥 침묵만 하실까요? 죄와 죽음의 원인이 되는 술집들을 허락하실까요?"

맥스웰 목사는 다른 사람이 아닌 바로 자신에게 자문하듯 말했다. 그는 자신이 술장사를 계속 허가하는 쪽에 투표했다는 사실을 기억했다. 그리고 그 점은 모든 교인도 마찬가지였다. '그러나 예수님이라면 어떻게 하실까? 이 질문에 나는 자신 있게 대답할 수 있는가? 주님이 오늘날 이곳에 계신다면 술집을 비판하는 설교와 행동을 하실까? 술집 허가 반대를 위한 설교가 사람들로부터 지지를 받지 못하는 상황에서도 그렇게 하실까? 예수님은 술을 허가하고 그런 필요악에게 세금을 징수하는 일이 별문제가 되지 않는다고 생각하는 일반인들 앞에서 술집을 비판하실까? 만약 교인들 중에 술집을 소유한 사람이 있다면 그 경우 예수님은 어떻게 하실까? 확실히 예수님은 레이몬드 시의 모든 상황을 다 알고 계실 것이다. 과연 이런 상황에서 예수님은 어떻게 하실까?' 맥스웰 목사의 머릿속으로 끊임없는 질문이 쏟아졌다.

다음날 아침, 맥스웰 목사는 서재로 갔다. 그의 의문은 여전히 풀리지 않고 있었다. 그는 온종일 그 문제와 씨름했다. 저녁이 되어 데일리뉴스 신문이 도착했을 때에야 비로소 어느 정도 문제의 결론을 내릴 수 있었다. 그의 아내가 신문을 가지고 들어왔다. 요즘 데일리뉴스는 레이몬드 시에서 가장 큰 반향을 불러일으키고 있었다. 파격적인 편집으로 인해 사람들 사이에 큰 화젯거리가 된 것이다. 사람들은 내기 권투 시합 기사가 빠진 데 이어 아주 자극적인 각종 범죄 사건들이 상세히 실리지 않는다는 사실을 알았다. 그리고 더는 사생활과 관련된 스캔들도 찾아볼 수 없었다. 또한 술과 담배, 그와 유사한 유해 광고들이 사라진 것을 알았다. 무엇보다도 사람들은 일요일 판 발행 중단에 관해 가장 말이 많았다. 신문 사설의 새로운 변화도 많은 주목을 받았다. 특히 이번 주 월요일 신문에 실린 사설은 노먼 사장이 자신의 약속을 어떻게 지키고 있는지를 잘 보여주었다. '정치 문제의 도덕적 측면'이라는 제목을 단 그 사설의 내용은 다음과 같다.

"그동안 본지는 항상 현 집권당의 정책 노선을 지지해 왔다. 그리고 모든 정치적 문제를 다른 정당에 대항해 집권당을 지지하는 측면에서, 그리고 편의주의의 관점에서 논의해 왔다. 하지만 이후부터 본지는 모든 정치적 문제를 옳고 그름의 도덕적 관점에서 논의할 것을 공약하는 바이다. 즉, 본지는 모든 정치적 문제 앞에서 '이것이 우리가 지지하는 정당에 이익이 되는가?' 또는 '지지 정당의 정강으로 채택된 노선과 부합하는가?'가 아니라 '이 조치가 인간에게 알려진 가장 위대한 삶의 표준으로서 예수님의 정신과 가르침에 일치하는가?'라고 최우선적으로 물을 것이다. 다시 말해 모든 정치적 문제의 도덕적 측면을 가장 중요시 여길 것이다. 그리하여 개인뿐만 아니라 국가가 동일한 법률 아래서 제 1행동 규칙으로써 하나님께 영광을 돌리는 기초를 만드는 일에 주력할 것이다.

또한 본지는 국가를 위해 책임을 지고 신임받는 직책에 출마하는 입후보자들에게도 동일한 원리를 적용할 것이다. 본지는 모든 권한을 다 사용해 출신 정당에 관계없이 가장 적합한 사람이 그 직책에 선출되도록 노력할 것이다. 아무리 정당으로부터 지지를 받았다 할지라도 자격이 미달되는 후보자는 앞으로 절대로 지지하지 않을 것이다. 본지는 인물이나 정책 앞에서 '그 사람이 과연 그 직책에 적합한가?' '그가 능력을 갖춘 사람인가?'를 제일 먼저 물을 것이다."

사설은 이 밖에도 더 많은 내용을 담고 있었다. 하지만 위의 내용만으로도 앞으로 데일리뉴스가 취하게 될 새로운 태도를 충분히 예측할 수 있었다. 레이몬드 시민들은 이 사설을 읽고 너무도 놀란 나머지 자신들의 눈을 의심했다. 그리고 집권당을 지지하는 많은 사람이 즉시 데일리뉴스 앞으로 신문 구독을 사절한다는 내용의 편지를 보냈다. 하지만 여전히 신문은 발행되었고, 도시의 많은 사람이 데일리뉴스의 변화를 진지하게 지켜보았다. 일주일이 지난 뒤, 노먼 사장은 많은 사람이 신문 구독을 중단한 사실을 알았다. 그는 이 사실을 차분하게 받아들였다. 한편, 클라크 편집국장은 월요일 자 신문이 나간 이후 신문사가 곧 파산하지 않을까 하는 우려에 매일매일을 침통한 표정으로 지냈다.

그날 저녁, 맥스웰 목사는 아내에게 신문을 읽어주면서 거의 모든 지면에서 노먼 사장이 자신의 약속을 양심적으로 지키고 있는 흔적을 발견할 수 있었다. 기사 제목이나 내용 등에서 저속하거나 선정적인 표현을 찾아볼 수 없었다. 신문체의 스타일이나 품격 면에서도 눈에 띄는 변화가 느껴졌다. 또한 맥스웰 목사는 각 기사마다 그 기사를 쓴 기자의 이름이 기재되어 있는 것을 발견했다.

"노먼 씨가 마침내 기자들에게 기사 밑에 자신의 이름을 쓰라고 지시했군. 언젠가 나에게 그런 말을 한 적이 있었지. 정말 잘 된 일이야. 이렇게 하면 노먼 사장의 말대로 기자들이 자신의 기사 내용에 책임을 지게 되고, 기사 작성 수준도 향상될 거야. 독자와 기자들 모두에게 좋은 일이지."

그때 갑자기 맥스웰 목사의 표정이 어두워졌다. 그가 떨리는 목소리로 말했다.

"여보, 이 기사 좀 들어봐요."

그는 다소 힘들게 기사를 읽어 내려갔다.

"오늘 아침, L&T 철도공장의 감독관인 알렉산더 파워즈 씨가 회사에 사직서를 제출했다. 그는 사직 이유에 관해 L&T사가 특정 운송 회사의 이익을 위한 담합을 방지하기 위해 최근에 입법된 주 정부법과 주 정부간 상법을 위반한 증거를 포착했기 때문이라고 설명했다. 파워즈 씨는 사직서에서 회사가 저지른 부정을 도저히 숨길 수 없었다고 밝혔다. 이미 L&T사의 불법 행위 증거를 상법위원회에 제출한 그는 곧 법정에서 그에 관해 증언할 예정이다. 따라서 앞으로 상법위원회가 어떤 결정을 내릴지 주목된다.

본지는 파워즈 씨의 행동에 관한 우리의 입장을 다음과 같이 표명하는 바이다. 첫째, 우리는 그가 개인의 이익보다는 공공의 이익을 우선시했다고 본다. 그가 회사의 불법 행위를 묵과했다면 유지할 수 있었던 직책을 스스로 사임하는 희생을 감수했기 때문이다. 둘째, 우리는 그의 행동이 법의 준수를 존중하는 정직하고 사려 깊은 시민들의 아낌없는 박수를 받을 것이라고 본다. 철도회사들의 불공정 행위가 잘 포착되지 않을 뿐 아니라 많은 철도회사 임원들이 그와 같은 사실을 알고도 당국에 신고하지 않는 것이 현실이기 때문이다. 실제로 이번 사건이 터지자 익명을 요구한 한 유명 철도회사 임원은 '철도 회사의 많은 임원이 자신들의 회사가 주 정부간 상법을 교묘하게 위반해 많은 이익을 챙기고 있다는 사실을 알고 있다. 하지만 모두들 그러한 사실을 밝히려고 하기보다 스스럼없이 불법 행위에 가담하는 쪽을 택한다' 고 털어놓았다. 이와 같은 관행이 정당하고 올바른 행동 기준에 어긋난다는 사실은 두말할 필요도 없다. 이러한 부정직과 불법이 법의 심판을 받지 않고 묵과되는 상황이 반복된다면 많은 사람이 자신의 인격을 속이면서 살아가는 것을 당연시 여길 것이다.

우리의 판단에 파워즈 씨는 그리스도인이 할 수 있는 바로 그 일을 실천에 옮겼다. 그는 주 정부와 시민들을 위해 유익한 일을 했다. 그처럼 개인의 행복보다 시민으로서 자신의 의무를 앞세운다는 것은 결코 쉽지 않다. 분명 파워즈 씨의 이번 행동은 사람들에게 좋은 귀감이 되었다. 성숙한 시민이라면 개인의 손해와 희생을 감수하더라도 공익을 위할 줄 알아야 하기 때문이다. 그의 행동은 힘없는 개인에게나 거대한 기업에게나 법이 공평하게 적용되어야 한다고 믿는 사람들로부터 많은 지지를 받을 것이다. 이제 상법위원회가 증거들을 검토하고 법적 조치를 취하는 일만 남았다. 우리가 판단하건대 파워즈 씨가 제출한 증거들은 L&T사의 불법 행위들을 명백하게 보여준다. 이제 모두 법의 공정한 집행을 지켜보자."

9.
변화를 몰고 온 성령의 바람

맥스웰 목사는 기사를 다 읽고 신문을 내려놓았다.

"가서 파워즈 씨를 만나봐야겠소. 이번 일은 분명 그가 자신의 약속을 지키려고 했기 때문에 일어난 거야."

맥스웰 목사가 현관을 나서려고 할 때 그의 아내가 물었다.

"여보, 예수님도 그렇게 하셨을 거라고 생각하세요?"

그는 잠시 침묵한 다음 천천히 말했다.

"예수님도 그렇게 하셨을 거라는 데는 조금의 의심도 없소. 파워즈 씨는 자신의 결정을 내렸소. 주님께 약속한 사람은 예수님이라면 취하실 행동을 스스로 판단해서 결정해야 하오."

"그러면 그의 가족은 어떻게 되죠? 파워즈 부인과 그의 딸인 첼리아는 이 사실을 어떻게 받아들일까요?"

"물론 분명 힘들겠지. 그 문제는 파워즈 씨의 십자가라고 생각해요. 아마 가족들은 그의 동기를 이해하지 못할 테니까."

맥스웰 목사는 파워즈 씨의 집을 향해 걸어갔다. 마침 집에 있던 파워즈 씨가 반갑게 맞아주었다. 두 사람은 조용히 손을 마주잡았다. 서로를 이해한다는 말없는 교감이었다. 맥스웰 목사는 교인과 관계에서 이와 같은 일체감을 처음으로 맛보았다. 맥스웰 목사는 파워즈 씨로부터 이번 일에 관해 자세히 들은 후 조심스럽게 물었다.

"앞으로 어떤 계획을 가지고 계십니까?"

"다른 일자리 말씀입니까? 현재로서는 아직 아무런 계획도 없습니다. 전에 했던 전신 교환원으로 다시 일할 수는 있겠죠. 저의 가족이 경제적으로 고통을 겪겠지만, 그 외에는 별 어려움 없이 지내게 될 겁니다."

파워즈 씨는 조용하면서도 다소 슬픈 어조로 말했다. 맥스웰 목사는 그의 아내와 딸이 이 일을 어떻게 생각하는지 물어볼 필요성을 느끼지 못했다. 파워즈 씨의 마음고생이 크다는 사실이 느껴졌기 때문이다. 잠시 생각에 잠겨 있던 파워즈 씨가 입을 열었다.

"목사님께 한 가지 부탁드릴 일이 있습니다. 바로 철도공장에서 이제 막 시작된 근로자 복지 사업입니다. 제가 생각하기에 회사는 근로자들을 위한 이번 일에 반대하지 않을 겁니다. 철도 회사 임원들이 YMCA나 다른 기독교 단체들의 봉사 활동은 적극 장려하면서도 정작 자신들은 비기독교적인 불법 행위를 자행하고 있다니 정말 모순이 아닐 수 없습니다. 아무튼 제가 없더라도 기계정비 실장이 그 방을 근로자들이 사용할 수 있도록 배려하리라고 믿습니다. 하지만 혹시나 해서 부탁드리는 말씀인데 목사님께서 저의 계획이 꼭 실현될 수 있도록 옆에서 지켜봐 주십시오. 목사님은 제가 추진했던 그 일의 의미를 누구보다도 잘 알고 계시니까요. 더구나 목사님은 지난번에 근로자들에게 좋은 인상을 심어주셨습니다. 시간이 허락되시는 대로 자주 들르셔서 그들을 만나주십시오. 그리고 죄송하지만 밀턴 라이트 씨에게 커피 도구와 독서를 위한 책상을 기증해 줄 수 있는지 물어봐 주십시오. 그래 주시겠습니까?"

"물론입니다."

맥스웰 목사가 흔쾌히 대답했다. 맥스웰 목사는 파워즈 씨와 잠시 더 시간을 보냈다. 그리고 파워즈 씨의 집을 나서기 전에 그와 함께 기도를 드린 다음 조용히 악수를 나누었다. 그날 만남은 두 사람 모두에게 크리스천의 진정한 교제를 보여주는 새로운 증표처럼 여겨졌다.

맥스웰 목사는 지난 일주일 동안 일어난 일련의 사건들에 깊은 감흥을 느끼며 집으로 돌아왔다. 그는 예수님처럼 행동하겠다는 서약이 자신의 교인들과 도시 전체에 점차적으로 큰 변화를 일으키고 있다는 사실을 깨달았다. 실제로 하루하루 지날 때마다 서약의 결과로 놀라운 일들이 계속해서 일어났다. 맥스웰 목사는 그 변화의 끝을 알 수 없었다. 사실 그는 이제 겨우 레이몬드 시뿐만 아니라 전국에 있는 수많은 사람의 삶을 뒤바꾸게 될 역사적인 출발점에 서 있었던 것이다. 맥스웰 목사는 노먼 사장과 레이첼, 그리고 파워즈 감독관의 행동으로 비롯된 결과들을 생각하면서 서약한 교인 모두가 자신들의 약속을 신실하게 지킨다면 어떤 결과가 나타날지 흥미롭지 않을 수 없었다. '그들 모두가 약속을 잘 지킬까? 혹시나 몇몇 사람들은 자신들의 십자가가 너무 무거워 포기하지는 않을까?' 맥스웰 목사는 이 질문에 관한 답을 쉽게 내릴 수 없었다.

맥스웰 목사는 그 다음날 아침까지도 스스로에게 어제와 똑같은 질문을 묻고 있었다. 그때 교회 봉사회 회장인 모리스가 찾아왔다. 신실한 청년인 모리스는 겸손한 자세로 자신이 찾아온 용건을 꺼냈다.

"저의 문제로 목사님께 폐를 끼쳐드릴 생각은 조금도 없습니다. 하지만 목사님께 약간의 조언을 듣고 싶어 찾아왔습니다."

"그래. 무슨 일인가, 모리스."

맥스웰 목사는 제일교회 부임 첫해부터 모리스를 잘 알고 지내왔다. 맥스웰 목사는 언제나 변함없이 성실한 그를 사랑했고, 또한 높이 평가했다.

"사실은 직장에서 해고당했습니다. 목사님께서도 아시다시피 저는 작년에 대학을 졸업한 후 센테넬 신문에서 기자로 일해 왔습니다. 그런데 지난 토요일, 편집장인 버어 씨가 주일 아침에 출장을 나가 간이역에서 일어난 철도 강도 사건을 자세히 취재해 월요일 아침 특별판에 실릴 기사를 작성하라는 지시를 내렸습니다. 그렇게 하면 데일리뉴스에 맞서 기선을 잡을 수 있다면서요. 하지만 저는 싫다고 했습니다. 그러자 화를 내며 그 자리에서 저를 해고했습니다. 몹시 기분이 언짢았나 봐요. 그렇지 않았다면 그처럼 즉각적으로 해고하지는 않았을 거예요. 평소에 잘 대해주셨거든요. 목사님도 예수님이라면 저처럼 그렇게 하셨을 거라고 생각하세요? 제가 이렇게 여쭤보는 이유는 동료들이 출장을 거부하다 해고당한 저에게 바보라고 말해서 그래요. 물론 크리스천의 행동은 때때로 세상 사람들에게 이상하게 보일 수 있다고 생각해요. 하지만 그 동기가 바보스럽게 비춰진다면 곤란하지 않을까요? 어떻게 생각하세요?"

"모리스, 나의 생각에 자네는 분명 약속을 지켰네. 예수님도 자네와 같은 상황에 처하셨다면 그런 목적의 주일 출장을 거부하셨을 걸세."

"감사합니다, 맥스웰 목사님. 처음에는 이 문제로 심한 갈등을 겪었는데 생각하면 할수록 잘한 행동이라는 생각이 들어요."

모리스가 돌아가기 위해 자리에서 일어섰다. 맥스웰 목사가 그의 어깨 위에 다정하게 손을 올려놓으며 물었다.

"이제 무엇을 할 작정인가?"

"모르겠습니다. 시카고나 다른 대도시로 갈까 생각하고 있습니다."

"한번 데일리뉴스에 지원해보지 그러나?"

"거기는 이미 자리가 다 찼기 때문에 당분간 직원을 뽑을 계획이 없는 걸로 알고 있어요."

맥스웰 목사가 잠시 생각에 잠겼다가 말했다.

"나와 함께 신문사로 가보세. 노먼 사장에게 도움을 청해보자고."

잠시 후, 노먼 사장은 자신의 사무실을 찾아온 맥스웰 목사와 모리스를 맞이했다. 맥스웰 목사는 바쁜 업무 시간임을 고려해 자신이 찾아온 이유를 짤막하게 설명했다. 맥스웰 목사가 말을 마치자 뭔가 골똘히 생각에 잠겨 듣고 있던 노먼 사장이 말했다.

"모리스가 우리 신문사에서 일할 수 있도록 자리를 마련해 보겠습니다."

노먼 사장의 날카로운 얼굴에 부드러운 웃음이 번지자 훨씬 매력적으로 보였다.

"그렇지 않아도 신실한 믿음을 가진 기자가 필요한 참이었습니다. 마침 특별판에 실릴 기획 기사를 구상하고 있었는데 '예수님이라면 어떻게 하실까?'라는 행동 기준을 따르는 모리스라면 그 일을 믿고 맡길 수 있을 것 같습니다."

노먼 사장은 그 자리에서 바로 모리스에게 특별 업무를 지시했다.

맥스웰 목사는 마음속으로 깊은 만족감을 느끼며 신문사를 나섰다.

집으로 향하는 도중에 밀턴 라이트 씨의 상점 앞을 지나게 된 맥스웰 목사는 잠시 들어가 자신의 교인과 악수라도 하고 나와야겠다고 생각했다. 또한 라이트 씨가 서약 이후 예수님을 사업의 주인으로 모시고 뭔가 새로운 일을 추진 중이라는 말을 들었던 터라 하나님의 축복을 담아 격려해주고 싶었다. 맥스웰 목사가 상점 안 사무실로 들어서자 뜻밖의 방문에 놀라하던 라이트 씨는 곧 들뜬 목소리로 자신의 계획을 설명하기 시작했다. 맥스웰 목사는 이 사람이 과연 자신이 평소에 알고 있던 밀턴 라이트인지 의심하지 않을 수 없었다. 그는 전형적인 사업가로서 현실적이었으며, 항상 세상의 기준에 따라 행동하는 인물이었다. 즉, 모든 것을 '이것이 과연 돈이 되는가?'라는 관점에서 생각하는 사람이었다.

"맥스웰 목사님, 저는 예수님과 서약한 이후 경영에 변화를 일으켜야 한다는 책임감을 떨쳐버릴 수 없었습니다. 생각해 보니 지난 20년 동안 저는 이 상점에서 예수님이라면 하지 않으셨을 일을 굉장히 많이 했더군요. 예수님이라면 하셨을 일들과 비교할 때 너무나도 동떨어진 일들이었습니다."

"그래서 어떤 변화를 주셨는데요?"

맥스웰 목사는 서재로 돌아가서 빨리 설교 준비를 해야 한다는 부담감에 빠른 어조로 물었다. 하지만 라이트 씨와 대화를 나누는 동안 확신할 수는 없지만 이미 설교 주제를 찾았다는 느낌이 들었다.

"제일 먼저 직원들에 대한 기존의 태도를 바꾸었습니다. 서약한 다음날 아침, 상점에 출근한 저는 스스로에게 이렇게 물었습니다. '예수님이라면 매장, 경리부, 배달부, 그리고 영업부 직원들과 어떤 관계를 맺으실까? 예수님은 지금까지 내가 했던 방식과 달리 그들과 인간적인 관계를 맺으려고 노력하지 않으실까?' 그리고 확실히 그렇게 하실 것이라는 답을 얻었습니다. 그래서 기도하는 가운데 직원들과 구체적으로 어떤 관계를 맺어야 하며, 그러기 위해 제가 무엇을 해야 하는지 여쭤보았습니다.

그러자 이 물음에 관한 답을 얻기 위해 전 직원을 모아놓고 함께 이야기하지 않으면 안 되겠다는 생각이 들었습니다. 그래서 그 주 화요일 저녁에 창고에서 전체 직원 모임을 가졌습니다. 다 말씀드릴 수는 없지만 아무튼 좋은 이야기가 많이 오갔습니다. 저는 예수님이라면 취하셨을 태도로 그들과 대화하려고 노력했습니다. 물론 쉬운 일은 아니었습니다. 평소에 습관이 들지 않았기 때문이죠. 분명 실수도 했을 겁니다. 하지만 그 모임은 몇몇 직원들에게 엄청난 영향을 미쳤습니다. 모임 중에 십여 명 정도의 직원이 눈물을 흘리는 걸 보았거든요. 그 모임 이후 저는 마음속으로 계속 '예수님이라면 어떻게 하실까?'라고 물었고, 그 물음을 할 때마다 수년 동안 저를 위해 일해 준 직원들과 친밀한 관계를 맺기 위해 더욱 힘써야겠다는 다짐을 하게 되었습니다. 그 결과 이제 매일 새로운 일들이 일어나고 있습니다.

또한 저는 이익이 아니라 사업 동기를 중시하는 관점에서 새로운 사업을 준비 중에 있습니다. 실제적으로 사람들과 어떻게 협력하고, 그것을 사업에 어떻게 적용할지는 잘 모르겠습니다. 그래서 자료를 찾아다니며 정보를 구하고 있습니다. 최근에는 특별히 영국 브래드포드의 제재소 사장이었던 타이터스 솔트의 생애에 관해 연구하고 있습니다. 그는 말년에 에어 강 주변에 시범 도시를 세웠죠. 그의 삶을 연구하면서 저는 많은 도전을 받고 있습니다. 아직 이렇다고 할 구체적인 그림은 없습니다. 아직 예수님의 행동 방식에 충분히 익숙하지 못한 탓이죠. 그렇지만 여기를 보십시오."

라이트 씨가 서랍을 열더니 한 장의 문서를 꺼내 맥스웰 목사에게 건네주며 말했다.

"예수님이 저처럼 사업을 하신다면 실행에 옮기실 행동들을 적은 것입니다. 읽어보시고 목사님의 생각을 말씀해주십시오."

맥스웰 목사는 천천히 그 내용을 읽어 나갔다.

예수님이 사업가인 밀턴 라이트라면 하실 행동들.
1. 돈을 벌기보다 하나님께 영광을 돌리기 위해 사업하실 것이다.
2. 사업으로 벌어들인 돈을 자신의 소유로 여기지 않으시고, 인류의 유익을 위한 신탁 자금으로 여기실 것이다.
3. 직원들과 가장 사랑스럽고 친밀한 관계를 맺으실 것이다. 또한 영혼 구원이라는 관점에서 직원들을 바라보실 것이다. 확실히 영혼 구원을 사업을 통해 돈을 버는 일보다 더 귀하게 여기실 것이다.
4. 부정직하거나 의심받을 만한 일을 하지 않으실 것이다. 같은 업계에 종사하는 사람들을 이용하려는 어떤 시도도 하지 않으실 것이다.
5. 구체적인 일 처리에 있어 이기주의가 아닌 이타주의 원칙을 고수하실 것이다.
6. 기본적으로 위와 같은 원칙 아래서 고객, 관련 업계 종사자, 그리고 직원들과 관계를 세워 나아가실 것이다.

맥스웰 목사는 얼마 전 예수님이라면 하실 행동을 구체적으로 실행에 옮기기 위해 목록을 작성했던 자신의 모습이 떠올랐다. 내용을 다 읽고 얼굴을 들던 맥스웰 목사는 라이트 씨의 진지한 눈과 마주쳤다.

"사업을 이런 식으로 운영해도 흑자를 낼 수 있다고 생각하십니까?"

"물론 그렇습니다. 지성적인 이타주의는 지능적인 이기주의보다 더 현명한 방법입니다. 그렇지 않습니까? 직원들이 자신들도 사업의 이익을 공유할 수 있다고 믿고, 더구나 회사로부터 인격적인 사랑을 받는다고 느낀다면 더 신중하고, 더 부지런하며, 그리고 더 성실하게 일하지 않겠습니까?"

"당연히 저도 그렇게 생각합니다. 하지만 많은 사업가가 그렇게 생각하지 않습니다. 저의 말은 일반적으로 그렇다는 것입니다. 예수님의 원리가 통하지 않는 이기적인 세상과는 어떻게 관계를 유지하실 작정이십니까?"

"물론 힘들겠지요."

"기본적으로 협력 관계를 추구하실 생각이십니까?"

"그렇습니다. 만약 예수님이 저의 위치에 계신다면 확실히 이타적 태도를 견지하실 것이라고 확신합니다. 사업의 주요 목적을 상호 유익으로 정하고 그것을 통해 최우선적으로 하나님의 나라가 이루어지도록 행동하시리라고 봅니다. 말씀드린 대로 저는 이런 원리에 따라 새로운 일을 시작할 계획입니다. 구체적인 사항들을 정하기까지는 시간이 걸릴 것입니다."

대화를 마치고 자리에서 일어나는 맥스웰 목사의 얼굴에 이곳에서 이루어지는 변화에 깊은 감명을 받은 표정이 역력했다. 맥스웰 목사는 상점을 둘러보면서 사업장의 새로운 기운을 직접 피부로 느낄 수 있었다. 직원들과의 새로운 관계가 2주 안에 전 사업장을 변화시킬 것이라는 라이트 씨의 말이 실감났다. 직원들의 얼굴과 행동에서 그 가능성을 충분히 엿볼 수 있었다.

자신의 서재로 돌아온 맥스웰 목사는 속으로 이렇게 생각했다. '라이트 씨가 예수님과의 약속을 지킨다면 필시 레이몬드 시에서 가장 영향력 있는 사업가 중에 한 명이 될 거야.' 그때 그의 마음속에 '만약 과연 적자가 나도 계속 그렇게 행동할 수 있을까?' 라는 걱정이 생겼다. 그래서 그는 서약 첫 모임 때 강한 힘으로 임재하신 성령이 그들과 계속 동행해주시기를 기도했다.

기도를 마친 그는 주일 설교를 준비하기 시작했다. 이번 주 설교에서는 예수님이라면 하실 행동 기준에 따라 레이몬드 시의 술집을 비롯한 술 문화를 비판할 예정이었다. 그는 자신의 메시지가 교인들 사이에 심각한 파장을 불러일으킬 수 있다는 사실을 잘 알고 있었다. 그럼에도 설교 원고를 계속 써 내려갔다. 문장을 쓰고 다듬을 때마다 "예수님이라면 어떻게 말씀하실까?"라고 생각했다. 그는 갑자기 쓰던 것을 중단하고 무릎을 꿇고 기도하기 시작했다. 이것은 그에게 상당히 의미 있는 변화였다. 사실 그리스도의 제자도에 관한 새로운 변화가 일어나기 전에는 설교 준비 도중에 무릎을 꿇고 기도한 적이 단 한 번도 없었다. 그런데 이제 그는 자신의 목회를 돌아보면서 지혜를 구하지 않고는 감히 설교할 수 없는 사람으로 변해버렸다. 그는 더는 극적인 전달법을 통해 교인들에게 감동을 주는 일에 신경을 쓰지 않앉다. 지금 그에게 있어 최고의 우선순위는 "예수님이라면 어떻게 하실까?"라는 질문이었다.

레이첼이 매일 저녁 찬양을 부르면서 렉탱글 집회는 점점 더 뜨거워져가고 있었다. 렉탱글 지역을 지나가는 낯선 사람들조차도 한 번쯤 그 모임에 관한 소문을 들을 수 있을 정도였다. 하지만 눈에 띌 정도로 욕설, 추잡함, 그리고 술주정이 줄어들었다고 말할 수는 없다. 심지어 모임을 통해 렉탱글 지역이 보다 개선되었다거나 외형적인 변화가 일어났다고 볼 수도 없었다. 사람들은 여전히 자신들의 거친 삶을 무슨 자랑거리인 양 여기고 있었다. 하지만 그럼에도 전에는 한 번도 느낄 수 없었던 어떤 신비한 힘에 사람들이 서서히 굴복하는 모습이 나타나기 시작했다.

목소리가 다소 회복된 그레이 씨는 토요일 저녁이 되어서는 설교를 할 수 있었다. 하지만 계속 조심해야 했기 때문에 사람들이 그의 설교를 들으려면 조용히 귀를 기울여야만 했다. 사람들은 시간이 지날수록 그레이 씨가 지난 여러 주 동안 모든 시간과 노력을 쏟아 부으며 전적인 이타적 사랑으로 자신들에게 구세주를 소개하려고 애썼다는 사실을 깨닫게 되었다. 그날 저녁, 많은 사람이 제일교회의 점잖은 교인들처럼 조용히 앉아서 말씀을 들었다. 천막 주위는 고요함으로 깊어갔고, 술집들은 사실상 텅 비었다. 그리고 마침내 성령이 임하셨다. 그레이 씨는 자신의 가장 큰 기도 제목 중 하나가 응답되고 있다는 사실을 느꼈다.

설교 후, 레이첼의 찬양이 이어졌다. 버지니아나 야스퍼 체이스가 이제껏 그녀로부터 들었던 찬양 중에 가장 영감 있는 찬양이었다. 웨스트 박사도 그날 저녁에 참석해 있었다. 웨스트 박사는 그 주 내내 남는 시간을 활용해 렉탱글 지역에서 의료 봉사 활동을 해왔다. 버지니아가 오르간 반주를 하는 동안 야스퍼는 앞자리에 앉아서 레이첼을 바라보았다. 레이첼이 찬양을 부르기 시작하자 렉탱글 사람들은 하나같이 강단을 향해 귀를 기울였다.

"큰 죄에 빠진 날 위해
 주 보혈 흘려주시고
 또 나를 오라 하시니
 주께로 거저 갑니다."

그레이 씨는 거의 말을 할 수 없어서 손을 내밀어 앞으로 나오라는 제스처를 취했다. 그러자 천막의 두 통로를 통해 죄 많고 상처 입은 사람들이 비틀거리며 강단 앞으로 나왔다. 거리 출신의 한 여자는 오르간 앞까지 나왔다. 버지니아는 그녀의 얼굴을 유심히 바라보았다. 부유하게 살아왔던 그녀의 인생에 처음으로 '예수님이라면 이 죄 많은 여인에게 어떻게 하실까?' 라는 생각이 강하게 스쳤다. 너무 강렬한 도전이었기 때문에 마치 자신이 새롭게 거듭나는 느낌이었다. 버지니아는 오르간에서 일어나 그녀에게로 갔다. 그리고 그녀의 얼굴을 바라보면서 손을 잡았다. 상대방 여자는 몸을 떨더니 흐느끼며 무릎을 꿇었다. 버지니아는 한동안 머뭇거리다가 그녀 옆에 같이 무릎을 꿇었다. 고개 숙인 두 사람의 머리가 맞닿았다.

사람들이 강단 주위를 두 겹으로 에워쌀 정도로 몰려들었다. 그들 대부분은 무릎을 꿇고 울부짖었다. 이때 다른 사람들의 볼품없는 옷차림과 대조적으로 이브닝 정장을 입은 사람이 좌석 사이를 헤집고 나와 전에 맥스웰 목사가 집회에서 설교할 때 소란을 피웠던 주정뱅이 옆에 무릎을 꿇었다. 레이첼로부터 불과 몇 미터 떨어진 곳이었다. 레이첼은 계속 부드럽게 찬양을 불렀다. 그러다 잠시 몸을 돌려 정장을 입은 신사 쪽을 바라본 레이첼은 그 사람이 롤린 페이지라는 사실을 알고 너무도 깜짝 놀랐다. 그녀의 목소리가 잠시 떨리긴 했지만 계속 찬양을 이어갔다.

"죄 용서하여 주시고
  내 마음 위로하심을
  나 항상 믿고 고마워
  주께로 거저 갑니다."

레이첼의 목소리에는 하늘의 열망이 담겨 있었다. 한동안 렉탱글 지역은 구원의 은혜의 바다에 잠긴 듯한 모습이었다.

10.
와서 고난을 당하라

집회는 거의 자정이 되어서야 끝났다. 그레이 씨는 주일 새벽까지 계속해서 일단의 회심자들과 기도하며 이야기를 나누었다. 새로운 삶을 경험한 그들은 마치 무서운 질병으로부터 자신들을 구해달라는 것처럼 그에게 간절히 매달렸다. 그 때문에 그레이 씨는 도저히 그들을 내버려두고 자리를 뜰 수 없었다. 회심자들 중에는 롤린 페이지도 끼어 있었다.

천막에서 나온 버지니아와 웨스트 박사, 레이첼과 야스퍼 체이스는 버지니아의 집이 있는 거리까지 동행했다. 웨스트 박사는 레이첼과 야스퍼와 조금 더 가다가 자신의 집으로 갔다. 레이첼과 단둘이 남은 야스퍼는 그녀를 집까지 바래다주었다.

마침내 자정을 알리는 종소리가 울리기 시작했다. 야스퍼는 자신의 방에서 거의 30분 가까이 고통스러운 표정으로 책상 위에 놓인 원고를 바라보고 있었다. 조금 전, 그는 거리에서 레이첼에게 자신의 사랑을 고백했다. 하지만 그녀는 그의 고백에 아무런 반응도 보이지 않았다. 그는 오늘 밤 자신으로 하여금 그녀에게 사랑을 고백하도록 만든 강한 충동이 무엇이었는지 헤아리기 어려웠다. 하지만 한 가지 확실한 것은 그녀가 자신의 사랑을 당연히 받아줄 줄 알고 자신의 감정에 충실한 채 고백을 했다는 것이다.

야스퍼는 자신이 사랑을 고백할 때 레이첼이 어떤 인상을 받았을지 생각해보려고 애썼다. 그녀의 아름다움이 오늘밤처럼 강하게 그를 사로잡은 적도 없었다. 집회에서 그녀가 찬양을 부르는 동안 그의 눈과 귀는 오로지 그녀에게만 집중되어 있었다. 천막 안은 수많은 사람으로 가득했지만 그에게는 그들의 모습이 눈에 들어오지 않았다. 그런 까닭에 그는 도저히 사랑을 고백하지 않고는 견딜 수 없었다. 그래서 돌아오는 길에 단둘이 남았을 때 사랑을 고백했던 것이다.

하지만 막상 사랑을 고백한 지금, 야스퍼는 자신이 레이첼의 마음을 오해했거나 타이밍을 잘못 선택했다는 느낌을 지울 수 없었다. 사실 그는 그동안 그녀도 자신을 어느 정도 좋아한다고 생각해 왔다. 야스퍼의 첫번째 소설의 여주인공이 바로 레이첼을 모델로 한 인물이며, 남자 주인공은 야스퍼 자신이라는 사실은 두 사람 사이의 비밀 아닌 비밀이었다. 물론 다른 사람들은 그런 사실을 알지 못했다. 소설이라는 구조 속에 교묘히 숨겨져 있었기 때문이다. 야스퍼로부터 그 소설책을 선물로 받은 레이첼은 그 내용을 통해 그가 자신을 사랑한다는 것을 알았다. 하지만 그녀는 두 남녀가 서로 사랑한다는 소설의 내용에 반대하지 않았다. 기분 나쁜 눈치도 아니었다. 그것이 일년 전의 일이었다.

야스퍼는 오늘 밤 두 사람 사이에 있었던 일들을 목소리 톤이나 동작 하나하나까지 놓치지 않고 기억 속에서 꺼냈다. 자신이 레이첼에게 사랑을 고백한 장소가 우연히도 며칠 전 그녀와 롤린 페이지가 함께 지나가는 모습을 목격한 바로 그곳이라는 사실도 알게 되었다. 당시 야스퍼는 롤린이 그녀에게 무슨 이야기를 하고 있는지 궁금했었다.

"레이첼!"

사랑을 고백할 때 야스퍼는 처음으로 그녀의 성을 빼고 이름만을 불렀다.

"오늘 밤 비로소 내가 당신을 얼마나 사랑하는지 알게 되었습니다. 나의 눈에 비친 당신의 아름다운 모습을 더는 숨길 수 없을 것 같습니다. 나는 당신을 내 생명같이 사랑합니다. 그 사실을 아무리 감추려고 해도 더는 감출 수가 없군요."

그녀는 야스퍼가 계속 말하도록 내버려두었다. 그를 향해 얼굴을 돌리거나 일부러 피하려고 하지도 않았다. 대신 똑바로 앞만 보며 걸었다. 하지만 야스퍼는 자신과 팔짱을 끼고 있는 그녀의 팔이 떨리는 것을 보고 자신의 고백이 거부당할 것이라는 사실을 눈치 챘다. 마침내 그녀가 입을 열었다. 그녀의 목소리에는 슬픔이 깃들어 있었지만 단호하고 조용했다.

"왜 하필 지금 말씀하시는 거죠? 오늘 밤 그런 성스러운 광경을 보시고도… 참을 수 없네요."

"아니…, 뭔가…."

그녀의 뜻밖의 반응에 당황한 그는 말을 더듬거리다 입을 다물고 말았다. 레이첼은 팔짱을 풀었다. 하지만 여전히 그와 나란히 걸었다. 야스퍼는 커다란 기쁨을 기대하다가 오히려 낭패를 당한 사람처럼 고통 속에서 신음했다.

"레이첼! 당신은 나를 사랑하지 않습니까? 당신을 향한 나의 사랑이 이 세상의 그 어떤 것보다도 성스럽다고 느껴지지 않나요?"

그 말에도 그녀는 말없이 걸을 뿐이었다. 둘은 가로등 밑을 지나갔다. 가로등 불빛에 나타난 그녀의 얼굴은 창백했지만 아름다웠다. 야스퍼는 그녀의 팔을 잡으려고 했다. 하지만 그녀는 그의 손길을 피했다. 그러면서 짧게 대답했다.

"아니요. 뭐라고 설명할 수는 없지만 더는 저에게 그런 말을 하지 말아주셨으면 해요."

야스퍼는 그 말의 의미를 알아차렸다. 그는 매우 예민한 사람이었기 때문이다. 확실히 그녀가 자신의 사랑 고백에 오직 기쁨으로 반응했다면 더할 나위 없이 만족했을 것이다. 그렇다고 그녀에게 따질 생각은 없었다.

"그러면 나중에 내가 좀 더 가치 있는 존재로 비춰질 때 고백해도 괜찮겠습니까?"

그는 낮은 목소리로 물었다. 하지만 그녀는 들은 체도 하지 않았다. 둘은 어색한 모습으로 그녀의 집 앞에서 헤어졌다. 그는 그 순간을 회상하다가 서로 작별 인사도 나누지 않았다는 사실을 기억했다.

야스퍼는 비록 짧지만 자신의 인생에서 너무나도 중요한 순간이었던 그날 밤을 회상하면서 경솔했던 자신을 질책했다. 안타깝게도 야스퍼는 그날 밤 그녀가 은혜로운 천막 광경에 열정적으로 빠져 있었다는 사실을 전혀 고려하지 않았던 것이다. 하지만 그런 사실을 알지 못했던 야스퍼는 그녀가 왜 자신의 고백을 거절했는지 이해할 수 없었다. 시계가 한 시를 넘어섰지만, 그는 여전히 책상에 앉아 아직 완성되지 않은 원고의 마지막 페이지를 주시하고 있었다.

같은 시간, 레이첼 역시 자신의 방에서 그날 밤에 일어난 일들을 생각하며 복잡한 상념에 잠겨 있었다. '과연 나는 야스퍼 체이스를 사랑했는가? 그래… 아니야.' 그녀의 머릿속은 혼란스러웠다. 순간적으로 자신의 삶의 행복이 그날 밤 자신의 행동으로 인해 위기를 맞은 느낌이 들었다. 하지만 다른 한편으로 야스퍼에게 그렇게 말한 것에 이상한 안도감이 들었다. 실로 그녀의 마음속에는 거역할 수 없는 다른 커다란 감정이 자리 잡고 있었기 때문이다. 자신의 찬양 소리에 나타난 불쌍한 사람들의 반응과 성령의 뜨겁고도 놀라운 임재는 지금까지 그녀의 생애에서 한 번도 맛보지 못한 커다란 흥분을 안겨주었다.

그런 상황에서 야스퍼가 자신의 이름을 부르며 사랑을 고백하자 그녀는 갑자기 혐오감을 느꼈다. 그날 밤 목격한 성령의 초월적인 역사를 계속적으로 묵상해야 할 상황에서 그런 고백이 나왔기 때문이다. 그녀가 생각하기에 그 순간은 회심자들을 통한 하늘의 기쁨에 도취되어 있어야 했다. 그 밖에 일을 생각한다는 것은 신성 모독이었다. 레이첼은 죄로 가득 찬 천막 안에서 자신이 사람들의 양심을 울리기 위한 열정에 사로잡힌 채 찬양을 부르고 있을 때 야스퍼는 그에 아랑곳하지 않고 오로지 자신에 대한 사랑에만 몰두하고 있었다고 생각하자 야스퍼뿐만 아니라 자신도 불경죄의 공범처럼 여겨졌다.

그녀는 그가 왜 그런 고백을 하게 되었는지 알 수 없었다. 한 가지 분명한 사실은 그날 밤 그가 자신에게 사랑을 고백하지 않았다면 계속 전과 같은 감정을 품었을 것이라는 점이었다. '그렇다면 전에 품은 감정은 무엇이었는가? 지금까지 야스퍼는 나에게 어떤 존재였는가? 그가 오해하도록 내가 먼저 어떤 실수를 한 것은 아닌가?' 레이첼은 책장으로 가서 야스퍼가 선물로 준 소설책을 꺼냈다. 그전에 즐겨 읽은, 야스퍼가 자신을 위해 쓴 부분을 보는 순간 그녀의 얼굴이 빨개졌다. 그녀는 그 장면을 다시 읽었다. 하지만 더는 이전의 강한 감동이 없었다. 그녀는 책을 덮은 다음 테이블 위에 놓았다.

순간 그녀의 회상은 그날 밤 천막에서 목격했던 장면들로 옮겨졌다. 난생 처음 성령에 감동을 받은 사람들의 얼굴이 떠올랐다. 정말 예수님은 얼마나 놀라운 분인가! 술 취하고 사악하고 방탕한 인간이 무릎을 꿇고 순결한 그리스도의 삶을 살기 위해 헌신할 때 나타난 중생의 변화…. 오, 이 모든 것이 이 세상에 초자연적인 실체가 존재한다는 증거가 아니고 무엇인가! 빈민가의 비천한 사람들 틈 사이에 무릎을 꿇고 있던 롤린 페이지의 모습도 보였다. 그녀는 버지니아가 자신의 오빠를 안은 채 울던 장면, 그리고 그 옆에서 그레이 씨가 무릎을 꿇고 기도하던 장면들을 마치 눈앞에서 다시 보는 것처럼 회상했다. 또한 버지니아가 가슴으로 품어준 젊은 여자를 생각했다. 레이첼은 레이몬드 시에서 가장 버림받은 지역에서 인간의 비극이 절정에 이르렀을 때 성령이 그곳에 찾아오셔서 일으키신 변화들에 완전히 마음을 빼앗겼다. 너무나 생동감이 넘친 나머지 마치 그녀의 방에서 그 모든 사람의 표정과 행동이 다시 살아 움직이는 듯했다.

"그래! 그럴 수는 없어."

그녀가 갑자기 큰소리로 외쳤다.

"그와 같은 장면을 목격하고도 다른 마음을 품을 수는 없어. 그는 하나님의 역사가 일어난 그곳을 경외심으로 바라보고 그것만을 생각했어야 했어. 확실히 나는 그를 사랑하지 않아. 그에게 나의 삶을 바칠 정도로 충분히 사랑하지 않아."

그녀의 마음이 정리되자 다른 일들은 생각나지 않고 오직 다시 그날 저녁 천막에서 일어났던 장면들이 떠올랐다. 그날 밤 렉탱글 지역에서 일어난 엄청난 영적 변화의 증거 중 하나는 아마도 야스퍼가 보여준 강렬한 사랑에도 불구하고 레이첼이 그의 고백이나 그에 대한 자신의 감정에 신경 쓰지 않고 그보다 더 강한 영적인 감동에 사로잡혔다는 사실일 것이다.

그 다음 주일 아침, 레이몬드 사람들은 자신들이 사는 도시에 존재하는 수많은 세상적인 관습을 깨뜨리는 새로운 변화의 물결을 더욱 실감할 수 있었다. L&T 철도회사의 비리 사건과 관련된 파워즈 씨의 행동은 레이몬드 시뿐만 아니라 전국에 큰 파문을 불러일으켰다. 그리고 노먼 사장은 매일매일 기존의 신문 편집 관행을 뒤집어 지역 사회를 놀라게 했다. 노먼 사장의 행동은 웬만한 정치 사건보다 사람들 사이에 더 많이 회자되었다. 렉탱글 집회에서 찬양을 부른 레이첼의 행동 역시 큰 반향을 일으켰다. 레이첼의 친구들은 그 사실을 알고 놀라워했다. 또한 버지니아의 행보, 즉 매일 밤마다 사교 모임에 모습을 드러내는 대신 레이첼과 렉탱글 집회에 참석한 일도 큰 가십거리가 되었다.

이처럼 이미 잘 알려진 유명 인사들을 중심으로 일어난 사건들 외에도 도시 내의 많은 가정과 사업체, 그리고 사회단체에서 크고 작은 이상한 변화들이 목격되었다. 이 모든 일이 백여 명에 가까운 제일교회 교인들이 "예수님이라면 어떻게 하실까?"라는 기준에 따라 모든 일을 처리하기로 서약한 후에 일어났다. 그로 인해 레이몬드 시에는 이전에 한 번도 볼 수 없었던 변화의 물결이 넘쳐났다. 그리고 마침내 토요일 저녁에는 이런 일련의 변화의 절정으로 렉탱글 집회에서 커다란 영적 변화가 일어났다. 주일 예배 시간 전에 사람들은 토요일 천막 집회에서 거의 50명 이상의 사람이 회심했다는 소식을 접했다. 특히 사교계의 귀공자로 잘 알려진 롤린 페이지가 회심했다는 소식은 큰 화젯거리였다.

이런 상황에서 제일교회 교인들이 진리에 더욱 민감한 자세로 주일 예배를 드리게 된 것은 너무나도 당연했다. 맥스웰 목사가 교인들에게 예수님의 모범을 따르도록 제안한 이후 교인들을 가장 놀라게 한 것은 아마도 목사 자신의 변화일 것이다. 강단에서 자족하고 만족해하던 이전의 안일한 자세는 온데간데없이 사라졌다. 그는 더는 극적인 설교로 교인들을 감명시키려 들지 않았다. 이제 그의 설교는 더는 메시지를 위한 메시지가 아니었다. 그는 진리의 열정에 휩싸인 채 자신을 죽이고 하나님의 말씀을 증거하기 위해 혼신의 사랑과 진지함, 열의, 열망, 겸손의 자세로 설교했다.

기도도 마찬가지였다. 그는 종종 기도하면서 더듬거리기까지 했다. 심지어 한두 문장을 말할 때마다 한 번 이상씩 문법이 틀리기도 했다. 지금까지 맥스웰 목사가 기도할 때 자신을 의식하지 못한 채 언제 그런 실수를 했단 말인가? 그는 설교와 마찬가지로 기도할 때도 자신의 표현에 매우 강한 자신감을 가지고 있었다. 혹시라도 우아하고 세련된 화법으로 기도하는 것이 싫어져 이전의 기도 스타일을 책망하듯 일부러 더듬거린다고 말할 수 있지 않을까? 하지만 확실히 맥스웰 목사 자신이 기도 전달에 더는 신경을 쓰지 않는다는 편이 더 옳았다. 그는 교인들의 부족과 필요를 위해 기도하려는 열망 때문에 가끔씩 일어나는 실수에도 개의치 않았다. 그는 깊은 영성에 사로잡힌 기도를 드리고 있었다.

한편으로는 색다른 단어 사용이나 논리 전개, 또는 놀라운 웅변적 요소보다는 듣는 교인들의 태도 변화로 인해 그의 설교나 기도가 가치 있고 힘 있게 느껴질 수 있었다. 그날 아침, 지난주 계획대로 맥스웰 목사가 술집들을 질타하는 설교를 할 때 교인들은 분명 그런 태도로 설교를 경청했다. 술집이 미치는 나쁜 영향들을 비판할 때 맥스웰 목사가 새로운 단어를 사용한 것도 아니었다. 또한 술집이 경제계나 정치계의 이면에서 차지하는 부정적인 역할을 설명하기 위해 탁월한 예화를 든 것도 아니었다. 사실 맥스웰 목사가 금주 운동가들이 누누이 말해왔던 것에 새로이 무엇을 덧붙여 말할 수 있겠는가.

그날 아침 설교가 힘을 가질 수 있었던 이유는 오직 술집을 처음으로 비판했기 때문이다. 아울러 최근에 큰 파문을 일으킨 일련의 사건들도 한몫했다. 지난 10년 동안 맥스웰 목사가 술집을 향해 유혹받기 쉬운 가련한 자들의 적인 동시에 레이몬드 시의 경제계와 교회를 좀 먹는 적이라고 설교한 적은 단 한 번도 없었다. 그는 예수님도 자신처럼 말씀하실 것이라는 확신 속에서 자유롭게 설교했다. 맥스웰 목사는 결론 부분에서 교인들에게 렉탱글 지역에서 새롭게 점화된 새 생명의 불씨를 상기하라고 촉구했다. 얼마 뒤면 시 공무원 선거가 있을 예정이었다. 확실히 이번 선거에서 술집 허가 문제가 쟁점이 될 것이었다.

"이제 막 죄에서 벗어나 해방의 기쁨을 만끽하기 시작한 가련한 사람들이 여전히 음주라는 지옥에 둘러싸여 있다면 어떻게 되겠습니까? 이런 환경을 변화시켜 줄 수 있는 사람들은 누구입니까? 예수님의 제자, 크리스천 사업가, 그리고 크리스천 시민이 죄와 수치의 온상인 이런 제도를 과연 옹호할 수 있단 말입니까? 이와 관련해 기독교 시민으로서 할 수 있는 최선은 선거권 행사를 통해 술집을 불허하려는 올바른 사람들을 시 공무원으로 선출시켜 시 당국을 정화하는 일이 아니겠습니까? 이제껏 예수님의 대적자들에게 찬성하는 투표를 해온 상황에서 레이몬드 시를 개선하기 위해 기도만 한들 무슨 소용이 있습니까? 예수님이라면 그와 같이 하셨을까요? 예수님이 이 문제로 인해 고난을 자청해 십자가를 지지 않으셨을 것이라고 말할 수 있습니까? 우리는 그동안 예수님을 닮아가기 위해 얼마나 많은 고난을 감수했습니까? 그리스도의 제자도란 단순히 양심이나 관습, 또는 전통의 문제입니까? 고난은 어디에서 옵니까? 변화산뿐만 아니라 갈보리의 십자가의 자취를 따라가기 위해서는 고난이 필요하지 않겠습니까?"

맥스웰 목사의 호소는 그가 예상한 것 이상으로 훨씬 강력한 힘을 발휘했다. 설교 내내 교인들의 영적 긴장이 최고조에 달했다고 해도 과언이 아니었다. 그는 지난 2천 년 동안 이어져 온 주님을 알기 위한 제자도의 삶을 살 것을 호소하며 설교를 마치려고 했다. 그 순간 많은 교인이 마음속으로 레이첼이 그녀의 어머니에게 했던 말을 속삭이고 있었다. '나도 나를 희생할 수 있는 가치 있는 일을 하고 싶다.' '무엇인가 고난에 동참했으면 좋겠다.' 설교 마지막에 "와서 고난을 당하라"는 요구처럼 강력한 호소력을 발휘하는 말도 없었다. 이제 예수님 닮기 운동은 교인들 사이에 누룩과 같이 퍼지기 시작했다.

맥스웰 목사가 만약 이 운동 초창기에 십자가를 지려는 교인들의 열망을 정확히 진단할 수 있었다면 무척 놀랐을 것이다.

예배가 끝나자 교인들이 돌아갔다. 맥스웰 목사는 다시 지난 두 번의 주일 아침처럼 강의실에 모인 사람들과 만났다. 예배 후 모임은 이제 아주 당연한 일처럼 여겨졌다. 사람들을 대면하자 맥스웰 목사의 가슴이 떨렸다. 성령의 임재를 그렇게 강하게 느끼기는 이번이 처음이었다. 강의실에는 백 명 이상의 사람들이 모여 있었다. 야스퍼 체이스를 제외한 모든 서약자가 참석했다. 맥스웰 목사는 밀턴 라이트 씨에게 기도를 부탁했다. 강의실은 신령한 분위기로 충만했다.

맥스웰 목사는 속으로 자문했다. '이와 같은 능력의 세례를 누가 거부할 수 있단 말인가? 그동안 사람들은 이런 성령의 능력 없이 어떻게 살아왔단 말인가?' 교인들은 서로 이야기를 주고받은 다음 함께 기도를 드렸다. 맥스웰 목사는 이 모임을 밑거름으로 해서 제일교회와 레이몬드 시의 역사에 중대한 변화를 일으킬 일련의 사건들이 계속 출현하기를 기대했다. 마침내 모임이 끝나고 집으로 돌아갈 때 사람들은 성령의 능력에 강한 인상을 받았다.

11.
마쉬 총장, 선거 캠페인을 주도하다

 모임 후, 맥스웰 목사와 함께 집으로 향하던 링컨대학의 마쉬 총장이 뭔가 결심한 듯한 표정으로 말했다.
 "목사님, 저는 한 가지 중요한 결정을 했습니다. 저는 서약 후 제 몫의 십자가를 발견하고, 그것이 무척 무겁다는 사실 앞에 고민했습니다. 하지만 그 십자가를 끝까지 짊어지고 가기로 했습니다."
 맥스웰 목사는 마쉬 총장의 말에 귀를 기울였다.
 "오늘 목사님의 설교를 들으면서 저는 오랫동안 제 몫이라고 생각해 왔던 것을 확실히 볼 수 있었습니다. 저는 서약 이후 '예수님이라면 나의 위치에서 어떻게 하실까?'라는 물음을 반복해 왔습니다. 처음에는 예수님도 저처럼 대학에서 학생들에게 윤리학과 철학을 가르치실 것이라고 여기며 만족하려고 노력했습니다. 하지만 예수님이라면 그 외에 뭔가 다른 일을 하셨을 것이라는 생각을 떨쳐버릴 수 없었습니다. 그 다른 일이란 사실 제가 원하는 일은 아닙니다. 그 일을 감당하기 위해서는 진정한 고통이 따르기 때문입니다. 저는 그 일이 몹시 두렵습니다."

"총장님의 고충을 알 것 같습니다. 그 일은 저에게도 십자가이니까요. 저도 웬만하면 피하고 싶은 심정입니다."

맥스웰 목사의 말에 놀란 표정을 짓던 마쉬 총장은 곧 안도하는 모습으로 바뀌었다. 마쉬 총장은 자신의 지난날을 돌아보며 말했다.

"목사님, 어떤 의미에서 목사님과 저는 시민으로서 의무를 회피해 왔던 지식인들입니다. 우리 둘은 자신의 좁은 울타리 안에서 좋아하는 일만 하면서 시민의 삶과 관련된 거추장스러운 의무 따위는 벗어 던진 채 살아왔습니다. 실로 부끄러운 일이지만 저는 이 도시를 위한 개인적 의무를 고의적으로 회피했다는 사실을 고백하지 않을 수 없습니다. 제가 알기에 현재 우리 시의 공무원들은 시 정부 일과 관련해서 매우 이기적인 자세로 술 이권에 크게 좌우된 채 타락과 무원칙으로 일관하는 자들입니다. 그런데도 지난 3년 동안 저는 대학 내의 거의 모든 교수와 마찬가지로 그런 자들에게 시 살림을 맡긴 채 저 자신의 영역 안에서 안주해 왔습니다. 사람들이 사는 진정한 세상과 담을 쌓고 그들을 동정하지 않았던 것입니다.

저는 '예수님이라면 어떻게 하실까?' 라는 물음에 정직한 답을 피하려고 했습니다. 하지만 이제 더는 그렇게 할 수 없습니다. 그래서 다가오는 선거에 직접 참여할 생각입니다. 먼저 예비 선거에 참여해서 올바른 사람들을 지명하고 선출하는 과정에 영향력을 발휘할 계획입니다. 그렇게 함으로써 레이몬드 시에서 자행되는 사기, 뇌물, 정치적 술수와 술 이권 사업을 정화하기 위해 그 무시무시한 소용돌이 속으로 직접 뛰어들 작정입니다. 사실 이것은 총구를 향해 걸어가는 것보다 더 무모하게 여겨집니다. 그리고 그 모든 문제에 혐오감을 가지고 있던 저로서는 이 일을 자청한다는 게 두렵습니다. '예수님도 이런 일을 하지 않으실 것이다' 라는 확신만 있다면 정말 모든 것을 홀가분하게 포기하고 싶습니다. 하지만 점점 더 '예수님이라면 그런 일을 하실 것이다' 라는 확신이 듭니다. 그래서 고난을 감수해야 한다는 사실을 알았습니다.

솔직히 이 일은 저에게 직장을 잃고, 집을 잃는 것보다 더 고통스럽습니다. 복잡한 세상 문제와 관련을 맺는다는 자체가 정말 싫으니까요. 저는 윤리학과 철학을 가르치며 조용히 학자의 삶을 사는 게 훨씬 좋습니다. 하지만 주님의 부르심이 너무도 분명하기 때문에 피할 수 없는 입장입니다. '도널드 마쉬, 나를 따라라. 레이몬드의 시민으로서 네가 희생해야 할 이곳에서 너의 의무를 수행해라. 너의 학자적인 고상함이 다소 손상된다 할지라도 이 도시의 더러운 마구간을 정화하는 일을 도와라.' 맥스웰 목사님, 이것이 제가 느끼는 저의 십자가입니다. 저는 이 십자가를 지든가, 아니면 주님을 부인하든가 둘 중 하나를 선택해야 합니다."

맥스웰 목사가 마쉬 총장의 말에 깊은 동의를 표했다.

"맞습니다. 지금 하신 말씀은 저에게도 해당됩니다. 저 역시 목사라는 이유로 종교의 장막 뒤에 숨은 채 멋들어지게 설교만을 하며 시민의 의무를 거부해 왔습니다. 그리고 정치에 관해 문외한인 것을 전혀 부끄러워하지 않았습니다. 그래서 그동안 올바른 공무원을 선출하는 일에 적극적으로 참여하지 않았습니다. 아마도 수많은 목사가 저처럼 행동해 왔을 것입니다. 목사들은 강단에서 시민의 권리나 의무에 관해 설교하면서도 정작 자신들의 실제 시민생활에서는 그런 원칙들을 적용하지 않으니까요.

 저도 지금 '예수님이라면 어떻게 하실까?' 라는 질문에 나름대로 답변해야 할 시점에 와 있습니다. 저의 의무는 분명합니다. 고난을 당해야 한다는 것입니다. 물론 이 도시를 정화하기 위해 안전한 교회의 울타리를 넘어 거친 싸움판에 나서기가 매우 두렵습니다. 차라리 슬럼가에서 사역하는 편이 술에 찌든 도시의 개혁을 위해 정치에 관여하는 것보다 마음이 편합니다. 하지만 총장님과 마찬가지로 책임을 회피할 수 없다는 것을 압니다. 저는 '예수님이라면 어떻게 하실까?' 라는 질문 앞에서 예수님이 크리스천들에게 시민으로서 행동을 다하라고 촉구하실 것이라는 답 외에는 어떤 답도 찾을 수 없습니다.

 총장님, 앞서 말씀하신 것처럼 목회자, 교수, 예술가, 문학가, 학자 등 이른 바 지식인들은 거의 모두 정치적 겁쟁이들이라고 할 수 있습니다. 자신도 모르는 사이에, 또는 이기적인 마음에서 시민의 성스러운 의무를 회피하고 있는 것이죠. 확실히 예수님이 우리 시대에 사셨다면 그렇게 하지 않으실 것입니다. 따라서 우리가 할 바는 각자의 십자가를 지고 그분을 따라가는 것입니다."

 두 사람은 한동안 말없이 걸으며 생각을 정리했다. 마쉬 총장이 다시 입을 열었다.

 "이 문제에 있어 우리가 개인적으로 행동할 필요는 없습니다. 크리스천들이 단결하면 수적으로 큰 힘을 발휘할 수 있을 것입니다. '술과의 전쟁을 위한 레이몬드 크리스천 연합' 이라는 명칭으로 조직을 만들면 어떨까 싶습니다. 예비 선거에 조직적으로 참여하게 되면 개인적으로 참여하는 것보다 더 많은 일을 할 수 있을 것입니다. 그렇게 되면 무법과 타락의 온상인 술집들을 허가하려는 정치가들도 겁을 먹고 놀라게 될 것입니다. 정의의 편에서 큰 힘을 발휘할 수 있는 캠페인을 계획해 보면 좋겠습니다. 예수님도 이런 문제에 지혜를 짜셔서 온갖 수단을 동원하셨을 것입니다. 더 큰 계획도 세우셨을 거구요. 목사님, 십자가를 지기로 한 이상 용감하게 지겠습니다."

둘은 이 문제를 놓고 계속 토론했다. 그리고 구체적인 대책을 세우기 위해 그 다음날 맥스웰 목사의 서재에서 다시 만났다. 예비 선거는 금요일로 예정되어 있었다. 이번에 선출할 관리들은 시장, 시의원, 시 행정관, 시 재무관, 그리고 경찰 총장 등이었다. 그 주간에 레이몬드 시에서는 정치 세력들을 중심으로 일반 시민들에게는 잘 알려지지 않은 여러 루머가 돌았다.

마침내 금요일이 되었다. 예비 선거는 법원에서 공개 모임으로 열렸다. 시민들은 그날 모임을 절대 잊지 못할 것이다. 지금까지 레이몬드 시에서 열렸던 어떤 정치적 모임과도 비교할 수 없을 정도로 열띤 토론이 오고갔기 때문이다. 데일리뉴스는 토요일 석간에서 예비 선거에 관해 상세히 보도했다. 노먼 사장은 사설을 통해 직접적이고 확신에 찬 논조로 예비 선거가 매우 진지하게 진행되었기 때문에 시민들이 입후보자들 개개인에 관해 자세히 알게 되었다고 했다.

"어제 저녁에 법원에서 진행된 이번 예비 선거는 레이몬드 시 역사상 일찍이 유례를 찾아볼 수 없을 정도로 뜨거운 열기 속에 치러졌다. 무엇보다도 시민들을 정치의 들러리 정도로 여기고 도시의 정책을 자신의 뜻대로 좌우지했던 기존의 정치가들에게 큰 충격을 주었다. 정치가들을 충격 속에 몰아넣은 가장 큰 원인은 이제까지 정치에 관심을 보이지 않았던 많은 시민이 예비 선거에 적극적으로 참여해 선거에 나설 입후보자들을 직접 지명했기 때문이다.

이번 예비 선거는 훌륭한 시민정신이 무엇인지를 보여준 교훈적인 사건이었다. 이날, 지금까지 한 번도 정치 모임에 나타나지 않았던 링컨대학의 도널드 마쉬 총장은 레이몬드 시에서 행해진 연설 중 가장 훌륭한 연설을 했다. 마쉬 총장이 연설을 하기 위해 일어서는 순간, 오랫동안 자신의 뜻대로 선거를 주도해 왔던 정치가들의 얼굴에는 당혹스러운 표정이 역력했다. 이런 당혹감은 예비 선거가 진행되면서 더욱 커져갔다. 급기야 구시대 정치 지도자들은 자신들이 수적으로 압도당했다는 사실을 깨닫게 되었다.

제일교회의 헨리 맥스웰 목사, 밀턴 라이트 사장, 알렉산더 파워즈 씨, 브라운 교수, 링컨대학의 윌라드와 파크 교수, 웨스트 박사, 필그림교회의 조지 메인 목사, 홀리트리니티대학의 워드 학장, 그리고 다수의 유명 기업가와 지식인들이 마쉬 총장의 연설에 지지를 보냈기 때문이다. 대부분 크리스천인 그들이 이번 예비 선거에 참여한 목적은 시의 미래를 생각하는 참된 일꾼들을 입후보자로 지명하기 위해서였다. 사실 그들은 대부분 전에 한 번도 예비 선거에 나타나지 않았던 사람들이었다. 그들은 정치가들의 입장에서 무시해도 상관없는 사람들이었다. 하지만 이번만큼은 달랐다. 그들이 정치가들의 방법을 역이용해 조직적이고 단합된 힘을 발휘함으로써 자신들이 원하는 입후보자들을 지명했기 때문이다.

일부 정치가들은 예비 선거가 자신들의 뜻대로 진행되지 않자 불쾌한 표정으로 퇴장해 입후보자들을 따로 지명했다. 이로써 입후보자들은 두 편으로 나뉘게 되었다. 한편은 지난 수년 동안 이 도시를 병들게 한 술집들을 허가한 장본인들이며, 다른 한편은 선량한 시민들이 원하는 청렴하고 유능하며 책임감이 투철한 전문 행정가들이다. 본지는 양심 있는 시민들에게 나중에 정치가들에 의해 따로 지명된 입후보자들 중에는 술 이권과 관련된 자들이 대거 포함되어 있음을 분명히 밝히는 바이다.

이번 선거에서 술집 허가 문제는 가장 중요한 쟁점 사안이다. 그동안 시가 술집을 허가함으로써 시민들의 삶에 큰 위기를 초래한 것은 너무나도 자명한 사실이다. 언제까지 술과 뇌물밖에 모르는 뻔뻔스러운 무자격 정치꾼들을 계속 좌시해야 하는가? 마쉬 총장의 말처럼 선량한 시민이라면 분연히 일어서서 새로운 정치 질서를 세우는 일에 앞장서야 하지 않겠는가? 레이몬드 시를 도탄에 빠뜨리려는 사악한 자들을 몰아내야 하지 않겠는가? 우리의 도시를 정화하기 위해 선거권을 올바로 행사해야 하지 않겠는가?

본지는 거듭 이 새로운 정치운동을 적극적으로 지지하는 바이다. 우리는 모든 수단을 동원해 레이몬드 시에서 술집을 몰아내고 그 불의를 옹호해 온 세력을 엄벌하는 일에 총력을 기울일 것이다. 또한 1차 예비 선거에서 다수의 시민에 의해 지명된 입후보자들이 선출되도록 노력할 것이다. 끝으로 레이몬드 시민들에게 마쉬 총장을 비롯해 오랫동안 우리가 열망해 온 도시 개혁의 첫발을 내디딘 사람들을 지지해 줄 것을 부탁하는 바이다."

사설을 읽은 마쉬 총장은 에드워드 노먼 사장과 관련해 하나님께 감사를 드렸다. 그는 이미 레이몬드 시의 다른 신문들이 정반대의 논조로 기사를 썼다는 사실을 알고 있었다. 그는 이제 막 시작한 싸움의 중요성과 심각성을 과소평가하고 싶지 않았다. 이처럼 종교인과 지식인, 전문인들이 연합해 오랫동안 시 행정을 엉망으로 만든 정치 세력에 공개적으로 맞선 사건은 레이몬드 역사상 처음 있는 일이었다. 사실 결과보다도 시도 자체가 놀라운 것이었다. 마쉬 총장은 시민으로서 역할에 무관심했던 이전의 자신이 부끄러웠다. 그는 예비 선거 이후 자신과 대학을 위해 '정치하는 학자'라는 용어를 새로 만들었다. 이제 그와 그의 영향을 받은 사람들에게 교육은 일종의 고난을 뜻했다. 성숙을 위해서는 희생이 필요하다는 사실을 받아들이게 된 것이다.

한편 토요일 자 사설처럼 데일리뉴스 신문이 "예수님이라면 어떻게 하실까?"라는 원칙을 지키면서 많은 독자를 잃은 것은 이미 모두가 아는 사실이었다. 이제 관심은 레이몬드 시의 크리스천들이 데일리뉴스 신문을 지지해줄 것인가 하는 것이었다. '과연 그들은 기독교 세계관을 따르는 우리 신문이 폐간되지 않도록 나를 도와줄 것인가? 아니면 끊임없이 일어나는 범죄, 스캔들, 정치적 당파 싸움과 같은 뉴스거리를 읽고 싶은 욕망에, 또는 언론 개혁의 중요성을 간과해 우리 신문을 거부할 것인가?' 노먼 사장은 기사를 쓸 때마다 속으로 이와 같은 질문을 계속했다. 그는 자신이 표명한 편집 방침 때문에 많은 독자로부터 외면을 당해 큰 손해를 보게 될 것을 잘 알고 있었다. 하지만 그는 끊임없이 "예수님이라면 어떻게 하실까?"라고 묻고 또 물었다. 그 질문은 이미 삶의 한 부분이 되어 있었고, 그 어떤 것보다 그에게 강력한 힘을 발휘하고 있었다.

예비 선거가 치러진 바로 그 주에 버지니아는 자신이 소유한 돈을 어떻게 사용할지 어느 정도 마음의 결정을 내렸다. 그녀는 그 문제를 가지고 레이첼과 자주 의논을 했다. 둘은 예수님이 많은 돈을 소유하고 계셨다면 그 일부를 버지니아의 계획처럼 사용하셨을 것이라는 데 공감했다. 물론 크리스천들이 돈을 사용하는 데 어떤 정해진 방식이 있는 것은 아니었다. 하지만 돈을 사용함에 있어 크리스천의 규범은 이기적인 자세를 버리는 것이라는 생각이 들었다. 시간이 지날수록 성령이 그들의 생각을 더욱 강하게 주장하셨다.

렉탱글에서 시작된 영적인 변화는 계속 상승 곡선을 그리고 있었다. 그 주 내내 천막 집회에서는 매일 밤 오병이어와 같은 기적이 일어났다. 무엇보다도 가장 큰 기적은 사람들의 중생이었다. 상스럽고 흉악한 주정뱅이들이 환희에 젖은 그리스도의 사람으로 변하는 모습은 레이첼과 버지니아에게 큰 도전이 아닐 수 없었다. 마치 죽은 나사로가 무덤에서 살아 나오는 광경을 목격하는 기분이었다. 참으로 그들에게 심오한 흥분을 가져다주는 경험이었다.

롤린 페이지도 집회에 계속 참석했다. 확실히 그에게는 큰 변화가 일어났다. 놀랍게도 조용한 사람으로 변한 것이다. 그는 회심 이후 항상 사색에 잠긴 듯한 모습이었다. 분명히 과거의 그가 아니었다. 그는 누구보다도 그레이 씨와 많은 대화를 나누었다. 그는 레이첼을 피하지는 않았지만 그녀와 마주하는 것을 자제하는 것 같았다. 그로 인해 레이첼은 롤린이 예수님 안에서 새로운 삶을 살게 된 것을 축하해주기가 힘들었다. 그녀의 생각에 롤린은 본격적으로 새로운 삶을 살기에 앞서 회심 이전에 맺었던 사람들과의 관계를 재조정하기 위해 시간을 갖는 것 같았다. 실제로 롤린은 이전의 관계들을 결코 잊지 않았지만, 아직은 과거의 관계들을 새로운 삶 속에 투영시킬 수 없었다.

주말이 되었을 때, 렉탱글 지역은 서로 다른 두 개의 세력간의 치열한 싸움터로 변해 있었다. 성령이 초자연적인 능력 가운데 오랫동안 그 지역의 사람들을 자신의 노예로 만들고 군림해 온 사탄과 일전을 벌이고 계셨던 것이다. 그 싸움이 순수한 삶에 새롭게 눈을 뜬 그 지역의 영혼들에게 어떤 의미를 갖는지 레이몬드의 모든 크리스천이 깨달을 수만 있다면 선거 결과는 술집 불허 쪽으로 나올 것이었다. 하지만 결과를 예측하기 어려운 혼전이 계속되고 있었다.

버지니아와 레이첼의 마음속으로 서서히 많은 회심자 주위의 무서운 환경이 파고들어 왔다. 매일 밤, 두 사람은 부촌 지역에 있는 자신들의 호화스러운 저택으로 돌아가면서 마음이 무거웠다. 그레이 씨는 매우 침통한 표정으로 두 사람에게 이렇게 말하곤 했다.

"이 가련한 사람들 중에 많은 영혼이 다시 옛 생활로 돌아갈 거야. 사람은 환경에 큰 영향을 받지. 이 사람들이 주위의 사악한 환경과 술 냄새에 저항하며 살기란 거의 불가능해. 오, 주님! 얼마나 더 오랫동안 크리스천들이 추악한 술 문화를 계속 방관할까요!"

그레이 씨는 이와 같은 물음에 즉각적인 희망을 찾을 수 없었다. 금요일에 벌어진 예비 선거에서 한 줄기 가능성을 발견했지만, 그로서는 선거 당일에 어떤 결과가 나올지 예측할 수 없었다. 술집을 지지하는 세력들은 치밀하게 조직화되어 있었고 빈틈이 없었다. 호전적인 그들은 지난주 레이몬드 시와 천막 집회에서 일어난 일련의 사건들에 평소 이상으로 분노하고 있었다. 그레이 씨는 스스로에게 물었다. '크리스천 세력들이 연합해서 술집에 대항할 수 있을까? 아니면 자신들의 이해관계 때문에, 혹은 술집을 지지하는 세력들처럼 단결하는 일에 익숙하지 못해 사분오열되는 것은 아닐까?' 아직은 더 두고 볼 일이었다. 오늘도 술집들은 몸을 감고 쉿 소리를 내며 음험하게 서 있는 독사처럼 렉탱글 지역에 우뚝 솟은 채 무방비로 있는 사람들에게 독을 뿜을 태세를 갖추고 있었다.

토요일 오후, 버지니아는 레이첼을 만나 자신의 새로운 계획을 논의하기 위해 집을 나섰다. 그때 마침 마차 한 대가 그녀의 집 앞에 멈춰 섰다. 마차 안에는 세 명의 사교계 친구가 타고 있었다. 그들은 버지니아에게 공원에서 열리는 밴드 공연에 함께 가자고 하기 위해 온 것이었다. 확실히 실내에만 있기에는 바깥 날씨가 너무나도 좋았다. 버지니아는 잠시 그들과 이야기를 나누었다. 한 친구가 빨간 실크 파라솔로 그녀의 어깨를 장난스럽게 치며 물었다.

"버지니아, 도대체 그동안 어떻게 지냈니? 네가 극장 사업에 손을 댔다는 소문을 들었는데 그 말이 사실이니?"

순간 버지니아의 얼굴이 붉어졌다. 잠시 주저하던 그녀는 솔직하게 자신이 그동안 렉탱글 지역에서 경험했던 일들을 말해주었다. 그녀의 말에 마차 안에 있던 한 친구가 관심을 보였다.

"얘들아, 우리 밴드 공연에 가는 대신 버지니아와 함께 렉탱글에 가보는 건 어떨까? 나는 아직 한 번도 렉탱글에 가본 적이 없거든. 듣기로 지독하게 사악한 곳이지만 볼거리도 많대. 버지니아, 우리를 안내해 줄 거지? 정말 재미, 아니 흥미 있을 거야."

버지니아가 '재미' 라는 말에 인상을 쓰자 그 친구는 얼른 '흥미' 라는 말로 바꾸었다. 다른 두 친구도 그 친구와 같은 마음인 것 같았다. 그들은 한결같이 버지니아를 조르면서 렉탱글에 데려가 달라고 부탁했다. 화가 난 버지니아는 처음에는 이런 짧은 생각을 하는 친구들을 절대로 렉탱글에 데려갈 수 없다고 생각했다. 하지만 친구들의 철없는 호기심이 기회가 될 수도 있을 것 같았다. 그들은 한 번도 레이몬드의 죄악상과 비참함을 본 적이 없었기 때문이다. '그들도 그 참상을 볼 필요가 있지 않을까?' 마침내 마음을 정한 버지니아가 마차에 오르면서 말했다.

"좋아, 너희들을 렉탱글에 데려가 주겠어. 대신 내 말 잘 들어야 돼. 그러면 볼거리가 많은 곳으로 안내해주지."

그녀는 자신들을 렉탱글에 데려가 달라고 했던 친구 옆에 앉았다.

12.
창녀 로린의 친구가 된 버지니아

렉탱글로 가는 길에 친구 한 명이 초조한 표정으로 말했다.
"경찰을 대동하고 가는 게 좋지 않을까? 너도 알다시피 그곳은 정말 위험해."
버지니아가 잘라 말했다.
"위험은 없어."
"네 오빠 롤린이 회심했다는 게 사실이니?"
갑자기 다른 한 친구가 호기심 어린 눈으로 물었다. 버지니아는 친구들이 자신을 마치 특별한 사람처럼 뚫어지게 바라보는 모습에 깊은 인상을 받았다.
"그래, 확실히 회심했어."
"그러면 이제 클럽에 나가 옛 친구들을 만나 전도를 하겠네."
빨간 실크 파라솔을 든 친구가 생각만 해도 재미있다는 듯이 말했다. 버지니아는 그 친구의 말에 아무런 대꾸도 하지 않았다. 친구들은 마차가 렉탱글에 가까워질수록 점차 긴장하는 모습이었다. 버지니아에게는 이미 익숙한 환경, 냄새, 그리고 소리들이 세련되고 우화한 사교계의 여자들에게는 무시무시한 공포로 다가왔기 때문이다. 마침내 렉탱글 거리로 들어서자 사람들이 사교계의 젊은 여자들을 태운 마차를 술 취한 흐리멍덩한 눈으로 바라보는 듯 했다. '빈민가 구경'은 레이몬드 사교계 사람들의 취향에는 맞지 않았다. 렉탱글 지역을 구경하기 위해 온 친구들은 오히려 자신들이 사람들의 호기심의 대상이 된 느낌을 받았다. 그래서 속으로 역겨움을 느꼈다.

"돌아가자. 이제 충분히 구경했어."

버지니아의 옆에 앉아 있던 친구가 말했다. 마차는 그 유명한 술집과 도박장 거리 맞은편을 돌고 있었다. 거리는 협소했고 인도는 사람들로 붐볐다. 그때 갑자기 한 술집에서 젊은 여자가 비틀거리며 나왔다. 그녀는 술에 취한 채 간간이 흐느끼며 자신의 한스러운 처지를 깨달았다는 듯 노래를 부르고 있었다.

"내 모습 이대로…."

노래를 부르던 그 여자는 자신의 앞을 지나가는 버지니아 일행의 마차를 힘없는 눈으로 쳐다보았다. 그 때문에 버지니아도 그녀의 얼굴을 똑바로 볼 수 있었다. 놀랍게도 전날에 천막 집회에서 버지니아가 옆에서 같이 무릎을 꿇고 기도해 준 바로 그 여자였다.

"멈춰 주세요!"

버지니아는 급히 마차를 모는 마부에게 손짓을 하며 외쳤다. 마차가 멈추자 버지니아는 그 여자가 있는 쪽으로 재빨리 걸어갔다. 버지니아는 그 여자의 이름을 부르며 손을 잡았다.

"로린!"

그 여자는 버지니아의 얼굴을 알아보는 순간 무서운 안색으로 돌변했다. 마차 안에 있던 사교계 친구들은 그 광경을 보고 놀라서 어쩔 줄 몰라 했다. 방금 그 여자가 나왔던 술집의 주인은 문 앞에 서서 자신의 엉덩이에 손을 얹은 채 그 모습을 물끄러미 구경하고 있었다. 주위의 렉탱글 사람들도 창문, 술집 계단, 더러운 인도, 그리고 차도에서 무슨 일인지 궁금해 하는 듯한 표정을 감추지 못한 채 그 대조적인 두 여자를 응시했다. 거리에는 따스한 봄볕이 부드럽게 내리쬐고 있었다. 밴드 공연장에서 나오는 요란한 음악 소리가 렉탱글 지역에까지 울려 퍼지고 있었다. 레이몬드의 사교계 사람들과 부자들은 타운 위쪽에 위치한 공원에서 마치 자신들의 세를 과시하는 듯 했다.

사실 버지니아는 마차에서 내려 로린에게 다가가면서 자신이 무엇을 해야 할지, 또는 자신의 행동이 어떤 결과를 가져올지 전혀 알지 못했다. 버지니아는 오직 새로운 삶의 기쁨을 맛본 한 영혼이 다시 옛날의 수치와 죽음의 지옥 속으로 돌아간 것을 보고 그저 안타까운 마음에 다가갔을 뿐이다. 버지니아는 술 취한 로린의 팔을 잡기 전에 단지 속으로 "예수님이라면 어떻게 하실까?"라는 질문만을 했다. 이제 그 질문은 다른 서약자들과 마찬가지로 버지니아의 삶 속에서도 중요한 위치를 차지하고 있었다.

버지니아는 로린 옆에 앉아 주위를 둘러보았다. 모든 광경이 잔인할 정도로 생생하게 들어왔다. 갑자기 마차 안에 있는 친구들이 생각난 버지니아는 그들을 향해 침착한 목소리로 말했다.

"기다리지 말고 그냥 가. 이 친구를 집까지 바래다 줘야겠어."

빨간 실크 파라솔을 든 친구는 버지니아가 거리 여인을 가리켜 '친구'라고 말하자 황당한 표정을 감추지 못했다. 하지만 아무 말도 하지 않았다. 다른 친구들 역시 가만히 있었다.

"너희들과 함께 갈 수 없으니 먼저 가라고."

버지니아가 다시 말했다. 버지니아의 말에 마부가 천천히 말을 몰기 시작했다. 한 친구가 마차에서 머리를 내밀며 말했다.

"우리가 뭘 좀…, 아니… 우리의 도움이 필요하지 않니? 너 혼자서는 할 수 없을 것 같은데?"

"아니야, 괜찮아!"

버지니아가 큰소리로 외쳤다.

"너희들의 도움 없어도 할 수 있어."

마차는 계속 움직였다. 버지니아는 거리 여인과 단둘이 남게 되었다. 두 사람을 둘러싼 사람들 중에 동정 어린 눈으로 바라보는 얼굴들이 보였다. 렉탱글 사람들은 이제 모두가 잔인하거나 난폭한 사람들이 아니었다. 성령의 능력으로 이 지역의 많은 사람이 온순해졌던 것이다.

"이 여자가 어디에 사는지 아시는 분 계세요?"

아무도 대답하는 이가 없었다. 버지니아는 렉탱글 사람들이 자신의 물음에 침묵하는 이유가 교양 있는 사람들에게만 있을 법한 예의로 이 거리 여인의 치부를 드러내고 싶지 않기 때문이라는 생각이 들었다. 버지니아는 지옥의 해안에 난파선처럼 내동댕이쳐진 이 가련한 여인에게 처음부터 집이 없었다는 사실을 깨달았다. 갑자기 로린이 자신을 붙잡고 있는 버지니아의 팔을 뿌리쳤다. 버지니아는 거의 뒤로 넘어질 뻔했다.

"더는 나를 잡지 말고 그냥 가세요. 지옥에 가도록 내버려두라고요! 지옥이 내 집이에요. 지금 악마가 나를 기다리고 있어요. 저 남자를 보세요!"

로린은 거친 목소리로 절규하며 흔들리는 손가락으로 술집 주인을 가리켰다. 그러자 모인 사람들이 한바탕 웃었다. 버지니아는 다시 로린을 감싸 안았다.

"로린."

버지니아가 부드러운 목소리로 말했다.

"나와 함께 가요. 당신의 집은 지옥이 아니에요. 당신이 거할 곳은 예수님이 있는 곳이에요. 그분이 당신을 구원해주실 거예요."

로린은 갑자기 울음을 터뜨렸다. 로린은 버지니아를 만난 탓에 어느 정도 제정신을 차리고 있었다. 버지니아가 다시 주위를 향해 외쳤다.

"그레이 씨가 어디 머물고 계시죠?"

버지니아는 그레이 씨가 천막 근처에서 묵고 있다는 사실을 알았다. 사람들이 그가 묵고 있는 곳을 가르쳐주었다.

"로린, 나와 함께 그레이 씨 집으로 가요."

버지니아가 몸을 떨고 있는 로린을 일으켜 세우면서 말했다. 로린은 계속 흐느끼며 버지니아를 뿌리쳤던 만큼이나 강한 힘으로 버지니아에게 매달렸다. 두 사람은 렉탱글 지역을 가로질러 그레이 씨의 하숙집으로 향했다. 렉탱글 사람들은 두 사람의 모습을 보고 깊은 감명을 받은 듯 했다. 평소에 늘 술로 흥청거리는 렉탱글 사람들은 주위 일에 그다지 신경을 쓰는 편이 아니었다. 하지만 이번에는 달랐다. 레이몬드 시에서 가장 부유하고 가장 아름다운 옷을 입은 사람 중 하나가 술에 취해 비틀거리는, 렉탱글에서도 가장 천한 여자 중 하나를 돌보고 있다는 사실은 놀라운 일이 아닐 수 없었다. 그로 인해 사람들의 눈에 로린이 마치 품위 있는 여자로 비춰지기까지 했다. 술에 만취된 채 비틀거리며 도랑을 가로질러 걷는 로린의 평소 모습은 렉탱글 사람들에게 조롱거리였다. 하지만 지금 사교계의 젊은 여자의 부축을 받으며 걸어가는 로린의 모습은 전혀 딴판이었다. 렉탱글 사람들은 그 모습을 진지하게, 그리고 다소 놀라운 경외심으로 바라보았다.

두 사람은 그레이 씨의 하숙집에 도착했다. 버지니아의 노크 소리를 듣고 나온 주인 여자는 그레이 씨 부부가 외출 중이며 6시나 되어야 돌아올 것이라고 알려주었다. 버지니아는 로린을 잠시 돌봐주거나, 아니면 제정신이 들 때까지 안전한 곳에 데려다주기 위해 그레이 씨의 도움을 청해야겠다는 생각 외에는 아무런 계획도 가지고 있지 않은 상황이었다. 버지니아는 주인 여자의 말을 듣고 어떻게 해야 할지 몰라 문간에 그대로 서 있었다. 로린은 힘없이 계단에 털썩 주저앉았다. 그리고 손으로 자신의 얼굴을 가렸다. 버지니아는 너저분한 몰골의 로린을 바라보다가 역겨움이 느껴지자 소스라치게 놀랐다.

마침내 한 가지 생각이 버지니아의 마음을 강하게 사로잡았다. '왜 로린을 우리 집으로 데려갈 수 없는가? 술 냄새를 풍기며 집 없이 떠도는 불쌍한 이 여인을 병원이나 여성의 집과 같은 곳에 맡기는 대신 우리 집에 데려가서 돌볼 수는 없는가?' 사실 버지니아는 도시 내의 불쌍한 사람들을 위한 보호 시설에 관해 아는 바가 거의 없었다. 물론 레이몬드 시에는 그런 기관들이 두세 곳 정도 있기는 있었다. 하지만 그들이 현재와 같은 상태의 로린을 받아줄 수 있을까? 하지만 이 질문은 중요한 것이 아니었다. 버지니아에게 더 중요한 질문은 "예수님이라면 로린에게 어떻게 하실까?"라는 것이었다. 버지니아는 이 물음의 답을 찾았다는 듯 다시 로린의 팔을 잡았다.

"로린, 나와 함께 우리 집에 가요. 큰길에 나가면 차를 탈 수 있을 거예요."

버지니아의 말에 로린이 비틀거리며 일어섰다. 로린은 아무런 저항도 하지 않았다. 버지니아는 그 모습에 약간 놀랐다. 속으로 로린이 완강하게 거부하지는 않을까 걱정했기 때문이다. 차를 타려고 큰길로 나가자 정류장은 퇴근하는 사람들로 붐볐다. 버지니아가 로린과 함께 차에 타려는 순간, 사람들이 로린의 몰골에 곱지 않은 시선을 보냈다. 하지만 버지니아는 그보다 할머니와 맞닥뜨리게 될 상황이 더 신경 쓰였다. '할머니는 과연 뭐라고 말씀하실까?'

로린은 거의 제정신을 차렸다. 하지만 그와 동시에 점점 스스로 몸을 가눌 수 없는 상태가 되었다. 그래서 버지니아는 로린의 팔을 꽉 붙잡아야만 했다. 로린은 비틀거릴 때마다 버지니아에게 몸을 기댔다. 차에서 내려 페이지 저택으로 향하는 동안 호기심 많은, 이른 바 교양 있는 사람들의 눈길이 두 사람에게 쏟아졌다. 버지니아는 집 앞 계단을 올라가며 할머니와 대면할 상황을 걱정하면서도 한편으로 안도의 한숨을 쉬었다. 버지니아는 앞으로 부딪히게 될 상황을 충분히 각오한 듯한 비장한 태도로 현관문을 열고 집 없는 방랑자인 로린과 함께 넓은 홀로 들어섰다.

서가에 있던 페이지 여사는 버지니아가 들어오는 소리를 듣고 홀로 내려왔다. 버지니아는 로린을 부축한 채 서 있었다. 로린은 초점이 잘 맞지 않는 흐린 눈으로 주위에 있는 화려한 가구들을 바라보고 있었다.

"할머니."

버지니아가 조금의 주저함도 없이 말했다.

"렉탱글에서 제 친구 한 명을 데려왔어요. 이 친구는 매우 곤란한 처지라 집이 없어요. 당분간 우리 집에서 돌봐줄 생각이에요."

시선을 손녀딸에게서 로린에게로 옮긴 페이지 여사는 경악을 금치 못했다.

"저 여자가 너의 친구라고 했니?"

페이지 여사는 얼음장같이 차가운 목소리로 조소하듯 말했다. 할머니의 말에 버지니아는 이제껏 어떤 말보다도 더 큰 상처를 받았다. 버지니아의 얼굴이 금세 굳어졌다.

"네, 그렇게 말했어요."

버지니아는 머릿속으로 그레이 씨가 최근에 설교에서 인용한 "세리와 죄인의 친구"라는 성경 말씀을 떠올리려고 애썼다. 분명 예수님도 자신과 같이 하셨을 것이다.

"너는 저 여자가 누군지 알기나 하니?"

페이지 여사는 더욱 화가 난 목소리로 버지니아를 다그쳤다.

"잘 알아요, 할머니. 더는 말씀하지 마세요. 할머니보다 더 잘 알고 있으니까요. 로린은 지금 술에 취해 있어요. 하지만 로린도 하나님의 자녀예요. 일전에 집회에서 무릎을 꿇고 회개하는 모습을 보았어요. 그런데 다시 지옥의 무서운 손아귀에 빠져든 것을 보고 가만히 있을 수 없었어요. 로린을 그런 위험에서 건져내는 일이 하나님의 은혜를 입은 제가 할 수 있는 조그만 일이라고 생각했어요. 할머니, 우리는 크리스천이잖아요. 여기 가련하고 길 잃은 영혼이 비참한 생활로 다시 돌아가려고 해요. 아마도 모든 것을 영원히 잃을지도 몰라요. 그에 비해 우리는 너무도 많은 것을 누리고 있잖아요. 그래서 로린을 이곳으로 데려왔어요. 제가 돌봐줄 거예요."

페이지 여사는 파르르 떨리는 눈빛으로 버지니아를 뚫어지게 바라보았다. 페이지 여사는 도저히 로린을 받아들일 수 없었다. 로린의 모든 것이 자신의 사회적 기준에 맞지 않았기 때문이다. '우리 집안이 거리의 찌꺼기 같은 인생과 어울린다는 걸 사람들이 알면 어떻게 될까? 부와 지위를 가진 사람들과 관계가 한순간에 무너지는 것은 아닐까? 버지니아의 행동으로 인해 비난을 받고 명성을 잃게 되면 얼마나 큰 손실인가!' 페이지 여사는 길 잃은 한 영혼보다 자신이 힘들게 쌓은 사회적 명성을 걱정하고 있었다. 페이지 여사에게 있어 상류사회는 신앙이나 그 밖에 다른 모든 것 이상의 가치를 가지고 있었다. 그것은 두려움과 복종의 대상이었다. 상류사회로부터 외면받는 것은 부를 잃는 것 다음으로 가장 두려운 것이었다. 페이지 여사는 근엄한 자세로 버지니아를 마주보았다. 잔뜩 화가 난 표정이었다.

"버지니아! 그렇게 할 수는 없다. 저 여자를 무의탁 여성을 위한 시설로 보내라. 그 비용은 내가 대겠다. 저런 여자를 우리 집에 들여 가문의 명예에 먹칠을 할 수는 없다."

버지니아는 자신의 팔로 로린을 더욱 감싸 안으며 조용히 말했다.

"할머니의 기분을 상하게 할 마음은 전혀 없어요. 하지만 로린은 오늘 밤 우리 집에서 지낼 거예요. 그리고 로린이 원한다면 더 오래 머물도록 해줄 생각이에요."

"정 그렇다면 이 일로 인한 책임은 모두 네가 져라! 나는 더는 이곳에 머무르지 않겠다. 저런 구질구질한…."

페이지 여사는 이미 통제력을 잃고 있었다. 버지니아는 더 험한 말이 나올까 봐 할머니의 말을 가로막았다.

"할머니, 이 집은 저의 집이고, 할머니가 머물기를 원하시는 한 할머니의 집이기도 해요. 하지만 이 문제에 있어 저는 '예수님이라면 어떻게 하실까?'라는 기준에 따라 행동하지 않을 수 없어요. 사람들이 무슨 말을 하든지 저는 충분히 참을 수 있어요. 사회는 저의 하나님이 아니니까요. 이 불쌍한 영혼에 대한 사회의 판단은 저에게 그리 중요하지 않아요."

"정 그렇다면 나는 이곳을 떠나겠다!"

페이지 여사는 갑자기 몸을 돌려 홀 끝으로 걸어갔다. 그러더니 다시 돌아와 극도의 흥분된 목소리로 말했다.

"앞으로 너는 술 취한 여자를 위한답시고 집에서 이 할머니를 내쫓았다는 사실을 항상 기억하게 될 게다."

페이지 여사는 버지니아가 미처 무슨 말을 하기도 전에 위층으로 올라가버렸다. 버지니아는 하인을 불러 로린을 돌봐주도록 했다. 로린의 상태는 말이 아니었다. 버지니아는 할머니가 정말 집을 나갈지 알 수 없었다. 하지만 할머니도 많은 재산을 가지고 있었다. 그리고 아직 건강하고 원기 왕성했으며 스스로 자신의 몸을 잘 가누는 분이었다. 또한 남부에 형제자매들이 살고 있었기 때문에 할머니는 일 년에 몇 차례씩 그들을 방문해 함께 지내곤 했다. 버지니아는 할머니에 대해 더는 걱정하지 않기로 했다. 하지만 조금 전의 대화는 매우 고통스러웠다. 버지니아는 자신의 방으로 올라가 할머니와의 대화를 곰곰이 생각했다. 하지만 그다지 후회되지 않았다. "예수님이라면 어떻게 하실까?"라는 질문에 의심의 여지없이 자신이 옳은 일을 했다는 확신이 들었기 때문이다. 만약 실수를 했다면, 그것은 상황의 문제이지 마음의 문제는 아니었다.

13.
강의실에 임재하신 성령의 물결

티타임을 알리는 벨 소리가 울리자 버지니아는 아래층으로 내려갔다. 페이지 여사는 나타나지 않았다. 버지니아는 할머니의 방으로 하인을 보냈다. 돌아온 하인은 페이지 여사가 방에 계시지 않는다고 했다. 몇 분 후에 오빠 롤린이 돌아왔다. 그는 버지니아에게 할머니가 남부 행 저녁 기차를 타러 가는 것을 보았다고 했다. 기차역에서 친구들을 배웅하고 나오는 길에 할머니를 만났다는 것이다. 그 자리에서 할머니는 롤린에게 자신이 왜 떠나는지를 말해주었다고 했다. 남매는 슬픈 표정으로 서로를 위로했다.

"오빠."

버지니아가 말문을 열었다. 그녀는 처음으로 오빠의 회심이 자신에게 얼마나 놀라운 사건인지를 깨달았다.

"할머니가 떠나신 게 내 탓일까? 내가 잘못한 걸까?"

"아니, 네가 잘못한 게 아니야. 물론 할머니가 떠나신 건 가슴 아픈 일이야. 하지만 저 가련한 여인의 안전과 구원이 너의 책임이라고 여겨졌다면 당연히 그렇게 해야지. 오, 버지니아! 그동안 우리가 저 여인처럼 불쌍한 많은 사람을 제쳐두고 아름다운 집과 사치스러운 물건들을 우리만을 위해 이기적으로 사용했다는 사실이 부끄러워!"

롤린은 그날 저녁 내내 버지니아를 위로해주었다. 주님께 서약한 이후 그녀가 경험했거나, 또는 경험하게 될 모든 놀라운 변화를 고려해 봐도 롤린의 변화된 삶만큼 그녀에게 큰 영향을 준 사건도 없었다. 진실로 롤린은 그리스도 안에서 새사람이 되었다. 옛것은 지나갔다. 그의 안에 모든 것이 완전히 새로워졌다.

그날 저녁, 웨스트 박사는 버지니아의 연락을 받고 페이지 저택으로 갔다. 그리고 로린을 위해 필요한 응급조치를 했다. 로린은 너무 지나치게 술을 마신 탓에 혼수상태에 빠져 있었다. 지금 그녀를 위해 할 수 있는 최선은 옆에서 조용히 지켜보며 개인적인 사랑을 보여주는 일이었다. 로린은 물 위로 걸어가시는 예수님의 그림이 걸려 있는 아름다운 방에 누워 있었다.

얼마 뒤 의식이 돌아온 로린은 자신이 어떻게 이런 안식처로 옮겨졌는지 기억하지 못했다. 하지만 로린은 매일 예수님의 그림을 볼 때마다 그 뒤에 숨어 있는 의미를 조금씩 더 느낄 수 있었다. 버지니아 역시 자신의 발 앞에 만신창이가 되어 찢겨진 몸으로 내동댕이쳐진 로린을 향해 온 마음을 쏟아 부으면서 점점 더 주님께 가까이 가는 자신을 발견할 수 있었다.

렉탱글 지역은 평소 이상으로 선거에 관심을 보이기 시작했다. 그레이 씨 부부는 매일 자신들을 유혹하는 환경과 싸우다가 이내 싸움에 지쳐 로린처럼 소용돌이치는 지옥의 물결 속으로 휩쓸려 들어가 이전의 더러운 상태로 돌아가는 불쌍하고 가련한 영혼들을 보면서 눈물을 흘리지 않을 수 없었다.

맥스웰 목사는 예비 선거가 치러진 그 다음 주일 아침에 예배를 마치고 강의실로 들어서다가 참석한 사람들의 열기를 보고 전율했다. 상호 신뢰 속에서만 가능한 동지애가 교인들을 하나로 강하게 묶고 있는 듯 했다. 그는 지난주처럼 야스퍼 체이스가 보이지 않는다는 걸 알았다. 하지만 나머지 사람들은 모두 참석했다. 예수님의 명령을 따르는 사람들은 자신의 경험을 솔직하게 털어놓아야 한다는 게 그날 모임의 전체적인 분위기였다. 그래서 노먼 사장이 신문사 일과 관련해 구체적인 사항들을 이야기할 때도 전혀 어색해 하지 않았다. 사람들은 모두 열심히 경청했다.

"사실 저는 지난 3주 동안 금전적으로 많은 손실을 입었습니다. 정확한 금액은 밝힐 수 없지만 하여튼 매일 많은 수의 독자가 저의 신문을 외면하고 있습니다."

맥스웰 목사가 물었다.

"그들이 신문 구독을 중단하는 이유가 무엇입니까?"

"여러 가지 이유가 있습니다. 어떤 사람은 모든 기삿거리를 실은 신문을 보기 원한다고 했습니다. 다시 말해 범죄, 내기 권투 시합, 스캔들, 그리고 그 밖에 다양한 엽기적 사건들을 읽고 싶다는 거죠. 또 어떤 사람은 일요일 판의 발행 중지를 이유로 들었습니다. 독자들의 불만을 줄이기 위해 일요일 판에 실리는 양보다 더 많은 기사를 토요일 자 특별판에 실었지만, 전체적으로 많은 독자를 잃었습니다. 술과 담배 등의 유해 광고 게재 중단과 정치적 문제에 관한 저의 태도를 밝히면서도 큰 손실을 보았습니다. 특히 정치적 입장 변화로 인해 그 어떤 것보다 큰 타격을 입었죠. 저희 신문 구독자들 대부분이 정당색이 매우 짙은 사람들이었거든요. 솔직히 말씀드려 지금처럼 정치색을 배제한 채 도덕적인 관점에서 예수님의 방식대로 신문 편집을 계속한다면 저희 신문은 곧 운영비도 건질 수 없을 지경에 이르게 될 것입니다. 물론 한 가지 희망적인 요소가 있기는 하지만요."

노먼 사장은 잠시 말을 멈췄다. 강의실 안은 조용했다. 특히 버지니아는 매우 관심 어린 표정으로 듣고 있었다. 그녀의 얼굴은 불그스레하게 상기되어 있었다. 마치 노먼 사장이 지금 막 말하려는 내용을 이전부터 쭉 생각해 왔다는 듯한 모습이었다. 노먼 사장은 교인들을 한 번 둘러본 뒤 말을 이었다.

"그 희망적 요소란 바로 레이몬드 시의 크리스천들입니다. 앞서 말씀드렸듯 사람들이 기독교 신문에 관심이 없기 때문에, 또한 신문을 그저 오락거리의 하나로 생각하기 때문에 저희 신문은 많은 독자를 잃은 상황입니다. 이럴 때 레이몬드 시의 많은 크리스천이 연합해 저희 신문을 지지해줄 수 있지 않을까요? 아니면 혹시 크리스천들마저 일반적인 저널리즘에 너무 익숙해져 있어 기독교 세계관과 도덕성을 강조하는 크리스천 신문은 사실상 이 도시에 발을 붙일 수 없는 걸까요?

솔직히 개인적으로 신문사 외에도 최근 복잡한 사업상의 문제로 인해 재정적으로 많은 손실을 입었다는 것을 말씀드리고 싶습니다. 예수님이라면 하실 행동 기준에 따라 거래를 했는데, 상대방은 그와 같은 기준을 따르지 않았기 때문에 결과적으로 저는 많은 돈을 잃었습니다. 우리가 한 서약은 '이것이 수지가 맞는가?' 가 아니라 '예수님이라면 어떻게 하실까?' 라는 물음에 따라 행동하겠다는 것입니다. 그런데 이런 기준에 따라 행동하다 보니 저는 그동안 번 많은 돈을 거의 잃게 되었습니다. 이 자리에서 구체적인 내용을 말씀드리기는 어렵습니다. 다만 한 가지 분명한 사실은 지난 3주 동안의 경험으로 볼 때, 예수님의 기준에 따라 행동한다면 계속해서 많은 돈을 잃을 수밖에 없다는 점입니다. 그렇다고 오해는 하지 마십시오. 비록 지금은 손해를 보고 있지만 새로운 편집 방침에 따라 발행되는 저희 신문이 결국에는 성공을 거둘 것이라는 게 저의 확신이니까요. 그리고 최후의 승리를 위해 저는 전 재산을 쏟아 부을 계획입니다. 하지만 제가 말씀드린 것처럼 레이몬드 시의 크리스천들이 정기 구독이나 광고 계약을 통해 저희 신문을 지원해주지 않는다면, 곧 발행을 중단하지 않을 수 없는 상황에 처할 것입니다."

그때 버지니아가 손을 들고 질문을 했다.

"사장님 말씀은 기독교 신문도 적자를 보지 않기 위해서는 크리스천 대학과 같이 외부의 기부금이 필요하다는 뜻입니까?"

"그렇습니다. 저는 이미 기독교적인 방식에 맞지 않는 요소들을 제거하고 단순히 땜질식이 아닌 더욱 강력하게 재미있는 내용으로 지면을 채울 계획들을 세워놓았습니다. 하지만 이 계획을 실행하기 위해서는 외부의 많은 지원이 필요합니다. 저는 예수님의 모범에 따라 올바른 지침 위에서 제대로 기획한다면 재정적으로도 분명히 성공을 거둘 수 있다고 믿습니다. 하지만 이를 위해서는 많은 돈이 필요합니다."

"구체적으로 얼마나 필요하신가요?"

버지니아가 조심스럽게 물었다. 노먼은 예리한 눈빛으로 그녀를 주시했다. 노먼은 고인이 된 그녀의 아버지와 사업적 친분을 가진 사이였기 때문에 그녀가 주일학교에 다닐 때부터 잘 알고 지내왔다. 노먼은 다소 떨리는 목소리로 대답했다.

"레이몬드 규모에서는 50만 달러의 돈이면 충분히 우리가 계획하는 신문을 만들 수 있다고 생각합니다."

날카로운 표정에 회색빛이 감도는 그의 얼굴은 앞으로 신문 업계에서 위대한 업적을 이루겠다는 다소 엄숙한 기대감으로 번쩍이고 있었다. 그의 기대감은 조금 전부터 서서히 현실로 다가오고 있었다.

"그렇다면…."

버지니아는 이미 충분히 심사숙고한 사람처럼 말했다.

"제가 그 돈을 기부할 의사가 있습니다. 물론 지금 말씀하신 계획에서 이탈하지 않는다는 조건으로 말입니다."

"하나님, 감사합니다!"

둘의 대화를 듣고 있던 맥스웰 목사가 감격에 겨운 목소리로 외쳤다. 노먼 사장은 그녀의 말이 믿어지지 않는 듯한 표정이었다. 나머지 사람들도 모두 놀란 채 버지니아를 바라보았다. 그녀는 사람들의 반응에 아랑곳하지 않고 계속 말을 이었다.

"사랑하는 교인 여러분!"

그녀의 목소리에는 알 수 없는 슬픔이 깃들어 있었기 때문에 사람들은 깊은 인상을 받았다.

"제가 대단한 기부 행위를 했다고 생각하지 말아주세요. 최근에 저는 제가 가진 돈이 저의 소유가 아니라 하나님의 것임을 알게 되었어요. 따라서 저는 그분의 청지기로서 그분의 돈을 사용한 만큼 스스로 자부심을 느끼거나 다른 사람들로부터 감사를 받아야 한다고 생각하지 않습니다. 지금 저의 행위는 주님의 영광을 위해 단순히 그분이 저에게 맡기신 돈을 사용한 것뿐입니다. 그동안 저는 계속해서 이러한 거룩한 목적을 위해 돈을 사용해야 한다고 생각해 오고 있었습니다.

사랑하는 교인 여러분! 우리는 앞으로 벌어질 술과의 전쟁, 아니 이미 시작된 전쟁에서 데일리뉴스 신문이 기독교의 입장을 대변할 수 있도록 도와야 합니다. 여러분도 아시다시피 다른 모든 신문은 술집 허가를 지지하고 있습니다. 하지만 술집이 존재하는 한 렉탱글 지역의 죽어가는 영혼들을 위한 복음 사업은 매우 불리하게 진행될 것입니다. 그레이 씨가 매일매일 집회를 연다고 한들 회심한 사람들의 반이 다시 구석진 곳에서 술집의 유혹을 받고 있는 상황에서 무슨 성과가 있겠습니까. 따라서 만약 데일리뉴스 신문이 파산한다면 사탄에게 완전히 백기를 드는 셈이 될 것입니다. 저는 노먼 사장님의 능력에 큰 확신을 가지고 있습니다. 아직 그분의 계획을 자세히는 모릅니다. 하지만 저에게도 그분과 같이 기독교 신문이 성공하리라는 확신이 있습니다.

저는 저널리즘에 있어 기독교적 보도가 심지어 재정적인 수지 타산의 관점에서 보더라도 비기독교적 보도보다 뒤떨어진다고 생각하지 않습니다. 이런 이유로 저의 것이 아닌 하나님의 돈을 예수님의 대리자로서 그분이 하실 일을 실행하기 위해 노력하는 노먼 사장님께 기탁한 것입니다. 데일리뉴스 신문이 앞으로 일 년 정도만 유지될 수 있다고 해도 저는 이 실험에 돈을 사용하는 것을 전혀 아깝게 생각하지 않을 것입니다.

노먼 사장님! 저에게 감사하지 마십시오. 제가 한 일은 놀라운 것이 아닙니다. 사실 지난 시간 동안 하나님의 돈을 가지고 저 자신의 이기적인 욕망만을 만족시켰을 뿐 제가 한 일이 무엇입니까. 그러므로 나머지 돈으로 하나님께 도둑질한 것을 보상하는 일 외에 저에게 달리 무슨 선택이 있겠습니까. 이것이 저의 생각입니다. 저는 예수님도 이처럼 돈을 사용하실 것이라고 믿습니다."

보이지는 않지만 분명하게 느낄 수 있는 성령의 임재의 물결이 온 강의실을 휩쓸고 지나갔다. 한동안 아무도 말을 하지 않았다. 맥스웰 목사 역시 그냥 선 채로 있었다. 다른 사람들이 강한 시선으로 그를 주시하고 있는 동안에 맥스웰 목사는 그동안 자신이 받아왔던 느낌을 더욱 확실히 경험할 수 있었다. 바로 모든 제자가 자신의 물건을 공유했던 초대교회 시절로 돌아간 듯한 느낌이었다. 레이몬드 제일교회가 지금까지 경험하지 못했던 성도들간의 교제의 영이 자유롭게 물결치는 듯 했다. 그들이 "예수님이라면 어떻게 하실까?"라는 물음에 따라 행동할 것을 서약하기 전에는 이와 같은 교제는 상상할 수도 없었다. 맥스웰 목사는 주후 1세기의 감동에서 다시 현실로 돌아오기 위해 애를 썼다. 다른 사람들도 맥스웰 목사와 같은 감동에 빠져 있었다. 교인들 사이에 이전에 없었던 뜨거운 사랑이 흐르고 있었다. 이 사랑의 흐름은 버지니아가 이야기를 하는 동안에도, 그리고 한동안 침묵이 흐르는 동안에도 계속되었다.

만약 강의실 모임에 참석한 누군가가 그날의 감동을 기록했다면 다음과 같이 적었을 것이다. "비록 내가 주님과의 약속에 순종하는 과정에서 손실과 어려움을 만나게 되더라도 나처럼 모든 일을 '예수님이라면 어떻게 하실까? 라는 기준에 따라 행동하기로 서약한 많은 크리스천의 진정한 사랑과 교제로 인해 넉넉히 이길 수 있을 것이다." 이 사실을 증명하듯 성령의 능력이 강의실을 강하게 에워쌌다. 마치 육신의 기적을 체험한 초대교회 교인들이 주님에 대한 더욱 강한 확신을 가지고 용기와 기쁨으로 순교와 희생을 감수했던 것과 같은 현상이 나타났던 것이다.

　모임이 계속되는 동안 여러 사람이 노먼 사장과 같은 확신에 찬 고백들을 했다. 몇몇 젊은이들은 자신의 약속을 지키느라고 일자리를 잃게 된 사실을 이야기했다. 알렉산더 파워즈 씨는 짤막하게 상법위원회가 가능한 빠른 시간 내에 L&T사의 불법 행위에 관한 조치를 취하기로 약속했다고 말했다. 현재 그는 전에 했던 전신 업무에 다시 종사하고 있었다. 그가 감독관 직을 사임한 이후 그의 아내와 딸이 사람들 앞에 모습을 나타내지 않는다는 사실은 많은 것을 의미했다. 가족들이 그의 거룩한 동기를 이해하지 못해 불화를 겪고 있었던 것이다. 물론 그 고통의 쓴맛은 파워즈 씨 자신 외에는 아무도 알 수 없었다. 하지만 강의실 모임에 참석한 다른 사람들도 제각기 고충을 겪고 있었다. 다만 드러내 놓고 말하지 않을 따름이었다.

　교인들의 개인적인 사정을 잘 아는 맥스웰 목사는 그들의 순종 때문에 가족들간에 불협화음은 물론, 심지어 미움과 적대감까지도 생겼을 것이라는 사실을 쉽게 짐작할 수 있었다. 가족 내에 예수님의 기준에 순종하는 사람과 그렇지 않은 사람이 공존할 때 가족 구성원은 서로 원수가 되기 쉬웠다. 이런 점에서 예수님은 인생의 불화의 씨앗이라고 말할 수도 있었다. 하지만 분명한 것은 사람은 주님과 동행하든지, 아니면 그분의 길을 무시하고 자신의 길을 가든지 양자택일을 해야 한다는 것이었다.

　그날 강의실 모임에서 무엇보다도 강하게 확인한 것은 서로에 대한 동지애였다. 맥스웰 목사는 사람들 사이에 나타난 그리스도의 사랑이 어떤 모습으로 절정을 이루게 될지 떨리는 마음으로 지켜보기로 했다. '과연 사람들은 그 절정의 순간에 어떻게 행동할까?' 그는 그 끝을 알 수 없었다. 맥스웰 목사는 시간이 갈수록 점점 더 선한 호기심을 가지고 사람들의 삶 속에서 이루어지는 서약의 결과들을 주시했다. 그 결과들은 사실상 이미 전 도시에서 그 파장을 느낄 수 있을 정도였다. 하물며 앞으로 일 년 후에 그들로 인한 엄청난 변화를 누가 예측할 수 있단 말인가.

사람들은 자신의 동지애를 구체적으로 보여주기 위해 노먼 사장에게 신문사를 돕겠다는 뜻을 밝혔다. 모임이 끝난 후 많은 사람이 기부금 전달을 위해 노먼 사장에게로 갔다. 교인들은 레이몬드 시의 크리스천으로서 자신의 신문사를 지원해달라는 그의 요청을 충분히 이해했다. 특히 오늘날과 같은 도시의 수많은 문제 속에서 개인과 가정, 그리고 사회를 위한 기독교 신문의 가치는 두말할 필요가 없었다. 맥스웰 목사는 이제 사람들이 힘에 넘치도록 헌금을 한 상황에서 신문사가 앞으로 어떻게 운영될지 기대가 되었다. 하지만 노먼 사장이 말한 대로 돈이 신문을 강하게 만드는 것은 아니었다. 데일리뉴스가 레이몬드 시의 강력한 변화의 주체로 부상하기 위해서는 무엇보다도 크리스천들의 지원과 공감이 있어야 했다.

14.
누가 이 여인을 죽였는가?

 새로 시작된 주간에 레이몬드 시는 엄청난 흥분에 휩싸였다. 선거가 있었기 때문이다. 마쉬 총장은 자신의 약속을 충실히 지키기 위해 용감하게 십자가를 졌다. 하지만 때때로 그는 고통과 신음으로 눈물지어야 했다. 수십 년 동안 안주해 온 학문의 울타리에서 벗어나 그리스도를 따르려는 자신의 깊은 확신으로 인해 그는 이전의 희생과는 비교도 되지 않을 정도로 큰 고통과 고뇌로 자신을 찢어야 했다. 제일교회에서 마쉬 총장과 함께 서약한 몇몇 교수들 역시 그와 비슷한 상황이었다. 그동안 시민의 의무를 외면한 채 독자적으로 살아왔던 그들이었다.
 그 점에서 맥스웰 목사도 예외는 아니었다. 하지만 이번에는 달랐다. 맥스웰 목사는 매일매일 온몸을 엄습하는 두려움 속에서도 술과의 전쟁에 과감히 뛰어들었다. 한 번도 그와 같은 십자가를 져본 적이 없었던 그는 때때로 십자가 밑에서 비틀거리기도 했다. 그는 선거

와 관련된 일을 마치고 자신의 서재에 들어설 때마다 이마에 땀이 흥건하게 맺힌 것을 알 수 있었다. 그가 느끼는 두려움은 보이지 않고, 잘 알려지지 않은 공포 속으로 빨려들어 가는 사람이 느끼는 그런 감정과 같았다. 맥스웰 목사는 겁쟁이는 아니었지만, 어떤 틀에 고정된 사람이 갑자기 낯선 세계를 만나 자신의 무지함을 깨닫고 수치심을 가지게 될 때 느끼게 되는 두려움을 견디기 힘들었다.

선거일인 토요일이 되었을 때 도시의 흥분은 최고조에 달했다. 선거 당일에 모든 술집을 폐쇄하려는 시도가 있었지만 일부 지역에서만 행해졌다. 사람들은 온종일 술에 찌들어 흥청거렸다. 렉탱글 지역은 사람들로 들끓었다. 그들은 도시의 이목에 아랑곳하지 않고 발악하고 저주하면서 자신들의 치부를 드러냈다.

그레이 씨는 그 주 내내 계속해서 집회를 열었다. 결과는 기대 이상이었다. 하지만 토요일이 되자 자신의 사역에 위기가 찾아왔음을 직감할 수 있었다. 성령과 술을 앞세운 사탄이 치열한 일전을 벌이는 듯한 느낌이었다. 집회에 관한 사람들의 관심이 고조될수록 바깥세상에서는 사나움과 타락이 더욱더 맹위를 떨치고 있었다. 특히 술집 주인들은 자신의 불쾌한 감정을 노골적으로 드러내기 시작했다. 공공연하게 폭력의 위협도 가해졌다. 그 주간에 한 번은 그레이 씨와 자원 봉사자들이 밤늦게 천막에서 나오다가 돌 세례를 받기도 했다. 급기야 경찰은 특별 기동대를 파견했다. 버지니아와 레이첼 역시 항상 롤린이나 웨스트 박사의 보호를 받아야 했다.

하지만 그럼에도 레이첼의 찬양의 능력은 조금도 꺾이지 않았다. 오히려 매일 밤 성령의 임재 속에 그 강도를 더욱더 높여갔다. 그레이 씨는 처음에는 안전 문제 때문에 토요일 저녁 집회를 놓고 망설였다. 하지만 지금까지 단순히 성령의 인도대로 행동한 그였기 때문에 집회를 계속 열라는 성령의 인도하심을 느끼자 평소대로 집회를 열기로 했다.

저녁 6시, 마침내 투표가 종료되었다. 레이몬드 시 선거 역사상 가장 치열한 접전이었다. 사실 그동안 술집 허가 문제가 선거의 쟁점 사안이 된 적은 없었다. 그래서 후보들이 그 문제를 놓고 대결을 벌인 적도 없었다. 더구나 학자, 목회자, 전문직 종사자 등이 솔선수범해서 선거구들을 방문해 기독교의 양심을 대변한 것도 초유의 사건이었다. 정치꾼들은 이 모습에 경악했다. 하지만 순순히 물러설 그들이 아니었다. 유세전은 매 시간 더욱 격렬해졌고, 그로 인해 투표가 끝났을 때 어느 쪽도 자신 있게 승리를 장담할 수 없었다. 양측은 매우 초조하게 개표 결과를 기다렸다.

천막 집회는 10시가 넘어서 끝이 났다. 전과는 다른 특별한 모임이었다. 그레이 씨의 요청에 따라 맥스웰 목사가 다시 집회에 참석했다. 그는 선거 일 때문에 완전히 녹초가 되어 있었지만 그레이 씨의 요청을 거절할 수 없었던 것이다. 마쉬 총장도 집회에 참석했다. 한 번도 렉탱글 지역에 와본 적이 없는 마쉬 총장은 도시의 가장 추악한 곳에서 행해지는 그레이 씨의 사역을 간접적으로 듣고 있었기 때문에 확인 차 방문했던 것이다.

물론 웨스트 박사와 롤린, 레이첼, 버지니아도 와 있었다. 건강을 되찾은 로린은 오르간 옆에 앉아 있었다. 로린은 지난번 사건 이후로 자신에 대한 수치심과 두려움 때문에 더욱 버지니아의 곁을 떠나지 않았다. 예배 시간 내내 고개를 숙인 채 앉아 있던 로린은 레이첼이 〈양 떼를 떠나서〉라는 찬양을 부르자 가끔씩 흐느꼈다. 자신이 발견한 소망을 놓치지 않으려는 모습이 역력했다. 로린은 새로운 피조물의 자세로 자신의 주위에서 쏟아지는 기도와 간구, 그리고 고백을 경청했다. 하지만 한편으로는 자신에게 과연 새로운 피조물로서 자격이 있는지 의심이 들어 두려웠다.

천막 안은 사람들로 꽉 차 있었다. 종종 그랬던 것처럼 바깥에서 다소 소란스러운 소리가 들렸다. 그리고 시간이 지나면서 소란의 강도는 더욱 심해졌다. 그레이 씨는 더는 예배를 진행하는 것이 무리라는 생각이 들었다. 이따금 거리의 군중들 틈에서 천막을 향한 야유 소리가 들렸다. 개표 결과가 속속 전해지고 있었기 때문이다. 렉탱글 지역의 사람들은 빈민가와 술집에서 나와 거리로 몰려들었다. 이와 같은 소란에도 불구하고 레이첼이 계속 찬양을 불렀기 때문에 천막 안의 사람들은 크게 동요하지 않았다. 그날도 열두 명의 회심자가 나왔다. 하지만 소란으로 인해 더는 모임이 불가능했다. 그레이 씨는 할 수 없이 예배를 폐하고 회심자들과 함께 잠시 시간을 가졌다.

맥스웰 목사 일행은 집으로 가기 위해 밖으로 나왔다. 천막 밖으로 나온 그들은 렉탱글 지역이 술 취한 폭도들로 인해 폭동 직전에 있다는 사실을 알게 되었다.

"선거는 어떻게 되었습니까?"

맥스웰 목사가 지나가는 사람들에게 큰소리로 묻자, 어떤 낯선 사람이 이렇게 대답했다.

"사람들의 말에 의하면 2선거구와 3선거구의 결과는 거의 술집 불허 쪽으로 기울었다고 하던 데요. 그게 사실이라면 술집 장사치들이 한 방 먹은 셈이죠."

"하나님 감사합니다. 정말 사실이길!"

환호성을 지르던 맥스웰 목사는 마쉬 총장을 향해 빠르게 말했다.

"마쉬 총장님, 이곳은 위험합니다. 상황을 보건데 여자 분들을 먼저 안전한 곳으로 대피시키는 게 좋겠습니다."

"그러시죠."

마쉬 총장이 심각한 표정으로 동의했다. 일행 앞의 좁은 거리는 렉탱글 지역에 사는 가장 추악한 사람들로 완전히 메워져 있었다. 맥스웰 목사와 마쉬 총장, 롤린, 그리고 웨스트 박사가 앞장서고, 그 뒤를 버지니아와 레이첼, 그리고 로린이 바짝 뒤따랐다. 이때 그들에게 큰 위기가 닥쳤다. 누군가가 거친 목소리로 "저기 그놈들이 있다. 모자를 쓴 저놈이 우두머리다!"라고 외쳤기 때문이다. 당당한 자세로 몸을 꼿꼿이 세우고 걷던 마쉬 총장의 모습이 폭도들의 눈에 띄었던 것이다. 술 취한 렉탱글 사람들은 매우 분노해 있었다. 그 와중에 선거에서 자신들이 좋아하는 술집을 없애자는 편에 선 마쉬 총장과 맥스웰 목사를 보았던 것이다. 폭도들 사이를 헤집고 나가던 그들은 곧 자신들이 폭도들의 목표물이 된 걸 깨달았다.

"저 귀족 놈들을 없애버려!"

어디선가 날카로운 여자 목소리가 터져 나왔다. 그 순간 일행을 향해 돌과 온갖 물건들이 쏟아졌다. 레이첼은 나중에 롤린이 자신의 앞으로 뛰어나와 머리와 가슴에 돌을 맞았다는 사실을 알았다. 만약 그가 막아주지 않았다면 영락없이 그녀 자신이 맞았을 것이다.

바로 그때, 무심코 위를 쳐다보던 로린이 소리를 지르며 자신의 몸을 던져 버지니아를 밀쳤다. 너무나 갑작스럽게 일어난 일이었다. 술집 위 어느 방 창문에서 누군가가 커다란 술병을 던졌던 것이다. 술병은 로린의 머리를 정통으로 맞추었다. 로린은 피를 흘리며 쓰러졌다. 버지니아는 급히 쓰러진 로린 옆으로 가서 무릎을 꿇었다. 로린이 쓰러지는 것을 본 마쉬 총장이 손을 들고 폭도들 사이에서 터져 나오는 짐승 소리와 같은 야유에 맞서 큰소리로 외쳤다.

"멈추시오! 당신들이 여자를 죽였소!"

이 말에 일부 군중들이 잠잠해졌다. 이때 경찰이 도착했다. 로린을 안아 든 웨스트 박사가 짤막하게 말했다.

"죽어가고 있습니다!"

로린은 눈을 가늘게 뜨고 버지니아를 향해 웃었다. 버지니아는 로린의 얼굴에서 피를 닦아낸 다음, 그녀에게 키스를 했다. 그러자 로린이 다시 웃었다. 그리고 다음 순간 천국으로 갔다.

"이 여인은 사악한 술이 앗아간 수천 명의 생명 중 하나에 불과하다. 물러서라. 이 추악한 거리의 죄 많은 남녀들아! 놀라서 술이 깬 너희 무리 사이로 이 존엄한 주검을 운구할 수 있도록 길을 비켜라! 이 여인은 너희들의 자녀 중 하나였다. 그동안 렉탱글은 이 여인에게 짐승의 형상을 새겨주었다. 하지만 죄인들을 위해 죽으신 그분께 감사하라. 그분의 은혜로 창백한 질그릇에 지나지 않는 이 여인에게서 새로운 영혼이 빛나고 있기 때문이다. 물러서라! 이들에게 길을 비켜라! 울부짖으며 경악하는 크리스천들의 배웅을 받으며 이 여인이 장엄하게 지나갈 수 있도록 길을 열어라. 너희들이 이 여인을 죽였다. 이 술 취한 살인자들아! 사탄아, 물러서라! 침묵하라! 한 여인이 죽었다. 누구인가? 바로 로린이다. 거리의 여인, 술에 찌든 불쌍하고 더러운 죄인. 오, 주 하나님! 언제까지, 언제까지? 누가 이 여인을 죽였는가? 맞다. 술집이 그녀를 죽였다. 아니, 술집을 허가한 크리스천들이 살인자이다. 최후 심판의 날에 진정으로 누가 로린의 살인자인지 드러나게 될 것이다."

로린의 시신은 페이지 저택에 안치되었다. 다음날, 다시 주일 아침이 돌아왔다. 도시 전역의 숲과 들에 핀 꽃들이 내뿜는 맑고 싱그러운 봄기운이 열린 창문을 통해 들어와 로린의 관을 감쌌다. 예배에 참석하기 위해 길가를 지나던 사람들은 안타까운 얼굴로 잠시 대저택을 바라보다 최근에 자신들의 도시에서 새로운 역사를 만든 일련의 이상한 사건들에 관해 이야기하며 발걸음을 서둘러 예배당으로 옮겼다

그날 아침, 잠자리에서 일어난 레이몬드 시민들은 선거가 결국 술집 옹호 세력의 승리로 끝났다는 사실을 접했다. 2선거구와 3선거구 개표 결과가 술집 불허 쪽으로 기울었다는 소문은 사실이 아니었다. 비록 아슬아슬한 표 차이로 술집이 허가되었지만, 결과는 압도적인 표 차이와 다를 게 없었다. 레이몬드 시민들은 또다시 일 년 동안 술집을 허가하도록 찬성한 셈이었다. 특히 레이몬드의 크리스천들이 이 결과의 책임을 져야 했다. 자칭 크리스천이라고 하는 사람들 중에 백 명 이상이 투표에 참여하지 않았고, 그보다 더 많은 숫자의 크리스천들이 술집을 옹호하는 세력 쪽에 투표를 했던 것이다. 레이몬드 시의 모든 크리스천이 술집 허가에 반대하는 후보들에게 투표를 했다면, 지금쯤 술집은 도시의 제왕 자리에서 물러나 불법 취급을 받게 되었을 것이다.

사실 지난 수년 동안 술집은 도시의 군림자였다. 그 사실을 부인하는 사람은 아무도 없었다. 맥스웰 목사는 선거 결과를 보며 깊은 생각에 젖었다. '예수님이라면 어떻게 하실까? 또 로린은 어떻게 되는

것인가? 자신을 파멸하기 위해 열을 올린 바로 그 손길에 의해 잔인하게 생명을 잃은 바로 그 여인. 로린의 타락을 부추겼던 술집, 그리고 그녀의 생명을 앗아간 그 술집이 자신들을 지지한 크리스천들로 인해 내일 또다시 문을 열고 일 년 동안 로린과 같은 수많은 젊은 여자를 타락으로 이끌게 될 것 아닌가?'

예배 시간에 강단에 선 맥스웰 목사는 로린의 죽음이 너무도 생생하다는 듯한 표정으로 자리를 꽉 메운 교인들을 바라보았다. 그는 열정적인 호소를 담아 슬픔, 꾸짖음, 그리고 엄숙한 비판이 섞인 설교를 했다. 그로 인해 설교를 들은 많은 교인은 스스로를 자책하거나, 또는 속으로 의분을 느끼지 않을 수 없었다. 맥스웰 목사는 고통 가운데 계속 떨리는 목소리로 이 모든 사실을 전했다. 그의 말에 교인들 모두가 눈물을 흘렸다.

회중석에 앉아 있는 마쉬 총장에게서도 평소의 똑바른 자세와 단정하고 굳은 자신감을 찾아볼 수 없었다. 마쉬 총장은 자신의 머리를 가슴에 묻은 채 주체할 수 없는 눈물을 흘리고 있었다. 대중 앞에서 좀처럼 자신의 감정을 드러내지 않는 그였지만 오늘만큼은 통제가 불가능한 모습이었다. 마쉬 총장 옆에 앉은 노먼 사장은 비록 뚜렷하고 날카로운 얼굴을 세운 채 있었지만, 입술은 심하게 떨리고 있었다. 노먼 사장은 맥스웰 목사의 설교를 들으면서 격한 감정을 주체할 수 없어 양손으로 의자 모서리를 잡았다. 사실 노먼만큼 여론에 영향을 미치기 위해 고통을 당하면서까지 많은 것을 희생한 사람도 없었다. 노먼 사장은 크리스천의 양심이 너무 늦게, 그리고 너무 빈약하게 발휘되었다는 사실에 마음속으로 무거운 가책을 느꼈다. '좀 더 일찍 예수님이라면 하셨을 일들을 시작했다면 어떻게 되었을까? 지금쯤 큰 변화가 일어나지 않았을까?

성가대석에 있던 레이첼은 참나무 칸막이 난간에 머리를 대고 솟아오르는 감정을 억제하려고 했지만 뜻대로 되지 않았다. 결국 맥스웰 목사의 설교가 끝난 후 독창을 부르려고 할 때 그만 목소리가 나오지 않았다. 그녀는 흐느끼며 다시 자리에 앉아야 했다. 도저히 찬양을 부를 수 없었기 때문이다. 뜻밖의 상황에 교회 안에는 잠시 침묵이 흘렀다. 여기저기에서 흐느낌과 울음소리가 들렸다. 언제 제일교회가 그와 같은 눈물의 세례에 흠뻑 젖은 적이 있는가? 그동안 규칙과 인습에 따라 예배를 드려오며 어떤 감정에도 동요하지 않고, 어떤 흥분에도 휩싸이지 않던 사람들에게 무슨 일이 생긴 것인가? 확실히 교인들은 이전과 다른 깊은 확신을 갖고 있었다. 그동안 교인들은 표피적 감정만으로 살아오면서 인생의 깊은 우물을 모르고 지내왔다. 하지만 그 표피가 부서지면서 제자도의 깊은 의미를 깨닫게 된 것이었다.

예배 후, 맥스웰 목사는 전처럼 교인들에게 예수님의 기준대로 행동할 것을 서약한 사람들의 대열에 동참할 것을 권유하지 않았다. 하지만 그가 강의실에 들어섰을 때 더 많은 수의 교인이 새로 자원한 것을 볼 수 있었다. 처음에 부드럽게 진행되던 모임은 성령의 임재로 점점 더 뜨거워졌다. 사람들의 표정에서 레이몬드 시의 술 세력과 일전을 벌여 그것을 영원히 무너뜨려야겠다는 확고하고 결연한 의지들을 읽을 수 있었다. 사람들은 뉘우침의 고백과 함께 더 나은 새 삶을 위해 기도했다. 그리고 술집과 그 무서운 저주에서 많은 영혼을 구원해달라고 부르짖었다.

제일교회 교인들이 선거 결과와 로린의 죽음으로 인해 동요된 것처럼 렉탱글 사람들도 나름대로 이상한 느낌을 받고 있었다. 이 지역에서 죽음 자체는 그리 놀라운 사건이 아니었다. 하지만 로린이 최근 도시의 부유층 사람들과 교제를 가진 사실이 그녀를 더욱 특별하게 만들었기에 그녀의 죽음은 여느 죽음보다 더 큰 의미로 다가왔다. 렉탱글 지역의 사람들은 로린의 시신이 페이지 저택에 안치되어 있다는 사실을 알았다. 일부 사람들은 그녀의 관을 가십거리로 삼아 너무나 화려하다는 과장된 소문을 내기도 했다. 하지만 대부분의 렉탱글 사람들은 장례식이 어떻게 진행되는지 알고 싶어했다.

"장례가 공개적으로 치러질까?"

"장례에 관한 페이지 양의 생각은 무엇인가?"

렉탱글 주민들이 이렇게 멀리서나마 상류층을 향해 개인적인 관심을 보인 경우는 이제까지 한 번도 없었다. 그리고 그럴 기회도 별로 없었다. 로린의 친구들과 그녀를 아는 렉탱글 사람들은 그레이 씨 부부를 찾아가 자신들이 어떻게 조의를 표할 수 있을지 물었다. 그들 중에는 최근에 회심한 사람이 많이 포함되어 있었다.

렉탱글 사람들의 부탁을 받은 그레이 씨는 페이지 저택을 방문해 버지니아와 맥스웰 목사와 함께 장례 절차를 논의했다. 그레이 씨가 먼저 자신의 의견을 제시했다.

"저는 항상 많은 사람이 참석하는 장례식에 반대해 왔습니다. 하지만 로린을 아는 저 가련한 사람들의 아우성이 하도 크기에 정성스럽게 조의를 표하고자 하는 그들의 열망을 거부하기가 힘듭니다. 목사님은 어떻게 생각하십니까? 이 문제와 관련해 목사님의 조언을 듣고 싶습니다. 저는 목사님과 페이지 양의 생각에 전적으로 따를 작정입니다."

맥스웰 목사가 고인을 생각하며 엄숙한 표정으로 말을 받았다.

"저도 그레이 씨와 같은 생각입니다. 과시적으로 장례를 치르는 것은 싫습니다. 하지만 이번 경우는 다르다고 봅니다. 렉탱글 사람들이 장례식에 참석하기 위해 이곳으로 오기는 현실적으로 어렵습니다. 따라서 장례 예배를 천막에서 드리는 게 가장 좋겠다는 생각이 듭니다."

버지니아도 맥스웰 목사와 뜻을 같이했다.

"저도 목사님의 생각에 동의해요. 오, 불쌍한 영혼! 분명한 사실은 그녀가 저를 위해 자신의 생명을 희생했다는 점입니다. 로린의 친구들의 요청대로 그들이 참석할 수 있도록 장례 예배를 천막에서 드리도록 해요. 로린의 장례 예배가 저속한 과시적 행사로 비춰지지는 않을 겁니다. 아무 불상사도 일어나지 않을 거예요."

이렇게 해서 다소 어려움은 있었지만 장례식은 천막에서 치러지게 되었다.

월요일 아침, 로린의 장례 예배가 조문객들이 천막 안을 가득 채운 가운데 치러졌다. 사람들이 너무 몰려들어 다 들어올 수 없을 정도였다. 때마침 인근 도시에서 열린 편집자 회의에 참석하기 위해 레이몬드 시를 지나가던 한 유명한 신문 기자가 천막에서 특별한 장례식이 거행된다는 소식을 듣고 기삿거리가 될 것 같아 들렀다. 그는 그 놀라운 광경을 보고 생생한 필체로 기사를 썼기 때문에 다음날 신문에 그 기사가 실렸을 때 많은 사람의 눈길을 끌었다.

"어제 아침, 슬럼가로 잘 알려진 렉탱글에 있는 전도자 존 그레이 씨의 천막에서는 특별한 장례 예배가 드려졌다. 지난 토요일 밤에 있었던 폭동으로 인해 죽은 로린이라는 이름의 한 여인의 장례식이었다. 최근에 천막 집회를 통해 회심한 그녀는 집회를 마치고 사람들과 함께 돌아가는 길에 사고를 당했다. 회심 전, 거리의 여인으로 살았던 그녀의 장례 예배는 대도시에서 가장 교양 있는 교인들이 드리는 예배보다 더 인상적으로 진행되었다.

예배는 성가대의 아름다운 찬양으로 시작되었다. 장례식에서 대형 교회나 공연장에서나 들을 수 있는 그런 높은 수준의 찬양을 들은 것은 큰 놀라움이 아닐 수 없다. 특히 레이첼 윈슬로우 양의 독창은 너무도 아름다웠다. 그녀는 국립 오페라단의 크랜달 단장으로부터 입단 제의를 받았지만 무슨 이유에서인지 그 제의를 거절한 젊은 성악가이다. 그녀는 매우 뛰어난 기품으로 찬양을 드렸다. 그녀가 찬양을 몇 소절 부르기도 전에 장내는 온통 울음바다로 변했다. 물론 장례식에서 울음소리를 듣는 것이 이상한 것은 아니다. 하지만 그녀의 목소리에는 분명 사람의 영혼을 울리는 힘이 있었다. 현재 제일교회에서 솔리스트로 섬기는 윈슬로우 양이 만약 대중 성악가로 활동한다면 다른 성악가들 못지않게 높은 대우를 받을 것이다. 그녀의 목소리는 분명 어디에서든지 주목을 받을 것이다.

설교 또한 독특한 방식으로 진행되었다. 소박하고 겸손한 스타일의 그레이 씨가 짧은 설교를 했고, 이어서 고상한 정장 차림을 한 레이몬드 제일교회의 헨리 맥스웰 목사가 설교를 했다. 맥스웰 목사는 로린이 이미 천국에 갈 준비를 하고 있었다는 사실을 강조했다. 그러면서 매우 예리하게 술 사업이 많은 남녀의 생명에 끼치는 해악을 지적했다. 실제로 레이몬드 시는 철도 교통의 거점이자 지역 물류의 중심지이기 때문에 술집이 많은 곳이다. 그의 설교는 매우 비판적이었지만 장례식 분위기를 어색하게 만들지는 않았다.

그 다음으로 이날 장례 예배 중 가장 특이한 순서가 이어졌다. 관 주위에 앉아 있던 백여 명의 여자 아이들이 부드러우면서도 눈물겨운 목소리로 〈양 떼를 떠나서〉라는 찬양을 부른 것이다. 찬양을 부르는 동안 그들은 한 줄씩 일어서서 조용히 관 앞으로 나와 한 사람씩 차례로 꽃송이를 관 위에 올려놓았다. 그들 중 대다수가 최근에 천막 집회에서 회심한 아이들이라고 했다. 그들의 찬양은 말로 형언하기 어려울 정도로 감동적이었다. 그들의 찬양은 마치 부드러운 바람에 살포시 흔들리는 커튼처럼 은은히 울려났다. 정말로 단순하면서도 가장 인상적인 광경이 아닐 수 없었다. 천막에 들어오지 못한 수백 명의 사람은 바깥에서 조용히 그 광경을 지켜보았다. 사람들의 거친 얼굴에는 슬픔과 함께 엄숙함이 깃들어 있었다.

예배는 윈슬로우 양의 마지막 독창과 그레이 씨의 기도로 끝났다. 그녀는 〈양 아흔아홉 마리〉라는 찬송을 불렀다. 아쉽게도 기자는 기차 시간 때문에 기도 중 자리를 떠야 했다. 기차가 철도공장 옆을 지날 때 바라본 장례식의 마지막 광경은 천막에서 쏟아져 나온 많은 사람이 자유롭게 대열을 이루며 여섯 명의 여성이 운구하는 관을 뒤따라가는 모습이었다. 이 삭막한 나라에서 그와 같은 감동적인 광경을 목격하기란 실로 오랜만의 일이었다."

로린의 장례식이 잠시 지나가는 사람에게도 그와 같은 깊은 인상을 심어주었다면, 그녀의 삶과 죽음을 누구보다도 잘 알고 있는 사람들에게 얼마나 큰 감동을 주었을지 어렵지 않게 짐작할 수 있다. 지금까지 관 속에 누워 있는 로린의 모습처럼 렉탱글 사람들의 마음을 뭉클하게 만든 것은 없었다. 성령이 특별한 권능으로 천국으로 향하는 로린을 더욱 축복하시는 듯 보였다. 장례식이 치러진 날 밤 집회에서는 성령의 감동으로 이십 명 정도의 영혼이 주님께로 돌아왔다. 대부분이 여자였다.

한편, 경찰 조사 결과 창문에서 술병을 던진 술집에 관한 맥스웰 목사의 증언은 거의 사실로 드러났다. 그래서 그 술집은 폐쇄되었고, 술집 주인은 살인죄로 체포되었다. 하지만 구체적 증거가 없어 그 술집은 토요일 이전에 다시 영업을 개시했다. 결국 이 세상 법정에서 로린의 죽음에 책임지고 처벌을 받은 사람은 아무도 없었다.

15.
슬럼가를 향한 버지니아의 계획

렉탱글은 물론 레이몬드 시를 통틀어 버지니아만큼 로린의 죽음을 아파한 사람은 없었다. 로린이 떠난 것은 그녀에게 너무나도 큰 슬픔이었다. 비록 함께 보낸 시간은 짧았지만 그녀로 하여금 새 생명에 눈을 뜨도록 해주었기 때문이다.

장례식 다음날, 버지니아는 자신의 집에 온 레이첼에게 자신의 결심을 밝혔다. 버지니아가 전날 로린의 시신이 안치되어 있던 홀 안쪽을 바라보며 말했다.

"로린과 같은 여인들의 삶을 돕기 위해 뭔가 할 생각이야. 이미 좋은 계획을 세워놓았어. 롤린 오빠와도 상의를 했고. 오빠도 내 계획에 동참하겠다고 했어."

"버지니아, 이번에는 얼마의 돈을 쓸 작정이니?"

레이첼은 이제 돈에 관해 그것이 하나님께 속한 것처럼 솔직하게 이야기하는 것이 조금도 어색하지 않았다.

"최소한 45만 달러는 사용할 계획이야. 오빠도 그만큼 기부하겠대. 사실 오빠는 회심 전의 방탕한 생활 때문에 아버지로부터 물려받은 돈의 절반을 날린 걸 매우 후회하고 있어. 아무튼 우리 둘은 힘닿는 대로 모든 준비를 하기로 마음먹었어. '예수님이라면 돈을 어떻게 사용하실까?'라는 물음에 정직하게, 그리고 지혜롭게 답하는 게 우리의 작은 바람이야. 데일리뉴스에 기부한 돈에 관해서는 예수님도 그렇게 하셨을 거라고 확신해. 특히 오늘날 술집의 영향력을 고려할 때 레이몬드 시에 교회나 대학을 세우는 일 못지않게 기독교 신문을 발행하는 일 또한 필요하다고 봐. 노먼 사장님이 50만 달러를 잘 활용하신다면 레이몬드 시에서 예수님이라면 하셨을 일들을 이루어나가는 데 큰 밑거름이 될 거야.

레이첼, 사실은 이번 새로운 계획과 관련해서 너의 도움이 필요해. 오빠와 나는 그레이 씨의 천막이 쳐져 있는 들판을 구입하려고 해. 그곳은 수년째 소송에 휘말려 있는 지역이야. 그래서 법원에서 최종 판결이 나는 대로 그 땅을 구입할 계획이야. 그동안 나는 특별히 대도시 슬럼가에서 기독교 단체와 교회를 통한 복지 사업과 그 다양한 형태들에 관해 공부해 왔어. 아직 우리 도시의 상황에 가장 효과적인 형태가 무엇인지 자신 있게 말할 수는 없어. 하지만 나의 돈, 아니 하나님께서 나에게 맡기신 돈으로 로린과 같은 불쌍한 처지의 여성들을 위한 쉼터, 그리고 여공들을 위한 숙소를 세우고 싶어.

그리고 이 계획을 위해 단순히 돈만 투자하지는 않을 거야. 나도 직접 그 문제 해결에 뛰어들 생각이거든. 오, 하나님! 도와주세요. 끊임없이 돈을 쏟아 붓고 계속적으로 개인적 희생을 감수한다고 해도 술집이 합법적으로 버젓이 서 있는 한 렉탱글의 추악한 상태는 조금도 개선되지 않을 거야. 우리 도시에서 진행되는 모든 기독교 사업도 마찬가지야. 아무리 전도와 구제를 통해 영혼들을 구원한다고 해도 술집 때문에 더 많은 사람이 악의 구렁텅이로 빠르게 빠져들고 말 테니까."

버지니아는 자리에서 일어나 홀을 거닐기 시작했다. 그 모습을 바라보며 레이첼이 희망이 가득한 목소리로 말했다.

"그래 맞아. 우리는 확실히 놀라운 일들을 할 수 있을 거야! 술집이 항상 여기에 있으라는 법은 없어. 분명 이 도시에서 기독교 정신이 승리하는 날이 오고 말 거야."

레이첼 옆으로 다가온 버지니아의 얼굴이 진지하게 빛났다.

"나도 그렇게 믿어. 예수님처럼 행동하기로 서약한 사람들의 수가 점점 늘고 있어. 만약 레이몬드 시에 그런 사람이 5백 명만 넘어도 술집은 곧 철퇴를 맞게 될 거야. 레이첼, 그래서 말인데 렉탱글을 구원하는 계획에 동참하는 차원에서 네가 할 수 있는 역할을 맡아주었으면 좋겠어. 너의 힘 있는 목소리로 말이야. 최근에 많은 생각을 했는데 그중 한 가지가 장례식 때 찬양을 부른 여자 아이들을 모아 음악학원을 세우는 일이야. 네가 그 아이들을 가르쳐주었으면 해. 그중에는 뛰어난 재능을 가진 목소리들도 있었어. 레이첼, 정말 좋은 기회야! 오르간과 악기들은 내가 가장 좋은 것으로 마련해 줄게. 그곳의 영혼들을 더 고귀하고, 더 순수하고, 더 좋은 삶으로 인도하는 데 음악만큼 좋은 게 있을까!"

레이첼은 버지니아의 말이 채 끝나기도 전에 자신에게 평생의 일이 생겼다는 기쁨 때문에 얼굴빛이 환해졌다. 그 기쁨은 레이첼의 마음과 머릿속으로 큰 파도같이 밀려들었다. 급기야 기쁨의 물결은 주체할 수 없는 눈물로 쏟아져 내렸다. 사실 그 일은 그녀도 전부터 꿈꾸던 것이었다. 그리고 자신의 재능을 올바로 사용할 수 있는 일이기도 했다.

"그렇게 하겠어."

자리에서 일어난 레이첼이 버지니아를 두 팔로 안으며 말했다. 둘은 흥분된 표정으로 함께 홀을 거닐었다.

"그래, 기꺼이 내 삶을 그 일에 바치겠어. 예수님도 나의 재능이 그런 곳에 쓰이기 원하실 거야. 버지니아, 거룩한 돈을 지렛대로 삼아 그 일들을 추진한다면 어떤 기적인들 이루지 못하겠니."

"거기에 너의 거룩한 열정이 덧붙여진다면, 우리는 확실히 큰일을 해낼 수 있어."

버지니아가 웃으면서 맞장구를 쳤다. 레이첼이 무슨 말인가를 하려고 할 때, 롤린이 집 안으로 들어왔다. 그는 레이첼을 보고 잠시 머뭇거리다가 자신의 서재로 가기 위해 홀을 가로질러 갔다. 그때 버지니아가 롤린을 불러 세웠다. 롤린이 그들 곁으로 오자 세 사람은 함께 몇 가지 계획을 의논했다. 롤린은 옆에 동생이 있었던 탓에 레이첼로 인해 동요하는 기색을 보이지 않았다. 레이첼에 대한 그의 태도는 차갑지는 않았지만 매우 의례적이었다. 그의 과거의 삶은 최근에 일어난 놀라운 회심에 완전히 함몰된 듯한 모습이었다. 그렇다고 그가 과거를 망각한 것은 아니었다. 다만, 그는 자신의 새 생명의 목적에 완전히 심취되어 있었다. 잠시 후, 롤린이 자리를 떴다. 레이첼과 버지니아는 계속 여러 가지 이야기를 나누었다.

"그런데 야스퍼에게 무슨 일이 생긴 건가?"

레이첼과 야스퍼 사이에 있었던 일을 모르는 버지니아가 순진한 표정으로 말했다. 하지만 레이첼은 그 말에 얼굴이 빨개졌다. 버지니아는 웃음을 머금었다.

"아마 지금쯤 또 다른 소설을 쓰고 있겠지. 레이첼, 이번에도 그가 소설 속에 너를 끌어들일 것 같으니? 사실 나는 야스퍼가 자신의 첫 번째 소설에 너를 등장시킨 걸 눈치 채고 있었어."

레이첼은 버지니아와 서로 허물없는 사이였기 때문에 모든 것을 솔직하게 털어놓았다.

"사실은 얼마 전 야스퍼가 나에게 청혼을 했어."

레이첼은 잠시 말을 멈췄다. 그리고 손을 마주 잡아 무릎 위에 얹은 채 앉아 있었다. 레이첼의 눈에 눈물이 고였다.

"버지니아, 그가 고백을 하기 전까지만 해도 나는 그를 사랑한다고 생각했어. 하지만 정작 그의 고백을 듣자 마음속에서 거부감이 느껴졌어. 그래서 그의 청혼을 거절했어. 그 이후로 한 번도 그를 보지 못했어."

"너에게는 다행이라고 생각해."

버지니아가 담담하게 말했다.

"왜?"

레이첼이 약간 의아하다는 표정으로 물었다.

"나는 지금까지 야스퍼를 한 번도 좋게 본 적이 없거든. 그는 너무 차가워. 그리고… 그를 판단하기는 싫지만 사실은 그가 다른 사람들과 함께 서약을 할 때 그의 신실성에 의문이 갔었어."

레이첼은 깊은 사색에 잠긴 채 버지니아를 바라보았다.

"확실히 그에게 나의 마음을 준 적은 없어. 한때 나의 감정이 흔들린 적은 있었지만. 지금도 작가로서 그의 재능을 높이 평가해. 때때로 나도 그를 좋아했다는 생각이 들기도 하거든. 아마도 그가 다른 때를 택해 사랑을 고백했다면 쉽게 동요되었을지 몰라. 하지만 지금은 아니야."

버지니아를 바라보는 레이첼의 눈에서 눈물이 흘러내렸다. 버지니아는 레이첼을 부드럽게 안아주었다.

레이첼이 돌아간 후, 버지니아는 레이첼이 마지막으로 한 말을 곰곰이 생각해 보았다. 레이첼의 태도로 봐서 뭔가 더 할 말이 있는 듯한 눈치를 느꼈기 때문이다. 하지만 레이첼이 뭔가 숨겼다는 사실에 상처받지는 않았다. 레이첼의 마음속에 단순히 아직 드러나지 않은 또 다른 감정이 자리 잡고 있다는 생각이 들었다.

그때 롤린이 다시 홀로 내려왔다. 롤린과 버지니아는 서로 팔짱을 낀 채 넓은 홀을 왔다갔다 했다. 최근 둘에게는 이와 같은 자세로 걷는 게 새로운 습관이 되었다. 둘의 대화는 렉탱글의 땅을 구입하는 계획과 관련해서 자연스럽게 레이첼에게로 옮겨졌다.

"오빠는 레이첼처럼 놀라운 재능을 가진 사람이 자신의 삶을 남을 위해 기꺼이 바치는 것을 본 적 있어? 레이첼은 앞으로 렉탱글에서 음악을 가르칠 예정이야. 아이들을 가르치면서 렉탱글에 사는 사람들이 문화적 혜택을 누릴 수 있도록 할 계획이지."

"자기희생의 좋은 본보기군."

롤린이 약간 딱딱한 목소리로 말하자 버지니아가 예리한 눈빛으로 롤린을 쳐다보았다.

"쉽게 찾아볼 수 없는 아름다운 행동이라고 생각하지는 않아?"

버지니아는 여섯 명의 유명한 성악가를 예로 들면서 레이첼의 행동과 비교했다.

"오빠는 그와 같은 행동을 할 수 있겠어?"

"물론 쉽게 할 수 없지."

롤린이 짧게 대답했다. 버지니아가 조심스럽게 말을 꺼냈다.

"오빠, 오빠는 왜 갑자기 레이첼에게 그렇게 무뚝뚝하게 대하는 거야? 내 말이 상처가 된다면 미안해. 다만 레이첼이 오빠의 태도 때문에 불편한가 봐. 좀 편안하게 대해줘. 그렇게 한다고 레이첼이 부담스러워하지는 않을 거야."

롤린이 갑자기 멈춰 섰다. 매우 동요된 모습이었다. 그는 팔짱을 풀더니 홀 끝까지 걸어갔다. 그런 다음 돌아서서 뒷짐을 진 채 다시 버지니아에게로 왔다.

"버지니아, 너는 나의 비밀을 알잖니?"

이 말에 버지니아는 약간 어리둥절한 표정을 지었다. 하지만 그녀도 뭔가를 알고 있다는 듯한 얼굴이었다. 롤린이 애써 차분하게 말했다.

"지금까지 레이첼 외에 내가 사랑한 사람은 아무도 없어. 사실 나는 레이첼이 우리 집에 와서 너와 오페라 단장의 제안 문제로 상의하던 날, 그녀에게 청혼을 했었다. 그녀는 뜻밖에도 나의 청혼을 거절했어. 나에게 인생의 목적이 없다는 거야. 사실 틀린 말은 아니지. 하지만 버지니아, 지금은 삶의 목적도 있고 새사람이 된 상황에서 그녀를 어떻게 대해야 할지 모르겠어. 무슨 말인지 이해가 가니? 내가 회심하게 된 것은 전적으로 레이첼의 찬양 때문이야. 나는 그녀의 찬양 소리를 통해 하나님의 음성을 들을 수 있었어. 그녀를 향한 나의 개인적 사랑이 하나님과 구세주를 향한 사랑으로 승화된 거지."

잠시 침묵한 롤린은 이번에는 견딜 수 없다는 듯 감정을 드러낸 채 말을 이었다.

"지금도 그녀를 사랑해. 하지만 그녀가 나를 사랑하리라고는 생각하지 않아."

그는 슬픈 미소를 띤 채 동생의 얼굴을 바라보았다.

"그런 일이 있었구나."

버지니아가 낮게 중얼거렸다.

그녀는 오빠의 잘생긴 얼굴을 유심히 바라보았다. 그동안 방탕했던 삶의 흔적은 온데간데없고, 그의 굳게 다문 입술에서는 남자다운 기백을 엿볼 수 있었다. 롤린은 맑고 솔직한 눈방울로 버지니아의 눈을 응시하고 있었다. 버지니아는 오빠가 이제 정말로 성숙한 사람으로 변했다는 생각이 들었다. '레이첼도 머지않아 이와 같은 남자를 사랑하게 되지 않을까?' 두 사람 모두 예수님 안에서 삶의 목적을 정한 상태였기 때문에 서로 잘 어울릴 것 같았다.

버지니아는 롤린에게 자신의 생각을 말해주었다. 하지만 롤린은 그 말을 위안으로 삼지 않았다. 버지니아는 오빠가 레이첼을 의식적으로 피하지는 않겠지만 일부러 그녀를 만나는 일을 만들지는 않을 것이라는 느낌을 받았다. 실제로 롤린은 자신의 감정을 조절할 자신이 없었다. 버지니아는 오빠가 레이첼을 향한 자신의 변함없는 사랑이 다시 거절당할까 봐 매우 두려워한다는 걸 알았다.

16.
노먼 사장의 새로운 시도

　다음날, 버지니아는 노먼 사장을 만나기 위해 신문사를 방문했다. 새로운 형태의 신문 발행을 앞두고 구체적으로 자신이 담당해야 할 역할을 의논하기 위해서였다. 맥스웰 목사도 그 자리에 함께했다. 세 사람은 만약 예수님이 데일리뉴스 신문의 발행인이시라면 구세주로서 언행과 일치된 원칙 아래 신문을 만드실 것이라는 사실에 동의했다. 의논이 한창일 때 노먼 사장이 말했다.
　"여기 예수님이라면 하실 일이라고 생각되는 것을 몇 가지 적어 보았습니다."
　노먼 사장은 책상 위에 놓여 있던 종이 한 장을 들고 읽기 시작했다.

예수님이 데일리뉴스 신문의 발행인인 에드워드 노먼이라면 하실 일들.
　1. 사람들에게 자극적이거나 악영향을 주는 기사나 사진은 싣지

않으실 것이다.
2. 정치 문제의 경우, 정치색을 배제한 애국적 입장에서 다루실 것이다. 그리고 항상 하나님 나라의 관점에서 조명하실 것이다. 또한 특정 정당의 이익이 아닌 정의 차원에서 사람들의 복지를 우선하는 정책을 지지하실 것이다. 정치 문제뿐만 아니라 모든 문제를 하나님 나라의 완성의 관점에서 다루실 것이다.

노먼 사장은 잠시 읽는 것을 중단하고 고개를 들었다.
"이것은 어디까지나 제 개인의 의견입니다. 예수님이 하실 만한 행동에 관해 저와 다르게 생각하는 신문사들을 비난할 생각은 없습니다. 저는 다만 솔직하게 '예수님이 에드워드 노먼이라면 어떻게 하실까?' 라는 질문에 답하려고 했을 뿐입니다. 그리고 여기에 제가 생각한 그 답을 적었습니다."

3. 예수님이 추구하시는 일간 신문의 목적과 목표는 하나님의 뜻을 실행하는 데 있을 것이다. 즉, 신문 발행을 통한 이익 창출이나 정치적 영향력 행사가 아닌 독자들에게 먼저 하나님 나라를 구하는 모습을 보여주실 것이다. 이러한 목적은 선교나 기독교 복음 사역에서 볼 수 있는 이타적인 목적처럼 의심의 여지가 없을 것이다.
4. 유해하거나 의심스러운 광고들을 게재하지 않으실 것이다.
5. 신문사에서 근무하는 직원들과 지극한 사랑의 관계를 맺으실 것이다.

노먼 사장이 5번과 관련해 부연 설명을 했다.

"저는 예수님이라면 이 숭고한 목적을 위해 모든 사람이 협력할 수 있도록 상호 이익을 보장하는 실제적인 협조 체계를 구축하실 것이라는 생각이 들었습니다. 그래서 저도 그 관계를 실천에 옮기기 위해 노력하기로 했습니다. 또한 저는 그런 관계의 사업적 성공을 확신합니다. 사업에 개인적 사랑의 요소를 주입시키고, 반대로 개인이나 회사의 이익에만 몰두하는 이기적 원리들을 배제한다면 분명히 편집장에서부터 말단 기자, 인쇄공에 이르기까지 모든 사람 사이에 개인적 사랑의 관심이 싹트게 될 것입니다. 그런 관심은 사랑이나 공감뿐만 아니라 사업의 이익을 서로 공유하는 모습으로 표출될 것입니다."

6. 크리스천 세계에서 일어나는 일들에 지면을 할애하실 것이다. 그래서 적어도 한 페이지 정도는 개혁, 사회적 문제, 교회 기관 사업, 그리고 기독교 운동에 관한 기사들을 실으실 것이다.
7. 신문을 통해 사회의 불필요한 악이며, 인류의 적인 술집과 온 힘을 다해 싸우실 것이다. 이 문제에 관한 대중의 생각이나 구독률에 미칠 영향에 개의치 않으실 것이다.

노먼 사장이 다시 덧붙였다.

"이것은 저의 솔직한 확신입니다. 제가 이해하는 예수님은 신문의 영향력을 활용해서 오늘날의 정치계와 경제계, 사회 전반에서 술집을 완전히 몰아내는 일에 총력을 기울이실 것이라고 믿습니다."

8. 흥밋거리 위주의 일요일 판 신문을 발행하지 않으실 것이다.

9. 사람들이 꼭 알아야 하는 뉴스만을 실으실 것이다. 잔인한 살인 사건이나 연속되는 범죄, 사생활 차원에서의 스캔들, 또는 기타 앞에서 언급한 행동 원리에 어긋나는 선정적인 사건들은 사람들이 알 필요가 없기에 싣지 않으실 것이다.
10. 자신과 뜻을 같이하는 강인한 의지를 가진 최고의 크리스천 남녀들을 집필진으로 세우실 것이다.
11. 이와 같은 큰 원칙 가운데 신문을 발행하면서 구체적인 내용들을 계속 보완하실 것이다. 하지만 언제나 변함없는 원리는 하나님 나라의 실현일 것이다.

노먼 사장은 종이에 적힌 내용을 다 읽은 다음 맥스웰 목사와 버지니아를 번갈아 보며 말했다.

"아직 더 많이 고민해야 하지만 제게는 강력한 신문사를 만들기 위한 최소한 백 가지 이상의 아이디어가 있습니다. 여기 적은 것들은 그중 일부에 불과합니다. 저는 이 문제를 가지고 직원들과 여러 차례 회의를 했습니다. 개중에는 나약하고 감상적인 주일학교 스타일의 청사진이라고 평가하는 직원들도 있었습니다. 그렇지만 오히려 주일학교와 같이 순수한 결과를 만들어낼 수 있다면 더할 나위 없이 좋은 신문이 될 것이라고 생각합니다. 주일학교가 아이들의 미래에 얼마나 큰 영향을 주는지 고려할 때, 왜 사람들이 나약한 것을 주일학교에 비교하는지 이유를 모르겠습니다. 좋은 신문이라고 나약한 것은 아닙니다. 오히려 좋은 신문은 나쁜 신문보다 더 강력한 힘을 발휘합니다. 한 가지 저에게 여전히 남아 있는 의문은 레이몬드의 크리스천들이 과연 우리 신문을 지지해 줄 것인가 하는 점입니다. 이 도시에는 약 2만 명 이상의 크리스천이 살고 있습니다. 그들 중 반만이라도 우리 신문을 지지해 준다면 큰 어려움 없이 신문을 발행할 수 있습니다. 맥스웰 목사님은 크리스천들의 지지 가능성에 관해 어떻게 생각하십니까?"

사실 맥스웰 목사 역시 그 점이 의문이었다.

"지지 여부는 그야말로 크리스천들 개개인의 선택인 만큼 자신 있게 답변해 드릴 수 없네요. 하지만 저는 전적으로 데일리뉴스 신문을 신뢰하고 지지합니다. 버지니아 페이지 양이 말한 것처럼 앞으로 일 년 정도만 기독교 정신에 입각한 신문이 발행되더라도 정말 놀라운 변화들이 일어날 것입니다. 분명 데일리뉴스가 나아갈 방향은 기독교 세계관에 입각해서 예수님의 정신에 위배되는 이기주의와 물질주의, 향락주의에 빠져 있는 세상을 변화시키는 것입니다. 그러기 위해서는 최고 수준의 사고와 행동이 필요할 것입니다. 즉, 이 세상에서 가장 최고의 지성일지라도 최선을 다해 자신의 능력을 발휘하지 않으면 안 될 것입니다."

"명심하겠습니다."

노먼 사장이 겸손한 자세로 말했다.

"분명히 초기에는 많은 실수가 있을 것입니다. 또한 지혜도 모자랄 것입니다. 하지만 반드시 예수님의 원칙대로 할 것입니다. 저는 서약 이후 지금까지 계속해서 '예수님이라면 어떻게 하실까?' 라는 질문을 해왔습니다. 그리고 앞으로도 계속 이 질문을 할 것이며, 어떤 결과가 예상되든 순종할 생각입니다."

"이제 비로소 이해할 수 있을 것 같아요."

옆에서 조용히 듣고 있던 버지니아가 다소곳이 말했다.

"베드로후서에 나오는 '우리 주, 곧 구주 예수 그리스도의 은혜와 그를 아는 지식에서 자라가라' 는 말씀 말이에요. 예수님이라면 어떻게 하실지 알기 위해서는 그분을 보다 더 잘 알아야 한다고 생각해요."

맥스웰 목사가 빙긋이 웃으며 말했다.

"저도 최근에야 예수님이라면 하실 만한 행동을 깨닫기 위해 그분의 영을 더욱 알아갈 필요성을 느끼기 시작했어요. 실제로 '예수님이라면 어떻게 하실까?' 라는 질문은 예수님을 보다 깊이 있게 알기 위한 차원에서 물을 때 가장 큰 힘을 발휘할 수 있습니다. 따라서 예수님을 닮기 위해 행동하기 전에 그분을 먼저 잘 알아야 합니다."

노먼 사장은 그 모임에서 버지니아로부터 기독교 세계관에 입각한 신문 발행을 위한 50만 달러의 기부금을 받았다. 맥스웰 목사와 버지니아가 돌아가고 난 후, 노먼 사장은 사무실 문을 닫고 성령의 임재 속에서 어린아이와 같이 순수하게 전능하신 아버지께 도움을 청하는 기도를 드렸다. 무릎을 꿇고 기도를 드릴 때 시종일관 다음과 같은 약속의 말씀이 들렸다. "누구든지 지혜가 부족하거든 모든 사람에게 후히 주시고 꾸짖지 아니하시는 하나님께 구하라. 그리하면 주시리라." 그의 기도에 관한 응답이 확실했다. 노먼 사장은 감개무량했다. 그동안 인간들의 욕망을 충족시켜주던 보조 수단에 불과했던 데일리 뉴스가 이제 세상을 변화시키는 하나님의 강력한 도구로 바뀌어 가고 있었기 때문이다. 이제 하나님의 나라가 점진적으로 확장되는 일만 남아 있었다.

그로부터 두 달이 지났다. 그 두 달 사이에 레이몬드 시, 특별히 제일교회에는 엄청난 변화들이 있었다. 한여름의 문턱에서도 예수님을 따르기로 서약한 사람들의 강의실 모임은 열정적으로 이어졌다. 그레이 씨는 렉탱글 사역을 마치고 돌아갔다. 그 지역의 상태는 외형적으로 과거와 별 차이가 없어 보였다. 하지만 수백 명의 영혼이 진정으로 변화되었다. 그러나 여전히 성업 중인 술집과 도박장에서 넘쳐나는 악의 기운 때문에 마치 빈자리를 메우듯이 또 다른 새로운 사람들이 악의 수렁으로 빠져들었다. 실로 사탄은 재빠르게 자신의 자녀들을 벌충했던 것이다.

맥스웰 목사는 자신과 약속대로 휴가를 가지 않았다. 대신 그 돈으로 렉탱글의 더러운 빈민가를 한 번도 떠나본 적이 없는 어느 가족의 휴가를 주선했다. 맥스웰 목사는 그 일로 보낸 한 주간을 평생 잊지 못할 것이다.

어느 무더운 날, 맥스웰 목사는 렉탱글로 갔다. 너무 더러운 주위 환경으로 인해 찌는 듯한 더위가 더욱 견디기 힘들게 느껴졌다. 가까스로 형태를 유지하고 있는 한 아파트 건물에 들어선 맥스웰 목사는 그 가족이 살고 있는 집을 찾아 노크를 했다. 한 남자가 문을 열어주었다. 맥스웰 목사는 그 남자와 잠시 인사를 나누었다. 그 남자에게는 아내와 병을 앓고 있는 아기, 그리고 세 명의 자녀가 있었다. 자녀 중 한 명은 소아마비였다. 오랫동안 실직 상태에 있었던 그 남자는 나중에 맥스웰 목사에게 고백한 것처럼 여러 번 자살을 시도한 전력이 있었다. 지난해 렉탱글 지역을 휩쓸고 간 열병 때문에 다른 세 명의 자녀를 잃은 그 남자의 아내 역시 인생고로 인해 크게 지쳐 있었다.

맥스웰 목사는 그 가족과 함께 기차를 타고 어느 아름다운 해변으로 갔다. 그 남자는 기차 여행 내내 아기를 안은 채 깊은 생각에 잠겨 있었다. 그 남자의 아내는 줄곧 차창 밖을 바라보며 하늘과 바다, 그리고 들판의 아름다운 정경에 도취했다. 그녀에게는 이번 여행이 마치 기적처럼 여겨졌다. 맥스웰 목사의 안내로 해변에 있는 한 크리스천의 집에 도착한 그 가족은 한동안 어리둥절한 표정을 지었다. 하지만 처음으로 시원한 바다 공기를 마시고, 새로운 기운을 느끼게 하는 소나무 향기를 맡자 이내 즐거워했다. 그 가족이 잘 적응하는 것을 확인한 맥스웰 목사가 레이몬드로 돌아가려고 할 때 그 남자가 맥스웰 목사의 손을 잡았다. 그 남자는 목이 메는 눈치였다. 그리고 마침내 주저앉아 울기 시작했다. 맥스웰 목사는 당황하지 않을 수 없었다.

다시 레이몬드로 돌아온 맥스웰 목사는 기절할 정도로 찌는 듯한 더위와 맞부딪혔다. 잠깐 바닷바람을 쐬고 왔기 때문에 더욱 더운 것 같았다. 하지만 맥스웰 목사는 자신이 누린 기쁨으로 인해 하나님께 감사드렸다. 그는 자신의 인생에서 거의 처음으로 특별한 희생을 치렀다는 사실을 깨달으며 다시 한 번 새롭게 겸손한 제자도의 삶을 다짐했다. 이전에는 휴식이 필요하든지, 필요치 않든지 무조건 여름만 되면 레이몬드 시를 떠나 휴가를 갔던 그였다.

맥스웰 목사는 아내 말고는 아무도 자신이 다른 가족의 휴가를 주선한 일을 알지 못했다는 사실에 안도의 한숨을 쉬었다. 그는 그런 일일수록 조용히 추진해야 한다고 생각했다. 일전에 그가 여름휴가를 떠나지 않겠다고 발표했을 때, 교인들은 의아해 하며 질문 공세를 퍼부었다. 맥스웰 목사는 별일 아니라는 듯 담담히, 그리고 간단히 대답했다.

"사실입니다. 올해는 휴가 계획이 없습니다. 건강에도 이상이 없고 여기 있는 게 오히려 더 좋습니다."

여름이 더욱 깊어갔다. 그와 비례해 맥스웰 목사는 주님에 관한 지식으로 더욱 자라갔다. 제일교회에 타오른 성령의 불길은 꺼질 줄을 몰랐다. 맥스웰 목사는 계속적인 성령의 임재에 놀라지 않을 수 없었다. 물론 그는 처음부터 이와 같은 성령의 임재가 있었기에 새로운 제자도의 삶을 방해하는 여러 시련 가운데에서도 교회가 분열되지 않고 하나로 유지되어 왔다는 사실을 잘 알고 있었다. 심지어 지금도 서약을 하지 않은 사람들 중에는 레이첼의 어머니인 윈슬로우 부인처럼 서약운동을 하나의 광신적인 크리스천 운동으로 규정하고, 곧 옛날의 정상적인 상태로 돌아오기를 고대하는 이도 많았다. 그럼에도 제자로서 삶을 약속한 사람들은 흔들림 없이 성령의 지배 아래 살았다. 맥스웰 목사는 여름 내내 기쁨으로 교인들을 돌보며 파워즈 씨와 약속한 대로 철도공장 직원들과 정기적인 모임을 계속 유지했다.

기나긴 무더위가 한풀 꺾이고 시원한 바람이 불기 시작한 8월의 어느 이른 오후, 야스퍼 체이스는 자신의 아파트 창가에서 거리를 내려다보았다. 그의 책상에는 원고 뭉치들이 수북이 쌓여 있었다. 레이첼에게 자신의 고백을 거절당한 이후로 그는 한 번도 사람들을 만나지 않았다. 유별나게 예민한 성품, 누군가의 방해를 받으면 극도로 성을 낼 정도로 예민한 성품 때문에 그는 그동안 고립된 삶을 살았다. 그와 같은 고립된 삶은 작가로서의 그의 습관 때문에 더욱 정도가 심했다고 할 수 있었다. 여름의 무더위 속에서도 그는 내내 방 안에서 글을 썼다. 그의 소설은 이제 거의 완성 단계에 있었다. 그는 그동안 소설의 완성을 위해 미칠 듯한 정열을 바쳤다. 그와 같은 정열마저 없다면 마치 무력한 사람이 될 것 같은 위기의식 때문에 더욱 원고에 매달렸다.

물론 그는 교회에서 다른 사람들과 함께 했던 서약을 잊지 않고 있었다. 소설을 쓰는 동안에도 자신의 서약이 줄곧 머릿속에서 맴돌았다. 특히 레이첼이 자신의 청혼을 거절한 이후 수없이 "예수님이라면 어떻게 하실까? 그분은 이와 같은 이야기를 쓰실까?"라고 물었다. 지금 그가 쓰는 소설은 통속적인 스타일의 사교계 이야기였다. 오직 독자들의 흥미를 돋우기 위한 목적으로 쓴 소설이었다. 이야기의 도덕적 교훈은 그다지 나쁘지 않았다. 하지만 기독교적 가르침이라고 할 수는 없었다. 야스퍼는 이런 유의 이야기가 잘 팔린다는 사실을 알고 있었다. 사교계 사람들이 무엇을 좋아하는지 잘 알고 있었던 것이다.

그는 예수님이라면 이와 같은 소설을 쓰지 않으실 것이라는 생각이 들었다. 그는 기분이 가장 좋지 않을 때 머릿속에 예수님에 대한 생각이 떠오르자 화가 났다. 작가인 자신에게는 예수님의 기준이 너무 이상적일 수 있었다. 하지만 예수님이라면 자신의 능력을 사용하셔서 유용하고 도움이 되는 글, 또는 목적이 있는 글을 쓰실 것이라는 사실을 부인할 수 없었다. '지금 나는 무엇을 위해 이 소설을 쓰고 있는가? 거의 모든 작가가 추구하는 돈과 명예가 아닌가?' 이와 같은 목적으로 그가 새로운 소설을 쓴다는 것은 모두가 다 아는 사실이었다. 그는 부유했기에 돈을 벌기 위해 글을 써야 하는 부담감은 없었다. 반면, 명예에 관해서는 큰 집착이 있었다. "예수님이라면 어떻게 하실까?"라는 질문은 레이첼의 거절보다 그를 더욱 괴롭혔다. '나는 나 자신과의 약속을 깨뜨릴 것인가? 하지만 이 약속이 결국 무슨 의미가 있는가?'

여러 가지 잡념에 사로잡혀 창가에 서 있을 때 맞은편 클럽에서 롤린 페이지가 나오는 게 보였다. 야스퍼는 거리를 걸어가는 롤린의 잘

생긴 얼굴과 고귀한 자태를 주목했다. 책상으로 돌아와 원고지를 뒤적거리던 야스퍼는 다시 창가로 갔다. 이번에는 한 블록 떨어진 거리에서 롤린과 레이첼이 함께 걸어가는 모습이 보였다. 그는 롤린이 버지니아를 만나고 돌아가던 레이첼과 우연히 만난 것이 틀림없다고 생각했다.

야스퍼는 두 사람이 시야에서 완전히 사라질 때까지 지켜보았다. 그리고 다시 글을 쓰기 시작했다. 마침내 소설의 마지막 페이지가 완성되었을 때 밖에는 이미 어두움이 짙게 깔려 있었다. 그날 밤, 야스퍼는 "예수님이라면 어떻게 하실까?"라는 질문 앞에서 결국 주님을 부인하고 말았다. 그의 방 안은 점점 어두워져 갔다. 이처럼 그가 의식적으로 주님을 부인하게 된 데에는 자신이 느낀 실망과 상실감이 크게 작용했다. 하지만 예수님은 말씀하셨다. "손에 쟁기를 잡고 뒤를 돌아보는 자는 하나님의 나라에 합당치 아니하니라."

17.
방탕했던 롤린의 소명의 발걸음

야스퍼가 창가에서 내려다보고 있던 그날 오후, 거리를 걷고 있었던 롤린은 레이첼에 대해 생각하지도, 그녀를 만나리라고 예상하지도 않았다. 그런데 한길로 들어서다가 갑자기 뒤에서 그녀가 자신을 부르는 소리를 들었다. 롤린은 그녀를 보는 순간 자신의 가슴이 쿵쾅거리며 뛰는 것을 느꼈다. 자신의 삶에서 거부할 수 없는 사랑을 만나자 너무도 기뻤기 때문이다. 둘은 함께 걸었다. 그녀가 먼저 입을 열었다.

"막 버지니아를 만나고 오는 길이에요. 렉탱글 토지 구입 문제가 거의 마무리 단계라고 들었어요."

"그렇습니다. 마침내 법원에서 최종 판결이 났거든요. 버지니아가 당신에게 건물 신축에 관한 구체적인 계획도 얘기해주었나요?"

"그래요. 우리는 많은 것을 함께 검토했어요. 버지니아가 어떻게 그런 멋진 아이디어를 생각해 냈는지 정말 놀라워요."

"버지니아는 역사학자인 아놀드 토인비와 런던의 이스트앤드 지역, 그리고 미국의 교회 기관들의 빈민 사역을 통해 많은 것을 배웠어요. 여름 내내 그 분야에 관련된 정보를 수집해 왔거든요."

롤린은 레이첼과 앞으로 펼쳐질 구제 사업에 관해 이야기하며 전보다 한결 편안한 느낌을 받았다. 서로에게 안전한 공통의 관심사였기 때문이다. 갑자기 레이첼이 다정하게 물었다.

"이번 여름 내내 어떻게 지내셨어요? 자주 뵙지 못해서요."

순간 그녀는 롤린에게 너무 많은 관심을 보였다는 듯이, 아니면 그를 자주 보지 못한 아쉬움을 들키기라도 한 듯이 얼굴에 붉은 홍조를 띠었다.

"몹시 바빴어요."

롤린이 짧게 대답했다. 그러자 그녀가 롤린을 진지하게 바라보며 매우 솔직하게 말했다.

"무슨 일 때문에 바쁘셨는지 조금만 얘기해주세요. 제가 이런 부탁드려도 괜찮죠?"

"물론 괜찮습니다."

롤린이 우아한 웃음을 지어 보였다.

"짧은 시간에 많은 것을 말씀드릴 수는 없지만 그동안 알고 지내던 사람들을 만나 그들이 더 보람 있는 삶을 살도록 전도를 했어요. 그리고…."

그는 갑자기 더 말하기가 쑥스러운 듯 말을 멈췄다. 하지만 레이첼은 그 이유를 알 수 없었다.

"그리고…, 나도 당신과 버지니아처럼 예수님을 따라 살기로 서약을 했습니다. 그래서 그동안 여러 가지 일을 하면서 항상 '예수님이라면 어떻게 하실까?' 라는 질문에 대답하려고 노력해 왔습니다."

그의 말에 놀란 레이첼이 소프라노 톤으로 탄성을 질렀다.

"와, 정말이세요? 버지니아가 제게 아무 말도 해주지 않아 몰랐어요. 당신이 예수님과의 서약을 지키기로 하셨다니 정말 훌륭하세요. 그럼 클럽에 더는 나가지 않으실 건가요?"

롤린이 호탕하게 웃으면서 대답했다.

"매우 직접적으로 물어보시는군요. 그렇지 않아도 그 문제의 답을 찾고 있는 중이에요. 집회에서 회심하던 날 밤, 스스로에게 물었습니다."

그는 이 부분에서 약간 떨리는 목소리로 빠르게 말했다.

"내가 예수님의 제자로서 취할 수 있는 인생의 목표는 무엇인가라고 말입니다. 그러자 생각하면 할수록 점점 더 뚜렷하게 십자가를 져야 한다는 생각이 들었습니다. 그리고 누군가를 위해 십자가를 져야 한다면 가장 고독한 사람들, 바로 클럽에 다니며 전에 나처럼 시간과 돈을 낭비하는 자들이라는 생각이 들었습니다.

오늘날 교회들은 렉탱글 사람들과 같이 가난하고 비참한 사람들을 돌봐줍니다. 그리고 노동자들의 필요를 채워주려고 노력하면서 일반 시민들을 대상으로 전도를 합니다. 또한 해외에 선교사들을 파송하고 선교 헌금을 보내기도 하죠. 때문에 정작 이 도시의 사교계에서 방탕한 삶을 사는 젊은 남자들, 바로 클럽에 다니는 사람들은 복음의 사각지대에 놓여 있습니다. 그들 또한 복음이 필요한 사람들입니다.

나는 이렇게 생각했습니다. '나는 그들을 잘 알고 있다. 나도 한때 그들과 같은 부류였다. 나는 렉탱글 사람들을 전도하기에는 부적합하다. 그리고 그들에게 어떻게 전도해야 하는지도 모른다. 하지만 돈과 시간을 낭비하며 사는 그들에게는 쉽게 접근할 수 있다.' 그래서 그때부터 클럽 사람들에게 복음을 전했습니다. 그것이 '예수님이라면 어떻게 하실까?' 라는 질문에 관한 나의 답이었습니다. 그것이 또한 나의 십자가이기도 하고요."

롤린은 마지막 문장의 의미를 생각하듯 낮은 목소리로 말했다. 레이첼은 거리의 소음 때문에 그 말을 알아듣기 힘들었지만 전체적인 말뜻은 알아차렸다. 그녀는 롤린에게 전도를 위해 어떤 방법을 사용하는지 묻고 싶었다. 하지만 어떻게 물어야 할지 몰랐다. 그의 계획에 관한 레이첼의 관심은 단순한 호기심 그 이상이었다. 레이첼의 눈에 롤린은 더는 이전에 자신에게 청혼했던 사교계의 한 남자가 아니었다. 그와 대화를 나누는 동안 마치 낯선 사람을 대하듯 생소한 느낌마저 들었다.

어느덧 그들은 한길에서 벗어나 레이첼의 집으로 가는 거리를 걷고 있었다. 전에 롤린이 레이첼에게 왜 자신을 사랑할 수 없는지 이유를 물었던 바로 그 길이었다. 그로 인해 둘은 동시에 갑작스러운 부끄러움을 느꼈다. 레이첼은 그날 일을 잊지 않고 있었다. 롤린 역시 그 일을 잊을 리 만무했다. 그녀는 마침내 긴 침묵을 깨고 아까부터 묻고 싶었지만 마땅한 단어를 찾지 못해 망설였던 질문을 했다.

"클럽 친구들을 비롯한 사교계 사람들에게 복음을 전할 때 어떻게 하시나요? 그리고 그들은 어떤 반응을 보이나요?"

롤린은 레이첼의 관심에 신이 나는 표정이었다.

"개개인에 따라 달라요. 사실 클럽의 많은 사람이 나를 매우 까다로운 사람이라고 생각해요. 그래서 먼저 사람들에게 좋은 모습을 보이려고 노력하고 있어요. 전도에 걸림돌이 되지 않기 위해 지혜롭게 행동하는 거죠. 한 가지 다행스러운 사실은 그들이 나를 피하지 않는 다는 점입니다. 좋은 징조라고 생각해요. 그동안 얼마나 많은 사람이 복음에 관심을 보였는지 알면 당신도 놀라실 겁니다. 믿기 힘드시겠지만 며칠 전만 해도 열두 명의 사람과 종교 문제를 놓고 솔직하고 진지한 대화를 나누었어요. 대화를 마쳤을 때, 그들 중 일부가 나쁜 습관을 버리고 새 삶을 살기로 결심한 것을 보고 얼마나 기뻤는지 몰라요. 더 놀라운 것은 그들 중 일부가 렉탱글 사역에 관심을 보였다는 것입니다. 그들은 자신들도 그 사역에 돈을 기부하겠다고 했어요. 그뿐만 아니라 나는 여러 명의 젊은이가 도박을 끊도록 하는 방법을 찾았어요. 지금도 나는 '예수님이라면 어떻게 하실까?'라고 계속 묻고 있습니다. 믿음이 많이 부족하기 때문에 그 답을 찾기가 쉽지는 않지만요."

롤린은 너무나도 열정적으로 말했다. 그의 얼굴빛은 자신의 진정한 삶의 한 부분이 된 고귀한 주제를 향한 관심 때문에 완전히 다른 모습으로 변해 있었다. 레이첼은 그의 말에서 강인하고 남자다운 면모를 볼 수 있었다. 또한 그가 기쁨으로 십자가를 지고 있지만, 그 짐이 결코 가볍지는 않다는 사실도 엿볼 수 있었다. 레이첼은 마치 그의 새로운 삶을 공정하게 평가하려는 재판관처럼 말했다.

"혹시 제가 당신에게 인생의 목적이 없다고 말씀드린 걸 기억하세요?"

롤린은 흥분을 가라앉히려고 노력하며 레이첼의 얼굴을 주의 깊게 바라보았다. 지금까지 본 레이첼의 모습 중 가장 아름다웠다.

"롤린, 그러니까 제가 당신에게 꼭 말씀드리고 싶은 것은 당신이 서약의 의미를 이해하고 용기와 충성을 다해 지키려고 하는 모습을 보고 당신을 존경하게 되었다는 거예요. 당신이 지금 추구하시는 삶은 정말 너무나 고귀해 보여요."

그녀의 말을 들은 롤린은 너무 기쁜 나머지 하늘로 솟구쳐 오를 것만 같았다. 레이첼도 그런 그의 기쁨을 감지할 수 있었다. 둘은 함께 말없이 걸었다. 마침내 롤린이 말했다.

"감사합니다. 그렇게 말씀해주시다니 정말 큰 힘이 됩니다."

그는 다시 한 번 레이첼의 얼굴을 바라보았다. 레이첼은 그의 표정에서 자신에 대한 사랑을 읽을 수 있었다. 하지만 그는 전처럼 사랑을 고백하지는 않았다.

롤린과 헤어진 후 집으로 돌아온 레이첼은 자신의 방에 앉아서 손으로 얼굴을 감싼 채 생각했다. '고귀한 사람으로부터 사랑을 받는다는 게 어떤 것인지 이제 조금 알 것 같아. 아, 결국 나는 롤린을 사랑하게 되겠지. 아니, 레이첼 윈슬로우! 지금 무슨 생각을 하고 있는 거야. 너는 벌써 잊었니?'

그녀는 일어서서 방 안을 서성거렸다. 깊이 동요된 모습이었다. 하지만 분명히 지난번과 같은 후회나 슬픈 감정은 아니었다. 그녀의 마음속에서 이제껏 느껴보지 못한 새로운 감정이 싹트고 있었다. 그날 늦은 저녁, 마침내 그녀는 크리스천의 삶에 그와 같은 사랑의 공간이 용납될 수 있다는 사실을 깨닫고 기뻐했다. 남녀간의 사랑의 감정은 실로 제자로서 삶의 자연스러운 일부분이었다. 그리고 그녀가 만약 누군가를 사랑하게 된다면 그 상대는 롤린이 될 것이었다. 그는 신실한 크리스천이고, 그녀가 전부터 사랑했던 사람이기 때문이다! 아마도 롤린이 거듭나지 않았다면 그녀에게 이와 같은 심경의 변화는 일어나지 않았을 것이다.

한편, 롤린도 레이첼에게서 청혼을 거절당한 날부터 한 번도 가져보지 못한 희망을 품게 되었다. 이와 같은 희망을 가지고 그는 하루하루 전도에 열중했다. 그로 인해 전보다 더 많은 사람을 전도할 수 있었다.

여름이 끝나고 레이몬드에 다시 한 번 혹독한 겨울이 찾아왔다. 그동안 버지니아가 명명한 '렉탱글 구원 작전'은 상당한 성과를 거두었다. 하지만 들판에 건물을 짓는 일과 황량하고 벌거벗은 곳을 매력적인 공원으로 만드는 일은 너무나도 방대한 사업이었기 때문에 아직도 완성까지는 상당한 시간이 필요했다. 그렇지만 예수님의 방식대로 행동하기를 원하는 사람들이 마음과 물질을 쏟는 한, 분명히 큰 기적이 일어날 것이었다.

어느 날 오후, 맥스웰 목사는 철도공장 직원들과 함께 새로운 사역이 한창인 현장을 방문했다. 그는 그곳에 엄청난 변화가 일어나고 있는 것을 보고 놀랐다. 하지만 맥스웰 목사는 돌아오는 길에 깊은 고민에 빠지지 않을 수 없었다. 수많은 사람이 길가에 즐비하게 늘어선 술집들로 들어가는 광경을 보았기 때문이다. 그는 그 잔인한 소굴들을 바라보면서, 그리고 타락한 남녀들을 바라보면서 속으로 역겨움과 가련함을 동시에 느꼈다. 그로 인해 그는 렉탱글 지역에서의 사역에 관해 다시 한 번 생각해보지 않을 수 없었다. 분명 놀라운 성령의 능력으로 행해진 제일교회와 천막 집회를 통한 구원 사업은 렉탱글 지역에 큰 영향을 미쳤다. '지금까지 렉탱글 지역에서 이루어진 사역은 정말 놀랍지 않은가! 버지니아와 레이첼의 사역, 그리고 그레이 씨의 집회만 하더라도 얼마나 가시적인 성과가 있었는가!'

반면, 과연 이 지옥 구덩이 같은 곳에 수백만 달러를 쏟아 부은들 무슨 성과가 있을 것인지 자문하지 않을 수 없었다. '술집이라는 치명적인 요소가 합법적으로 존재하는 한, 저 사람들의 불행의 씨앗을 제거하기란 애당초 불가능한 것이 아닐까? 악과 범죄의 샘이 저토록 깊게, 그리고 강력하게 흐르고 있는 상황에서 버지니아와 레이첼과 같은 몇몇의 이타적인 크리스천이 그 악의 흐름을 저지하기란 역부족이 아닐까? 그들의 희생으로 많은 영혼이 구원을 받을지라도 술집들이 오히려 더 많은 사람을 타락시킨다면, 그들의 아름다운 삶은 실질적으로 낭비라고 할 수 있지 않을까?'

버지니아도 레이첼에게 렉탱글 지역에서 술집들이 근절되지 않는 한 진정한 성과를 거둘 수 없다고 말한 적이 있었다. 맥스웰 목사는 술집 허가 문제에 관한 자신의 신념을 더욱 공고히 하며 교회로 돌아왔다. 술집들이 레이몬드 시의 삶에서 한몫을 담당했다면, 그에 못지않게 제일교회와 예수님의 발자취를 따르기로 서약한 사람들의 모임도 레이몬드 시의 삶에서 큰 역할을 차지했다. 맥스웰 목사는 그 운동의 중심에 서 있었기 때문에 제삼자의 입장에서 그 영향력을 평가하기는 힘들었다. 레이몬드 시는 정확한 이유는 알지 못했지만, 여러 면에서 그 운동의 영향을 느끼고 있었다.

겨울이 지나면서 맥스웰 목사가 교인들에게 예수님의 방식대로 행동할 것을 요구한 일 년의 약속 기간이 끝이 났다. 서약 1주년 기념 주일은 제일교회 역사상 가장 뜻 깊은 날이었다. 또한 제일교회 교인들이 느끼는 것 이상으로 매우 중요한 날이기도 했다. 지난 일 년 동안 역사가 빠르게, 그리고 매우 진지하게 흐른 탓에 교인들도 그 의미를 제대로 이해하지 못했기 때문이다. 기념식 날, 서약자들은 그동안의 경험을 이야기했다. 하지만 여전히 자신들이 한 일이 앞으로 어떤 가치를 지닐 것이며, 그들의 시도가 전국의 교회와 도시에 어떤 파장을 불러일으킬지 알지 못했다.

기념식에는 특별히 시카고에 있는 나사렛애비뉴교회의 캘빈 브루스 목사가 참석했다. 옛 친구들을 만나기 위해 일주일 전에 레이몬드 시를 방문한 그는 우연히 신학교 동기인 맥스웰 목사를 만나 기념식에 참석하게 된 것이었다. 그는 큰 관심을 가지고 기념식 광경을 주의 깊게 지켜보았다.

18.
캘빈 브루스 목사의 장문의 편지

기념식에서 놀라운 감동을 받고 돌아온 캘빈 브루스 목사는 자신과 친한 뉴욕의 필립 캑스턴 목사에게 장문의 편지를 썼다.

"친애하는 캑스턴 목사님께!
 지금은 주일 늦은 밤입니다. 하지만 오늘 낮에 보고 들은 일에 도취되어 도저히 잠이 오지 않습니다. 그래서 지금부터 꼭 일 년 전에 시작되어 오늘 절정에 이른 레이몬드 시의 감동을 전해드리고자 이렇게 편지를 씁니다. 아무쪼록 이를 위해 장문의 편지를 쓰는 것을 용서해주시기 바랍니다.
 목사님도 우리의 신학교 동기인 헨리 맥스웰 목사를 기억하실 겁니다. 일전에 제가 뉴욕을 방문했을 때, 목사님이 졸업한 이후 한 번도 그를 보지 못했다고 말씀하신 기억이 납니다. 제가 생각하기에 그는 세련된 학자풍 친구였지요. 그가 신학교를 졸업한 후 레이몬드 제일교회의 청빙을 받아 갔을 때 저는 아내에게 '레이몬드가 좋은 선택을 했군. 사람들은 분명히 맥스웰 목사의 설교를 좋아할 거야'라고 말했죠. 그 후 그는 11년째 계속 같은 교회에서 시무하고 있습니다. 제가 듣기에 그는 지난해까지만 해도 일반적인 목회 스타일로 성도들을 만족시키면서 차츰 교인 수를 늘렸다더군요. 그 결과, 그의 교회는 레이몬드 시에서 가장 크고 부유한 교회로 성장했습니다. 교인들도 대부분 세련되고 존경받는 부유층 사람들로 그렇게 까다롭지 않습니다. 4중창 성가대는 아주 뛰어난 찬양으로 유명했고, 특히 솔리스트로 섬기는 윈슬로우 양의 목소리는 사람들의 영혼을 사로잡았습니다. 그녀에 관해서는 뒤에 더 자세히 말씀드리겠습니다. 이처럼 맥스웰 목사는 좋은 환경에서 많은 사례비를 받으며 안정된 목회를 해왔습니다. 실로 맥스웰 목사는 젊은 신학생들의 선망의 대상이 될 만한 교회와 교인들을 가지고 있었습니다.

그런데 지금으로부터 일 년 전 주일 아침에 맥스웰 목사가 예배를 마친 후 갑자기 교인들에게 일 년 동안 '예수님이라면 어떻게 하실까?'라는 질문을 하고 결과에 상관없이 그 원칙에 따라 행동하기로 서약할 것을 제안했습니다. 그러자 많은 교인이 이 제안을 받아들였습니다. 그리고 그 결과는 너무나도 엄청나서 목사님도 아시다시피 온 나라가 이 운동에 주목하게 되었습니다. 저는 이것을 '운동'이라고 부르고 싶습니다. 그 이유는 이곳에서 시작된 서약의 물결이 앞으로 다른 교회들에도 퍼져 삶의 방식, 특히 제자도를 새롭게 정의하는 데 있어 큰 변화를 몰고 올 것이 분명하기 때문입니다.

처음에는 맥스웰 목사 자신조차도 교인들의 적극적인 참여를 보고 크게 놀랐다고 합니다. 일부 유명 인사들까지도 예수님의 행동 방식대로 실천할 것을 서약했기 때문입니다. 눈에 띄는 인물로는 먼저 데일리뉴스 신문의 사장인 에드워드 노먼 씨를 들 수 있습니다. 그는 지금 신문업계에서 큰 반향을 불러일으키고 있습니다. 그 다음으로는 레이몬드 시를 대표하는 기업인 중 한 사람인 밀턴 라이트 사장과 알렉산더 파워즈 씨를 들 수 있습니다. 파워즈 씨는 자신이 다니던 철도회사의 불법 행위를 폭로해 사회적으로 큰 파문을 일으킨 주인공입니다. 또한 레이몬드 시의 상류층을 대표하는 버지니아 페이지 양도 서약에 동참했습니다. 그녀는 최근에 자신의 전 재산을 기독교 세계관에 입각해 새롭게 발행될 데일리뉴스 신문과 빈민가로 악명 높은 렉탱글의 구제 사업을 위해 헌금했다고 합니다. 앞서 말씀드린 윈슬로우 양도 빼놓을 수 없습니다. 그녀는 높은 지명도를 가진 성악가임에도 불구하고 예수님의 행동 방식에 순종해서 앞으로 도시에서 버림받은 소녀와 젊은 여성들을 상대로 음악을 가르치는 일에 자신의 재능을 사용할 예정입니다.

제일교회뿐만 아니라 최근에는 주위의 다른 교회에서도 서약자가 점차 증가 추세에 있다고 합니다. 최근에 예수님의 방식대로 행동할 것을 서약한 자원자 대부분은 봉사회 소속의 젊은 교인들이라고 하는군요. 이 젊은이들은 이미 자신들의 단체에서 '나는 주님께 그분이 시키는 일이라면 무엇이든지 하기로 약속한다' 라는 다짐 아래 행동해 왔던 자들입니다. 물론 이 다짐이 맥스웰 목사가 제안한 서약과 완전히 똑같은 것은 아닙니다. 맥스웰 목사의 제안은 제자로서 예수님이 우리의 입장에서 하실 방식대로 살자는 것입니다. 하지만 그는 예수님께 어떤 다짐을 하든 그 결과는 실제적으로 같다고 말합니다. 그래서 그는 봉사회 소속의 많은 젊은이가 새로운 제자도의 대열에 동참한 것을 전혀 놀라워하지 않습니다.

목사님은 저에게 제일 먼저 다음과 같이 물으실지 모릅니다. '이러한 서약운동의 결과가 무엇인가? 그 영향은 무엇이며, 그것이 교회와 지역 사회에 어떤 변화를 가져왔는가?' 목사님도 이미 전국에 퍼진 레이몬드 시의 소식을 통해 여기서 일어난 사건들에 관해 어느 정도 알고 계시리라 믿습니다. 하지만 진정으로 예수님의 발자취를 따라가는 삶이 무엇인지 알기 위해서는 이곳에 오셔서 개인의 변화, 특히 교회의 변화를 직접 보셔야 합니다. 그 모든 것을 일일이 말씀드리자면 이야기가 길어져 책으로 묶어야 될 것입니다. 그러므로 이곳에 있는 친구들과 맥스웰 목사로부터 들은 대로 이곳에서 이루어진 일들을 간략히 설명 드리겠습니다.

제일교회의 서약운동의 결과는 두 가지 양상으로 나타났습니다. 첫째, 성도들 사이에 크리스천의 동지애가 생겼다는 것입니다. 맥스웰 목사의 말에 의하면 이 동지애는 전에는 한 번도 없었던 것으로 초대교회에서 볼 수 있었던 크리스천의 교제와 매우 흡사하다고 했습니다. 둘째, 이로 인해 교인들이 두 그룹으로 명확하게 갈라지게 되었다는 것입니다. 서약을 하지 않은 사람들은 서약을 한 사람들이 예수님의 모범을 바보스럽게 문자적으로 따른다고 생각하고 있었습니다. 그들 중 일부는 더는 교회에 출석하지 않거나 다른 교회로 옮겼습니다. 또 어떤 사람들은 교회 내에서 직접 분쟁을 일으키고 있었습니다. 그들은 맥스웰 목사의 사임을 요구하고 있지만, 이런 분쟁의 세력이 강력한 것은 아닙니다. 일 년 전 서약 이후로 시작된 놀라운 성령의 역사 때문에, 그리고 많은 유명 인사가 이 운동에 참여했기 때문에 분쟁의 씨앗들은 힘을 발휘하지 못하고 있습니다.

이 운동이 맥스웰 목사에게 끼친 영향도 매우 눈에 띕니다. 4년 전, 그가 주(州) 목회자연합회에서 설교하는 것을 들은 적이 있습니다. 그때 저는 그가 극적인 전달법을 사용해 매우 능숙한 설교를 한다는 인상을 받았습니다. 그리고 스스로도 그것을 의도하는 것 같았습니다. 그의 설교는 잘 짜여져 있었고, 신학생들이 이른 바 '명문장'이라고 부르는 어구들로 가득 차 있었습니다. 그러한 방식은 무엇보다 일반 회중들을 즐겁게 하는 데 큰 효과가 있을 것 같았습니다. 하지만 오늘 오전 맥스웰 목사의 설교는 완전히 달랐습니다. 그는 엄청난 영적인 변화를 체험한 모습이었습니다. 그는 이런 변화가 크리스천의 제자도에 관한 새로운 정의를 통해 왔다고 했습니다. 실제로 그의 목회 스타일과 가치관은 옛날과 완전히 달라져 있었습니다. 특히 술집 문제에 관한 그의 태도는 180도로 변했습니다. 이처럼 그는 목회와 설교, 그리고 사역에 있어 완전히 딴사람이 되었습니다. 지금 그를 움직이는 신념은 우리 시대의 기독교가 세상 속에서 보다 구체적인 고난을 체험하며 예수님을 나타내야 한다는 것이었습니다. 그는 저와 대화하는 동안 베드로서의 말씀을 여러 번 인용했습니다. '이를 위하여 너희가 부르심을 받았으니 그리스도도 너희를 위하여 고난을 받으사 너희에게 본을 끼쳐 그 자취를 따라오게 하려 하셨느니라.' 그는 오늘날 교회에 가장 필요한 것은 예수님을 위해 기쁘게 고난에 동참하는 일이라는 신념으로 가득 차 있었습니다. 제가 그의 신념에 전적으로 동의했다고 할 수는 없습니다. 하지만 그의 신념이 이 교회와 도시에 만든 결과를 보면 놀라지 않을 수 없습니다.

목사님은 서약을 충실히 이행하려고 노력한 사람들에게 어떤 결과가 나타났는지 궁금하실 겁니다. 그 결과는 개인마다 다르기 때문에 구체적으로 다 말씀드릴 수는 없습니다. 하지만 이 서약운동이 단순히 일시적이거나 전시용 행사가 아니라는 사실을 보여드리기 위해 앞에 말씀드린 몇 사람을 예로 들어 보겠습니다.

먼저 파워즈 씨의 경우를 살펴보겠습니다. 그는 이곳에 있는 L&T사의 철도공장 감독관이었습니다. 어느 날 우연히 회사의 불법 행위 증거를 포착한 그는 자신의 서약을 지키기 위해 그 사실을 폭로하면서 직장을 잃었습니다. 설상가상으로 가족 관계마저 금이 갔습니다. 아직까지도 그의 가족은 사람들 앞에 모습을 나타내지 않고 있습니다. 그들은 한때 활발하게 참여했던 사교계 모임에서마저도 완전히 모습을 감추었다고 합니다. L&T사는 파워즈 씨가 제출한 증거를 통해 불법 행위의 주동자로 판명된 사장이 사임을 했기 때문에 곧 위탁 관리 기관에 맡겨질 예정입니다. 다만 이번 사건과 관련해서 한 가지 이해가 가지 않는 점은 상법위원회가 무슨 이유에서인지 법적 조치를 계속 미루고 있다는 것입니다. 파워즈 씨는 현재 전에 하던 전신 교환원 업무를 하고 있습니다. 어제 교회에서 그를 만났는데, 맥스웰 목사처럼 인격의 변화를 경험한 모습이었습니다.

이번에는 데일리뉴스 신문의 사장이자 발행인인 노먼 씨의 경우를 들어 보겠습니다. 그는 예수님의 뜻이라고 판단되는 행동 방식에 순종하기 위해 자신과 신문사의 운명을 걸었습니다. 그는 모든 손해를 감수하고 편집 관행을 혁신적으로 바꾸었습니다. 여기 어제 날짜 데일리뉴스를 동봉해 드립니다. 시간이 되시면 한 번 자세히 읽어보시기 바랍니다. 제 생각에 이 신문은 지금까지 미국에서 발행된 것 중 가장 흥미롭고 특이한 신문이라고 여겨집니다. 이 신문은 모든 면에서 세상적인 시각과 다른 입장을 취하고 있습니다. 그로 인해 정치가와 광고주, 가십거리를 원하는 독자들로부터 많은 원성을 사고 있지만, 아마도 사람들이 이런 시각을 인정한다면 그것이 더 이상할 겁니다. 그래서 저는 그 결과에 더욱 놀라고 있습니다. 노먼 사장의 말에 의하면 처음에는 방관적 자세를 취하던 레이몬드 시의 크리스천들이 점차 지지 의사를 보이며 신문을 구독하기 시작했다고 합니다. 그는 기독교 세계관을 지향하는 신문의 성공에 관해 매우 확신에 찬 모습이었습니다. 동봉한 신문에 실린 재정 문제에 관한 그의 사설을 읽어보십시오. 또한 다가오는 레이몬드 시의 선거에 관한 기사도 함께 읽어보십시오. 이번 선거에서는 술집 허가 문제가 다시 한 번 쟁점으로 부각될 예정이라고 합니다. 노먼 사장은 사설이나 그 밖에 다른 기사를 편집할 때 항상 '예수님이라면 어떻게 하실까?'라고 묻는다고 합니다. 그래서 지금의 놀라운 결과를 거두고 있는 게 아닌가 싶습니다.

기업가인 밀턴 라이트 사장도 빼놓을 수 없습니다. 서약 이후 자신의 사업장에 엄청난 변화를 일으킨 그는 레이몬드 시에서 가장 사랑받는 인물이 되었습니다. 직원들은 그에 대해 매우 각별한 애정을 가지고 있습니다. 지난여름에 그가 중병에 걸렸을 때 많은 직원이 자원해서 그를 돌봐주고 간호해주었다고 합니다. 마침내 그가 회복되어 돌아왔을 때는 대대적인 환영을 해주었다고 하더군요. 이 모든 일은 그가 평소에 직원들을 그리스도의 사랑으로 대했기 때문입니다. 그가 보여준 사랑은 단순한 겉치레가 아닙니다. 그는 직원들에게 선심을 쓰는 듯한 태도가 아닌 진정으로 사업의 이익을 함께 공유하는 협력 관계를 유지했습니다. 절대 이익만을 추구하는 대다수의 경제계 사람들은 그를 이상한 사람처럼 바라보기도 합니다. 물론 정직과 신뢰 경영으로 몇몇 분야에서 손해를 보기도 했지만, 그의 사업은 나날

이 번창하고 있습니다.

레이첼 윈슬로우 양의 경우는 더욱 감동적입니다. 그녀는 하나님으로부터 받은 재능을 도시의 빈민들을 위해 사용할 예정입니다. 곧 무료 학원을 열어 삶에 지친 사람들에게 음악을 가르칠 계획이라고 합니다. 그녀는 자신의 평생 사역에 대단한 열의를 보이고 있습니다. 또한 그녀는 친구인 버지니아 페이지 양의 렉탱글 구제 사업에서도 큰 역할을 담당하고 있다고 합니다. 만약 그 사업이 계획대로 진행되면 렉탱글 사람들의 삶의 질이 현격하게 향상될 것입니다.

친애하는 캑스턴 목사님! 윈슬로우 양과 관련된 한 가지 낭만적인 소식을 알려 드립니다. 그녀는 한때 클럽의 핵심 멤버였던 페이지 양의 오빠와 올봄에 결혼할 예정이라고 합니다. 그동안 방탕한 삶을 살았던 페이지 군은 윈슬로우 양이 찬양을 불렀던 천막 집회에서 회심했다고 합니다. 이 두 사람이 결혼을 약속하기까지의 구체적인 연애담은 알 수 없습니다. 하지만 확실히 거기에는 흥미진진한 에피소드가 담겨 있을 것이기에 그 모든 것을 자세히 안다면 더할 나위 없이 낭만적일 겁니다.

이상에서 저는 몇몇 사람의 예를 들어 서약으로 인해 개인의 삶에 어떤 결과들이 일어났는지 말씀드렸습니다. 링컨대학의 마쉬 총장과도 만나 이야기를 들을 계획이었지만 아쉽게도 만나지 못했습니다. 그는 저의 대학 동문으로 4학년 때 처음 알았습니다. 오직 학문의 외길만을 걸어왔던 그는 최근 시민 캠페인 운동에 적극 앞장서고 있다고 합니다. 모든 사람이 다가오는 선거에서 큰 영향력을 끼칠 것으로 기대하고 있습니다. 그 역시 이 운동에 참여한 다른 사람들처럼 매우 어려운 문제와 씨름하고 있다는 인상을 받았습니다. 하지만 맥스웰 목사의 말처럼 고난의 무거운 짐을 지면서도 오히려 기쁨을 누리는 모습이었습니다.

이곳에 머무르는 동안, 저는 서약운동에 점점 더 매료되는 느낌입니다. 편지가 너무 길어졌지만 오늘 제일교회에서 있었던 모임에 관해 한 말씀 더 드리겠습니다.

앞서 말씀드린 대로 아침에 맥스웰 목사의 설교를 들었습니다. 지난주에는 그의 간곡한 부탁으로 제가 대신 설교를 했습니다. 그래서 오늘에야 4년 전 목회자연합회 이후 처음으로 그의 설교를 들을 수 있었습니다. 그의 설교는 마치 오랜 묵상 끝에 나온 진정한 영적 열매 같았습니다. 저는 큰 은혜를 받아 눈물까지 흘렸습니다. 다른 교인들도 저처럼 감동을 받은 모습이었습니다. 설교 제목은 '네게 무슨 상관이냐. 너는 나를 따르라' 였습니다. 그는 매우 인상적인 호소로 레이몬드 크리스천들에게 예수님의 가르침에 순종해 다른 사람들이 어떻게 하든 상관하지 말고 그분의 발자취를 따를 것을 강조했습니다. 아쉽지만 설교 내용을 구체적으로 다 말씀드릴 수는 없습니다. 그렇게 되면 편지가 너무 길어질 테니까요.

예배가 끝난 후 매주 열리는 서약자들의 모임이 있었습니다. 저도 같이 참석을 했습니다. 서로 사랑 속에서 진솔한 고백과 함께 각자가 처한 상황에서 '예수님이라면 어떻게 하실까?' 라는 질문들이 오갔습니다. 그리고 모든 서약자의 행동을 성령이 인도해달라는 기도가 드려졌습니다. 캑스턴 목사님! 실로 지금까지의 목회생활에서 그처럼 감동을 받은 모임은 없었습니다. 그들은 한 주간의 삶을 이야기하면서 서로에 대한 사랑의 교제를 나누었을 뿐입니다. 그런데 그 모습을 보면서 저도 모르게 1세기의 기독교로 돌아간 느낌이었습니다. 그리스도를 닮아가기 위한 이 단순한 모임에서 사도시대의 일면을 엿볼 수 있었던 거죠.

저는 그 모임에서 속으로 여러 가지 생각을 했습니다. 그중에 가장 궁금했던 것은 '이들이 과연 어디까지 자신의 재물을 희생할 수 있을까?' 라는 물음이었습니다. 맥스웰 목사는 저에게 아직까지 서약자 중에 예수님의 정신을 재물과 부를 포기하는 의미로, 예를 들어 아시시의 성 프란체스코 수도회처럼 무일푼으로 살자는 뜻으로 해석하는 사람은 없다고 했습니다. 하지만 모두들 진정한 제자라면 자신의 돈을 사용할 때 예수님의 본을 따라야 한다고 믿고 있다고 했습니다. 물론 맥스웰 목사 자신도 구체적인 재정생활, 부, 사치에 관한 예수님의 기준을 완전히 확신하지 못한다고 했습니다. 그런데도 많은 서약자가 재정적 손실에 개의치 않고 최선을 다해 예수님께 순종하기를 원한다는 사실만은 매우 분명했습니다. 그들은 담대했고 일관성이 있었습니다.

실제로 서약을 한 사업가들 중 일부는 예수님을 따르다가 큰 금전적 손해를 보기도 했습니다. 그리고 알렉산더 파워즈 씨처럼 많은 사람이 기존의 관행을 거부하고 자신의 위치에서 예수님이라면 하실 일들을 수행하다가 소중한 직장을 잃기도 했습니다. 하지만 직장을 잃은 사람들은 곧 재정적 여유가 있는 사람들로부터 도움을 받았습니다. 저는 이런 감동적인 일을 편지로 쓸 수 있다는 게 기쁩니다. 저는 이 교회 사람들이 자신이 가진 것을 서로 통용하고 있다는 인상을 받았습니다. 확실히 서약자 모임에서 목격한 장면들은 제가 시무하는 교회나 다른 여느 교회에서는 찾아볼 수 없는 광경이었습니다. 저는 이러한 크리스천의 교제가 이 세상에, 그리고 이 시대에 존재할 수 있다고 한 번도 상상해보지 못했습니다. 그래서 심지어 이것이 꿈인지 생시인지 의심하지 않을 수 없었습니다.

서약자 모임을 마치기 전, 맥스웰 목사는 전국적으로 다른 크리스천들과 연합 세력을 구축해 이 운동을 확대해 나가자고 제안했습니다. 저는 그가 오랜 심사숙고 끝에 이것을 제안했다고 생각합니다. 전날, 이 운동이 전국 교회에 미칠 영향력에 관해 토론하면서 그가 저에게 많은 것을 이야기해주었기 때문입니다. 그는 저에게 이렇게 말했습니다. '이 나라의 모든 크리스천이 예수님과 서약을 하고 살아간다면 얼마나 큰 변화가 일어날까! 그런데 그렇게 하지 말라는 법도 없잖아. 그것은 예수님의 제자로서 우리 모두가 당연히 해야 될 일이잖아. 그것도 실천하지 못하는 사람이 과연 예수님을 따르는 제자라고 할 수 있을까. 제자도의 시금석은 예수님 당시나 오늘날이나 변함이 없으니 말이야.'

그가 레이몬드 시 밖에서도 이와 같은 운동이 일어나야 한다고 말한 전후 관계는 잘 모르겠습니다. 하지만 분명한 점은 그가 미국에 있는 모든 크리스천과 연합을 계획하고 있다는 것입니다. 그는 전국 교회에 제일교회와 같은 제자 모임을 촉구할 생각입니다. 즉, 자원자들을 모아 예수님이라면 하실 방식대로 행동할 것을 서약하도록 하겠다는 것이었습니다. 특히 맥스웰 목사는 그러한 연합운동이 술집과 같은 사회문제에 미칠 영향에 관해 강조했습니다. 그는 지금 술집과의 전쟁에 매우 큰 결의를 보이고 있습니다. 그는 다가오는 선거를 통해 술집이 불허될 것이라는 사실을 조금도 의심하지 않고 있습니다. 그는 그렇게 되어야만 전도자 그레이 씨 부부가 시작했고, 지금은 자신의 교인들을 통해 수행되고 있는 렉탱글 구원사업이 더욱 힘

있게 진행될 수 있다고 했습니다. 만약 지난번 선거처럼 또다시 술집이 승리를 한다면 크리스천들의 희생이 엄청나게 낭비되는 셈이 될 것이라고 했습니다. 그의 확신대로 크리스천들이 단순히 신조가 아닌 행동으로 연합한다면, 온 나라가 더욱 순결하고 거룩한 삶을 추구하게 될 것이기에 사회와 주위 환경의 변화를 가져올 것입니다. 이를 통해 예수님을 따르는 크리스천들의 삶에 새로운 개념이 정착될 것이 분명합니다. 정말 생각만 해도 너무나 멋집니다.

친애하는 캑스턴 목사님! 이제 이 편지를 쓰게 된 진짜 이유를 말씀드려야 할 것 같군요. 저는 지금 성령의 깊은 감동을 받으며 이 편지를 쓰고 있습니다. 제일교회를 지켜보면서 한 가지 거역할 수 없는 질문을 가지게 되었기 때문입니다. 하지만 바로 여기서 저는 망설이지 않을 수 없습니다. 저도 당연히 크리스천이라면 레이몬드 사람들처럼 그리스도의 발자취를 따라가야 한다고 믿습니다. 하지만 시카고에 있는 우리 교인들에게 그런 서약을 요구한다면 어떤 결과가 나타날지 자문하지 않을 수 없습니다. 추측컨대 우리 교회에서는 애지중지하는 자신의 소유를 희생하며 이런 서약에 동참할 교인들이 열두 명도 채 되지 않을 것입니다. 목사님의 교회에서는 얼마나 나오리라고 생각하십니까? 이러한 현실에 관해 우리는 어떻게 말해야 합니까? 오늘날 교인들이 '와서 고난을 당하라'는 요청에 좀처럼 반응하지 않는다고 말할까요? 그래서 크리스천의 제자도에 관한 우리의 요구가 잘못되었다고 말할까요? 아니면 우리 자신을 속여서 사람들에게 일단 성실하게 서약할 것을 요구한 다음, 실망스러운 결과를 당연하게 받아들여야 할까요? 목회자라면 이곳 레이몬드에서 이루어진 서약의 결과들을 보고 분명 전율할 것입니다. 그래서 자신의 교회에서도 그런 일들이 일어나기를 간절히 바랄 것입니다. 저는 이처럼 성령에 의해 축복받는 교회를 한 번도 보지 못했습니다.

저는 지금 제 자신에게 '과연 나는 이런 서약을 할 준비가 되어 있는가?'라고 묻고 있습니다. 하지만 솔직히 그 물음에 답하기가 두렵습니다. 주님의 발자취를 따르기로 약속한다면 저의 삶에 많은 희생이 따라야 한다는 것을 잘 알고 있기 때문입니다. 그동안 저는 스스로를 크리스천이라고 생각해 왔습니다. 그리고 저는 지난 10년 동안 비교적 고통 없는 삶을 즐기며 살아왔습니다. 솔직히 저는 현재 도시 문제, 빈민 문제, 그리고 타락하고 버림받은 자들의 구원 문제에 거의 관여하지 않고 있습니다. 그런데 만약 이 서약에 동참한다면 저에게 어떤 요구가 주어질까요? 그 답 앞에서 저는 망설이지 않을 수 없습니다.

교인들도 저와 마찬가지라고 봅니다. 아시다시피 저희 교회는 부자 교회입니다. 교인들은 부유하고 만족스러운 삶을 살고 있습니다. 제가 보기에 그들이 생각하는 제자도는 고난과 개인적 희생과는 거리가 멉니다. 물론 제가 잘못 판단했을 수도 있습니다. 사실 그들의 삶을 더욱 깊은 차원으로 인도하지 못한 데는 저의 잘못도 클 것입니다. 캑스턴 목사님! 저는 당신에게 저의 속마음을 모두 털어놓았습니다. 다음 주일에 도시의 대형교회에 다니는 우리 교인들 앞에서 '예수님을 좀 더 가까이에서 따릅시다. 그분의 발자취를 따라 지금보다 더 많은 희생을 각오하며 살아갑시다. 예수님이라면 어떻게 하실까 하는 질문을 하고, 그 기준에 따라 행동하겠다는 서약을 합시다.'라고 외쳐야 할까요? 제가 만약 교인들에게 그런 요구를 한다면, 아마도 그들은 놀란 눈으로 쳐다보며 이상하게 생각할 것이 뻔합니다. 그 이유는 무엇일까요? 우리가 예수님을 온전히 따를 준비가 되어 있지 않기 때문일까요? 예수님을 따른다는 것이 무엇입니까? 그분을 닮아 간다는 의미가 무엇이죠? 그분의 발자취를 따라 걷는다는 것이 무슨 뜻인가요?"

캘빈 브루스 목사는 한숨을 쉬며 펜을 책상 위에 내려놓았다. 그는 지금 큰 갈림길에 서 있었다. 사실 그의 갈등은 목회를 비롯한 모든 교회 사역에서 섬기고 있는 수많은 사람의 갈등이기도 했다. 그는 무거운 죄책감에 짓눌려 있는 기분이었다. 방 안의 답답한 분위기 때문에 거의 질식할 것 같았다. 그는 창문을 열었다. 그는 하늘의 별을 바라보면서 맑은 공기를 들이마셨다. 밤은 고요했다. 잠시 후, 제일교회 시계가 자정을 알렸다. 시계 소리가 멈추자 렉탱글 쪽에서 맑고도 강한 목소리가 마치 빛나는 새의 깃털을 타고 오는 것처럼 그의 귀에 들려왔다. 화물 포장소에서 야경꾼으로 일하는, 그레이 씨의 회심자들 중 한 사람의 목소리였다. 그 야경꾼은 자신의 고독한 시간을 달래기 위해 귀에 익은 찬송가를 부르고 있었다.

"내 주의 지신 십자가
　우리는 안 질까?
　뉘게나 있는 십자가
　내게도 있도다."

창문 쪽에서 몸을 돌린 캘빈 브루스 목사는 한동안 멈칫거리다가 무릎을 꿇었다. "예수님이라면 어떻게 하실까?" 이 질문이 그의 기도 제목이었다. 지금까지 이처럼 온전히 성령의 조명을 통해 예수님의 뜻을 알려고 자신을 내놓은 적은 없었다. 그는 오랫동안 무릎을 꿇고 있었다. 그는 잠자리에 들었지만 중간 중간 잠에서 깨어났다. 결국 새벽이 되기도 전에 일어나서 다시 창문을 열었다. 그는 먼동이 트는 것을 바라보면서 속으로 '예수님이라면 어떻게 하실까? 나는 그분의 발자취를 따를 수 있을까?' 라고 되풀이해서 물었다. 태양이 떠오를수록 온 도시가 더욱 짙은 붉은빛으로 물들었다. '새로운 제자도의 물결이 예수님과 더 가까이에서 걷고자 하는 사람들에게 최후 승리를 가져다주는 날은 언제일까? 그 최후 승리를 위해 모든 크리스천들이 보다 가까이에서 예수님이 가신 그 길을 좇아갈 것인가?'

"그 길은 주님께서 걸으신 길,
　종들이 그 길을 따르지 않을까?"

캘빈 브루스 목사는 자신의 온 영혼이 이 질문에 사로잡혀 있는 것을 느끼면서 시카고로 돌아왔다. 목회자로서 그의 삶에 중대한 고비가 불가항력적으로 갑자기 다가온 듯 했다.

19.
스털링 가의 두 자매

토요일 오후, 시카고 대강당에서 열린 음악회가 막 끝이 났다. 평소와 다름없이 많은 관객이 서로 먼저 마차를 타기 위해 아우성이었다. 대강당 안내원은 연신 마차의 번호를 부르고 있었다. 그때마다 공연 내내 바깥에서 차가운 바람에 몸을 떨고 있던 마부들이 서둘러 말들을 몰아 인도 가에 마차를 대었다. 여기저기서 마차 문이 "꽝!" 하고 닫히는 소리들이 들렸다. 마차들은 고가 철도 밑에서 잠시 많은 차량과 뒤섞이더니 큰길로 접어들자 바람같이 질주해나갔다.

"624번!"

대강당 안내원이 큰소리로 외쳤다.

"624번!"

안내원이 다시 한 번 반복해서 부를 때, 문 안쪽에 금으로 'C. R. S.'라는 글자를 새긴 마차가 대강당 앞 인도 가에 도착했다. 매우 멋진 흑마들이 모는 마차였다. 자매 사이인 로즈와 펠리시아가 사람들

속에서 마차를 타기 위해 걸어 나왔다. 언니인 로즈가 먼저 마차에 올라 자리에 앉았다. 안내원은 펠리시아가 탈 때까지 계속 마차 문을 잡고 있었다. 하지만 펠리시아는 계속 머뭇거리며 서 있었다.

"어서 타! 펠리시아. 대체 뭐하고 있니? 얼어 죽을 것 같아!"

로즈가 마차 안에서 소리쳤다. 펠리시아는 언니의 말에 서둘러 자신의 드레스에서 핀으로 고정되어 있던 영국산 제비꽃 한 송이를 뽑아들어 인도에 엎드린 채 벌벌 떨고 있는 어린 소년에게 건네주었다. 꽃을 받아든 소년은 놀란 표정이었다.

"고맙습니다. 숙녀님!"

소년은 자신의 지저분한 얼굴을 아름다운 향기가 나는 꽃송이에 가져다 대었다. 이윽고 펠리시아가 마차에 올랐다. 그와 동시에 마차 문이 육중한 소리를 내며 닫혔다. 아주 잘 만든 마차에서만 들을 수 있는 독특한 소리였다. 마부는 빠른 속도로 대로를 달렸다. 마차가 화려함을 자랑하는 고급 주택가를 달리고 있을 때 로즈가 말했다.

"펠리시아, 너는 항상 그렇게 이상한 짓을 잘하더라."

펠리시아가 언니를 바라보며 반문했다.

"내가 무슨 이상한 짓을 했다고 그래?"

"조금 전 어떤 지저분한 애한테 제비꽃을 주었잖아! 하지만 그 애는 제비꽃 한 송이보다 따끈따끈하고 맛있는 저녁이 더 필요한 눈치던데. 네가 그 애를 우리 집에 초대하지 않은 게 신기해. 네가 그렇게 했어도 아마 놀라지 않았을 거야. 너는 항상 그런 이상한 짓을 잘하니까."

펠리시아가 마치 자신에게 속삭이듯 조용히 말했다.

"불쌍한 아이를 집에 데려와서 따뜻한 저녁을 먹이는 게 뭐 이상한 일인가?"

그러자 로즈가 동생을 핀잔하는 듯한 태도로 대답했다.

"사실 '이상하다'라는 말로는 좀 약하지. 블랑크 부인의 말처럼 '괴상하다'라고 표현하는 게 더 옳을 거야. 확실히 그래. 어쨌든 그와 같은 거지 애들을 우리 집에 데려올 생각은 제발 하지 마라. 오, 이런! 너무 피곤하네."

로즈가 두 팔을 벌린 채 긴 하품을 했다. 그동안 펠리시아는 부드러운 눈길로 창밖을 바라보았다. 로즈가 약간 큰소리로 말했다.

"음악회는 너무 지루했어. 특히 바이올린 연주는 정말 따분하더라. 그런데도 너는 어쩜 그렇게 음악에 깊이 빠져 있을 수가 있니? 나는 정말 너를 모르겠어."

"나는 음악을 좋아해."

펠리시아가 환하게 웃으며 대답했다.

"하기야 너는 뭐든지 좋아하지. 너처럼 싫어하는 게 없는 사람도 본 적이 없으니까."

칭찬인지 조롱인지 알 수 없는 말에 펠리시아의 얼굴이 약간 붉어졌다. 하지만 아무런 대꾸도 하지 않았다. 로즈는 다시 하품을 하더니 콧노래로 유행가를 부르기 시작했다. 그리고는 그날 밤에 공연될 연극으로 화제를 돌렸다.

"모든 게 따분해. 하지만 오늘 밤에 공연되는 런던의 그늘은 재미있을 거야."

"런던의 그늘?"

"그래, 런던의 그늘! 다소 슬픈 내용이지만 훌륭한 무대 장식으로 유명한 연극이야. 뉴욕에서 두 달 동안 대성황을 이루었대. 오늘 밤에 델라노 가족과 함께 보러 가기로 한 거 기억 안 나니?"

펠리시아의 갈색 눈동자가 매우 의미 있게 빛났다.

"하지만 우리는 실제 삶에서 일어나는 일들에 관해서는 슬퍼하지 않아. 사람들이 무대 위의 런던의 그늘을 보면서 실제로 존재하는 런던이나 시카고의 그늘진 곳을 얼마나 생각하겠어? 우리는 왜 그토록 현실에 무관심한 태도를 보일까?"

"그 이유는 실제 그곳 사람들은 더럽고, 추하고, 너무 성가시기 때문이지."

로즈가 아무 생각 없이 대답했다.

"펠리시아, 너는 절대 이 세상을 변화시킬 수 없어. 그렇게 말한들 무슨 소용이 있겠니. 그들의 가난하고 비참한 삶은 우리의 잘못 때문이 아니야. 부자와 가난한 자는 이전부터 항상 존재해 왔어. 그리고 앞으로도 그럴 거고. 오히려 지금 우리가 부자인 것에 감사해야지."

"하지만 예수님은 다르게 행동하셨다고 생각해."

펠리시아는 오늘따라 집요한 모습을 보였다.

"몇 주 전에 브루스 목사님이 '우리 주 예수 그리스도의 은혜를 너희가 알거니와 부요하신 이로서 너희를 위하여 가난하게 되심은 그의 가난함으로 말미암아 너희를 부요하게 하려 하심이라' 는 성경 말씀을 본문으로 설교하신 거 기억해?"

"물론 기억하고 있지."

로즈는 동생이 성경 말씀을 들먹이자 귀찮다는 듯이 대답했다.

"그렇지만 목사님은 가난한 사람들에게 친절하게 대해주고 그들의 필요를 위해 베풀어준다면 부자라고 비난받을 이유는 없다고 하지 않으셨니. 나는 목사님 자신조차 매우 안락한 삶을 사신다고 생각해. 그리고 그분은 배고픈 사람들을 보고 자신의 돈을 선뜻 내놓으실 분도 아니야. 또 그렇게 한들 무슨 소용이 있겠니? 펠리시아, 너에게 다시 말하지만 우리가 무엇을 하든 가난한 자와 부자는 항상 있기 마련이야. 사실 레이첼 언니가 레이몬드 시에서 일어난 이상한 사건들에 관해 편지를 보낸 이후로 너는 계속 집안 식구들을 당황하게 만들고 있어. 사람은 항상 잠깐 동안의 들뜬 감동만으로 살아갈 수는 없어. 두고 봐. 레이첼 언니도 곧 제자리로 돌아올 거야. 언니가 시카고 대강당에서 노래를 부르지 않는 게 정말 유감이야. 오페라 입단 제의도 받았다면서 말이야. 아무튼 나는 레이첼 언니에게 편지를 써서 이곳으로 오라고 조를 거야. 언니의 노랫소리가 정말 듣고 싶거든."

마차는 고급 주택가를 두 블록 지나 어느 저택의 나무로 뒤덮인 진입로로 들어선 다음 현관 앞에 멈춰 섰다. 궁전과 같이 화려한 장식으로 치장된, 회색빛 돌들로 지어진 웅장한 건물이었다. 자매는 마차에서 내려 집 안으로 들어갔다. 실내는 호화로운 그림, 동상, 미술품, 그리고 세련된 현대식 장식들로 한껏 부유한 분위기를 풍기고 있었다.

이 저택의 주인인 찰스 스털링 씨는 시가를 피우며 벽난로 앞에 서 있었다. 그는 곡물 투기와 철도사업으로 많은 돈을 번 부자였다. 소문에 의하면 재산이 2백만 달러 이상이라고 했다. 그의 아내는 레이몬드에 사는 윈슬로우 부인의 동생으로 수년 동안 병마에 시달리고 있었다. 로즈와 펠리시아는 그들의 자녀였다. 스물한 살의 로즈는 아름다운 외모에 쾌활했으며, 부유층 자녀들이 다니는 대학을 나와 이제 막 사회에 첫발을 내딛었다. 하지만 때때로 냉소적이면서도 무관심한 면이 있었다. 스털링 씨가 보기에 큰딸 로즈는 가끔씩 잘 놀다가도 쉽게 토라지기 때문에 비위를 맞추기가 힘들었다. 열아홉 살의 펠리시아 역시 아름다운 미모를 지니고 있었다. 그녀의 따뜻하고 친절한 감정은 이제 막 크리스천으로서의 삶에 눈을 뜨기 시작하고 있었다. 그녀는 자신의 솔직한 감정을 거침없이 표현했기 때문에 아버지를 당황시켰고, 그녀의 순수한 모습에 어머니는 종종 짜증을 내기도 했다. 그녀 안에는 깊은 미지의 생각과 행동이 잠재되어 있었고, 그녀도 서서히 그것을 느끼고 있었다. 실로 양심적인 신념 위에서 자유로이 행동할 수 있는 여건만 허락된다면 어떤 상황도 마다하지 않고 참고 나아갈 수 있는 의지의 소유자였다.

"펠리시아, 너에게 편지가 왔다."

스털링 씨가 자신의 작은딸에게 편지를 건네며 말했다.

펠리시아가 편지 봉투를 뜯으며 기쁘게 말했다.

"레이첼 언니의 편지예요."

"그래 뭐라고 썼느냐?"

스털링 씨가 손에 시가를 들고 눈을 반쯤 감은 채 마치 심문하는 사람처럼 물었다.

"레이첼 언니가 그러는데 브루스 목사님이 레이몬드에서 두 주 동안 머무르셨대요. 그리고 맥스웰 목사님의 서약운동에 관해 매우 흥미 있어 하시는 모습이셨대요."

"레이첼 언니는 어떻게 지낸다니?"

로즈가 소파에 놓인 우아하게 장식된 쿠션들 위로 몸을 던지며 물었다.

"여전히 렉탱글에서 노래를 하고 있대. 천막 집회가 끝난 이후로는 언니의 친구가 계획한 새 건물이 완성될 때까지 낡은 회관에서 노래를 부르고 있나 봐."

스털링 씨가 새 시가를 꺼내 불을 붙이며 말했다.

"레이첼에게 편지를 써서 시카고를 방문하라고 해야겠다. 그런 지저분한 곳에서 자신의 재능도 제대로 알아주지 못하는 사람들에게 괜히 시간만 낭비하다니, 그럴 순 없지."

로즈가 아버지의 말이 당연하다는 듯 나섰다.

"레이첼 언니는 정말 이상해. 이곳 대강당에서 노래를 부르면 시카고 사람들이 모두 열광하게 될 텐데. 바보같이 자신의 목소리를 알아주지도 못하는 사람들 속에 파묻혀 살고 있으니."

그러자 펠리시아가 마치 레이첼을 대변하듯 말했다.

"레이첼 언니는 이곳에 오는 일이 자신의 서약과 상반된다면 절대 오지 않을 거야."

"아까 그 서약운동 말이냐?"

스털링 씨가 물었다. 그리고 갑자기 뭔가 생각난 듯이 말했다.

"오, 그래 이제 알겠다. 정말 특이한 서약이더군. 레이몬드의 서약자들 중 한 명인 알렉산더 파워즈는 한때 나의 친구였지. 우리는 같은 사무실에서 전신 업무를 배웠어. 그 후 철도회사로 옮긴 그는 최근 자신이 다니던 회사의 불법 행위를 폭로해 전국에 큰 파문을 일으켰지. 그 사건으로 직장을 잃고 지금은 다시 전신 일을 한다고 하더라. 듣자하니 지난 일 년 동안 레이몬드 시에서는 그 밖에도 이상한 사건이 정말 많이 일어났더구나. 레이몬드에 다녀온 브루스 목사가 그곳 일에 관해 무슨 생각을 하고 있는지 궁금하군. 그와 한 번 이야기를 해봐야겠어."

"목사님은 지금 댁에 돌아와 계시고, 내일은 교회에서 설교하실 예정이시래요."

펠리시아가 자신도 빨리 브루스 목사를 만나보고 싶은 듯한 목소리로 말했다.

"아마도 레이몬드 제일교회의 서약운동에 관한 말씀이 있으실 것 같아요."

잠시 침묵이 흘렀다. 그때 펠리시아가 마치 보이지 않는 사람에게 자신의 생각을 말하듯이 불쑥 말을 꺼냈다.

"목사님이 우리들에게도 똑같은 서약을 제안하시면 어떻게 하죠?"

"너 지금 무슨 말을 하는 거냐? 설마 브루스 목사가?"

스털링 씨가 다소 날카롭게 반응했다.

"목사님이 우리 교회에서 '예수님이라면 어떻게 하실까?' 라는 질문을 하고, 그 기준에 따라 모든 일을 하기로 서약할 것을 제안하신다면 무슨 일이 일어날까 말이에요."

마침 식사 시간을 알리는 벨 소리가 울리자 로즈가 소파에서 일어나면서 펠리시아의 말을 잘랐다.

"절대 그럴 리는 없을 거야."

스털링 씨 역시 무뚝뚝하게 대답했다.

"내 생각에 그 서약은 현실성이 없어."

하지만 펠리시아의 생각은 달랐다.

"레이첼 언니의 편지를 보면 제일교회가 서약운동을 다른 교회들에 파급시키기 위해 노력하고 있는 것 같아요. 그 노력이 성공을 거둔다면 모든 교회와 크리스천의 삶에 큰 변화가 일어날 거예요."

"오, 그래! 그런데 먼저 식사부터 하자."

로즈가 식당으로 가면서 놀리듯이 말했다. 스털링 씨와 펠리시아가 그 뒤를 따랐다. 그들은 조용히 식사를 했다. 스털링 부인은 자신의 방에서 따로 식사를 했다. 스털링 씨는 식사 내내 깊은 시름에 잠긴 모습이었다. 그는 식사를 조금만 하고서는 시내에 볼일이 있어 나간다는 말을 남긴 채 외출을 했다. 그가 식당에서 나간 후, 펠리시아가 아버지를 걱정하며 말했다.

"언니, 요즘 아버지께서 몹시 심란해 하시는 것 같지 않아?"

"나는 잘 모르겠는데! 아버지한테서 아무런 이상한 느낌도 받지 못했어."

로즈가 건성으로 대답했다. 그녀의 관심은 오직 오늘 밤에 볼 연극에 가 있었다.

"펠리시아, 오늘 밤에 약속대로 연극 보러 갈 거지? 델라노 부인이 7시 반까지 우리 집으로 오기로 했어. 만약 네가 가지 않으면 델라노 부인이 크게 실망할 거야."

"갈게. 나야 가든 안 가든 상관없어. 그 연극을 보지 않더라도 그늘진 곳은 충분히 볼 수 있으니까."

로즈가 식탁에서 일어서며 말했다.

"열아홉 살짜리 여자아이 말치고는 정말 서글프구나. 확실히 너는 별난 데가 있어. 그건 그렇고 펠리시아, 위층에 올라가서 어머니를 보거든 연극을 보고 돌아올 때까지 주무시지 않으면 그때 올라가서 뵙겠다고 말해 줘."

펠리시아는 위층의 어머니 방으로 갔다. 그리고 델라노 가의 마차가 올 때까지 어머니 곁을 떠나지 않았다. 최근 스털링 부인은 남편에 대한 걱정으로 안절부절못하고 있었다. 그 때문에 작은딸의 말 한마디 한마디에 짜증을 냈다. 레이첼의 편지를 읽어주려고 해도 들으려고 하지 않았다. 펠리시아가 연극을 보러가는 대신 같이 있어 주겠다고 했지만 스털링 부인은 매우 완강하게 거절했다.

펠리시아는 겉으로는 아무렇지도 않은 듯 연극을 보러 갔지만 마음은 무척 슬펐다. 그렇지만 그녀는 그런 슬픈 감정에 익숙해 있었다. 오늘 밤, 그녀는 자신만의 세계에 몰입해 있고 싶었다. 그래서 무대 막이 오른 뒤에도 특별석에 앉아 있는 일행 뒤에서 홀로 생각에 잠겨 있었다. 여섯 명의 사교계 처녀의 보호자 자격으로 동행한 델라노 부인은 로즈를 통해 펠리시아가 다소 별나다는 말을 자주 들었기 때문에 구석에 앉은 그녀를 사람들과 어울리도록 억지로 끌어들이려고 애쓰지 않았다. 덕분에 펠리시아는 아무런 방해 없이 혼자서 자신의 감정에 몰입해 있을 수 있었다. 그날의 슬픈 감정은 마치 앞으로 그녀에게 닥칠 커다란 불행을 암시하는 것 같았다.

영국의 멜로드라마를 각색한 연극은 놀라운 상황 설정, 실감나는 무대 장면, 그리고 예기치 않은 클라이맥스로 가득 차 있었다. 심지어 제3막의 한 장면에서는 무감각한 로즈조차도 감동을 받았다.

그 장면의 배경은 한밤중 런던의 블랙프라이어즈 다리였다. 그 아래로 템스 강이 어둠을 품은 채 조용히 흐르고 있었다. 근처에 있는 성 바울 대성당은 희미한 불빛 속에 그 위용을 과시하고 있었다. 그 둥근 지붕은 주위의 건물들 위로 솟아 둥실 떠 있는 듯한 모습이었다. 이때 다리 입구에 소녀 하나가 나타났다. 소녀는 누군가를 찾는 듯 열심히 주위를 둘러보았다. 여러 사람이 다리를 건너고 있었다. 그런데 다리 중간쯤에 서 있던 한 여인이 갑자기 다리 난간 위로 올라갔다. 관객들은 고뇌에 찌든 그녀의 얼굴에서 무슨 행동을 하려는지 금세 알아차릴 수 있었다. 그녀가 강물 위로 몸을 던지기 직전 그녀를 발견한 소녀가 인간의 소리라기보다는 차라리 상처 입은 짐승처럼 날카롭게 울부짖으며 달려와 온 힘을 다해 난관 위에 서 있는 여인의 다리를 붙잡았다. 곧이어 앞선 장면에 등장했던 두 사람이 다시 나타났다. 한 사람은 키가 크고 우람한 체격에 부티 나는 옷을 입은 잘생긴 신사였고, 또 한 사람은 그 신사를 따라온 가냘픈 소년이었다. 소년은 자살하려는 여인을 끌어안고 있는 소녀처럼 세련된 외모와 옷차림을 하고 있었다. 반면, 소년과 소녀의 어머니인 여인은 가난에 찌든 사람처럼 끔찍할 정도로 더러운 누더기 옷을 입고 있었다. 신사와 소년도 자살을 기도하는 여인을 만류했다. 이 극적인 장면에서 관객들은 신사와 자살을 기도한 여인이 서로 남매간이라는 사실을 알게 되었다.

무대 장식이 런던의 동쪽에 위치한 빈민가의 어느 셋집 내부로 바뀌었다. 이 장면에서 무대 장치 담당자와 화가는 비참한 삶을 사는 버림받은 사람들의 생활상과 거리 모습을 매우 실감나게 연출해내기 위해 자신들의 역량을 최대한 발휘한 듯 했다. 누더기 같은 옷차림, 비좁은 방, 더러운 실내, 부서진 가구들, 그리고 하나님의 형상에 어울리지 않는 동물과 같은 생활상들이 너무나도 정교하게 묘사되어 있었다. 그 때문에 실크 커튼과 벨벳 난간으로 치장된 특별석에 앉아 있던 로즈를 비롯해 극장 안에 있던 우아한 차림의 여인들은 마치 가까이 있으면 그 소름 끼치는 장면 속으로 빨려들 것 같은 착각에 몸을 뒤로 젖히지 않을 수 없었다. 극의 진행과 상관없이 푹신한 의자에 파묻힌 채 자신의 생각에만 몰입해 있던 펠리시아 역시 그 장면을 보고 놀라는 표정이었다.

연극은 셋집에서 다시 어느 귀족의 대저택 내부로 옮겨졌다. 자신들에게 익숙한 상류층의 호화스러운 생활 장면이 나오자 극장 안의 사람들은 그제야 안도의 한숨을 쉬었다. 실로 너무나 큰 대조였다. 그 몇 분 사이에 빈민가와 대저택 장면을 모두 보여줄 수 있었던 것은 뛰어난 무대 장치 기술 덕분이었다. 연극은 물 흐르듯이 계속 진행되었다. 다양한 역을 맡은 배우들이 무대 위를 왔다갔다 했다. 하지만 펠리시아의 머릿속에는 여전히 한 가지 인상만이 남아 있었다. 극중에서 사건들은 다리와 빈민가 장면에서만 일어났다. 펠리시아는 그런 장면 속에서 자신이 사는 모습을 반복해서 상상했다.

지금까지 그녀는 인간의 비참한 삶의 원인에 관해 깊이 있게 생각해 본 적이 없었다. 그리고 깊이 있게 생각할 수 있는 나이도 아니었다. 하지만 오늘따라 그녀는 그 물음을 강렬하게 느꼈다. 물론 상류층과 하류층 사이의 극명한 대조를 피부로 느낀 것이 이번이 처음은 아니었다. 그와 같은 생각은 전부터 그녀의 마음속에 점진적으로 자리 잡고 있었다. 그래서 언니인 로즈와 그녀를 잘 아는 부유한 친구들로부터 "이상하다"거나 "별나다"는 말을 자주 듣고 있었다. 부의 화려함과 가난의 비참함 사이에 나타나는 극명한 차이 때문에 무의식중에 그런 사실들을 부정하려고 애썼지만, 그 인상은 그녀의 뇌리 속에서 불처럼 너무나 생생해서 도저히 지울 수 없었다. 그 강렬한 인상으로 인해 이후에 그녀는 결국 세상을 위해 보기 드문 사랑과 자기희생을 실천하는 여인으로 변하든가, 아니면 자신뿐만 아니라 자신을 아는 사람들에게 단순히 기괴한 수수께끼 같은 존재로 변하든가 하는 선택의 기로에 서게 되었다.

순간, 로즈의 날카로운 목소리에 펠리시아의 생각들이 부서져내렸다.

"펠리시아, 집에 안 갈 거니?"

어느새 연극이 끝나고 막이 내려와 있었다. 사람들이 요란스럽게 나가면서 〈런던의 그늘〉이 마치 무대 위에서 매우 효과적으로 연출된 하나의 단순한 허구인 양 웃으면서 연극에 관한 이야기를 나누고 있었다. 펠리시아는 연극이 어떻게 끝났는지도 모른 채 몰입했던 자신의 생각의 끝자락을 계속 붙잡으려고 애쓰며 다른 사람들과 함께 극장을 빠져나왔다. 그날, 연극 내내 그녀가 멍한 상태로 있었던 것은 아니다. 다만 군중과 격리되어 혼자 깊은 사색에 빠져 있었던 것뿐이다.

"아까 본 연극에 관해 어떻게 생각하니?"

집에 도착한 두 사람이 응접실에 들어서자마자 로즈가 물었다. 로즈는 평소에 연극에 관한 펠리시아의 안목만큼은 진정 높이 평가하고 있었다.

"현실을 잘 묘사한 작품이라고 생각해."

"아니, 내 말은 배우들의 연기 말이야."

로즈가 짜증 섞인 말투로 말했다.

"다리 장면이 압권이었어. 특별히 어머니 역을 맡은 여배우의 연기가 돋보였어. 남자는 감정 표현이 약간 지나쳤던 것 같아."

"너도 그렇게 생각했니? 나도 그 장면이 재미있었어. 처음에 사촌 관계인 줄 알았던 그 두 남녀가 나중에 남매라는 사실이 밝혀지는 게 정말 웃기지 않았니? 그런데 빈민가 장면은 정말 소름 끼치더라. 그런 장면들은 연극에서 보여주지 않았으면 좋겠어. 너무 고통스러웠거든."

"실제 삶은 더욱 고통스러울 거야."

로즈가 펠리시아의 말을 무시하듯 반응했다.

"그렇겠지. 하지만 우리가 그들의 실제 삶을 일부러 볼 필요는 없어. 연극 속에서 보는 것만으로도 충분해."

로즈는 그런 이야기는 관심 밖이라는 듯 식당으로 가서 찬장에서 과일과 케이크가 담겨 있는 접시를 꺼내 먹기 시작했다. 잠시 후에 응접실 벽난로 앞에 계속 앉아 있던 펠리시아가 식당을 향해 큰소리로 물었다.

"어머니를 뵈러 올라갈 거야?"

"아니."

로즈가 입에 음식을 문 채로 대답했다.

"오늘 밤에 어머니를 성가시게 하고 싶지 않아. 올라가거든 너무 피곤해서 지금 상태가 말이 아니라고 전해 줘."

펠리시아는 긴 계단을 따라 올라가 위층에 있는 홀을 지나 어머니 방으로 갔다. 방 안에서 불빛이 새어 나오는 게 보였다. 아직 주무시지 않는 모양이었다. 어머니를 간호하는 하인이 그녀에게 들어오라고 손짓했다. 펠리시아가 침대 곁으로 다가가자 스털링 부인이 말했다.

"클라라에게 잠시 나가 있으라고 해라."

펠리시아는 무슨 일인지 궁금해 하며 곧 어머니의 말대로 클라라에게 나가 있으라고 했다. 그런 다음 어머니의 기분을 물었다. 스털링 부인이 대답 대신 말했다.

"펠리시아, 너 기도할 수 있니?"

펠리시아는 평소와 다른 어머니의 부드러운 태도에 다소 놀랐다.

"물론이죠, 어머니. 그런데 무얼 위해 기도하죠?"

"펠리시아, 나는 요즘 무척 두렵단다. 네 아버지…, 온종일 네 아버지 때문에 이상한 두려움을 느끼고 있어. 네 아버지에게 무슨 나쁜 일이 생길 것 같아. 그래서 네가 기도를 해주었으면 한다."

"지금 여기서요?"

"그래, 펠리시아."

펠리시아는 어머니의 손을 잡았다. 어머니의 손이 떨리는 것이 느껴졌다. 지금까지 스털링 부인은 딸에게 그런 약한 모습을 보인 적이 없었다. 겉보기에 약간 이상한 요구 같았지만, 그것은 스털링 부인이 자신의 딸인 펠리시아의 인격을 처음으로 인정한다는 표시와도 같았다. 펠리시아는 어머니의 떨리는 손을 잡은 채 무릎을 꿇고 간절히 기도했다. 자신이 정말 이제까지 그렇게 큰소리로 기도한 적이 있는지 싶었다. 스털링 부인은 기도하는 동안 낮은 목소리로 흐느꼈지만, 조금 전의 불안함은 많이 사라진 듯 했다. 작은딸의 기도에서 자신에게 절실히 필요한 말들을 들은 것이 분명했다. 펠리시아는 어머니 방에서 한동안 더 머물러 있었다. 그녀는 시간이 너무 늦었다는 생각이 들자 자신의 방으로 가기 위해 일어서며 말했다.

"어머니, 안녕히 주무세요. 혹시 밤중에 또 기분이 좋지 않으시면 클라라를 시켜 저를 부르세요."

"그래, 알았다. 지금은 기분이 한결 좋구나."

스털링 부인이 막 방에서 나가려는 펠리시아에게 말했다.

"펠리시아, 나에게 키스해주지 않을래?"

펠리시아는 다시 돌아와서 어머니의 얼굴에 입술을 맞추었다. 어머니와의 키스는 아까 했던 기도만큼이나 그녀에게 생소한 것이었다. 방에서 나가는 펠리시아의 두 뺨에 눈물 자국이 보였다. 어린시절 이후로 거의 울지 않았던 그녀였다.

20.
나사렛애비뉴교회에 이는 서약운동

주일 아침, 스털링 저택은 매우 조용했다. 스털링 씨는 비록 등록 교인은 아니었지만 교회에 헌금을 많이 했으며, 주일 아침에는 보통 딸들과 함께 교회에 갔다. 하지만 그는 아침 식사 시간에 나타나지 않더니 하인을 시켜 자신의 딸들에게 오늘은 기분이 좋지 않아 교회에 가지 않겠다는 말을 전했다. 그래서 로즈와 펠리시아만이 11시 예배에 참석해서 가족석에 앉았다.

예배 시간이 되자 브루스 목사가 설교단 뒤에 있는 방에서 걸어 나와 강대상 앞에 섰다. 그가 평소처럼 제일 먼저 성경을 펼쳤을 때, 교인들은 그의 태도와 표정에서 아무런 이상한 점도 발견할 수 없었다. 그는 차분하고 확신에 찬 목소리로 순서에 따라 예배를 진행했다. 하지만 그가 기도를 드릴 때 교인들은 마침내 평상시와 다른 새로운 분위기를 느낄 수 있었다. 보다 정확하게 말하면 브루스 목사가 나사렛 애비뉴교회에서 목회한 지난 12년 동안 교인들은 그런 영성 넘치는 기도를 한 번도 들어본 적이 없었다. 하지만 예수님을 따라가는 제자로서의 삶을 새롭게 정의하고, 그것을 실천하기 위해 굳은 결심을 한 목회자라면 당연히 그런 기도를 드리지 않았을까. 신학박사이며 위엄 있고 세련된 스타일의 캘빈 브루스 목사가 어린아이처럼 무릎을 꿇고 주일 설교를 위해 하나님께 용기와 힘을 달라고 기도한 사실을 아는 사람은 교인들 중에 아무도 없었다. 그럼에도 교인들은 그의 기도에서 그의 영혼의 새로운 변화가 무의식적으로 자연스럽게 흘러나오는 것을 감지할 수 있었다.

기도 이후에 짧은 침묵이 흐르는 동안 교인들 위로 영적인 신비한 능력이 휩쓸고 지나갔다. 아무리 무감각한 교인이라도 그 능력을 느낄 수 있을 정도였다. 특히 매우 예민한 종교적 감수성을 지닌 펠리시아는 그 모든 상황에 빠르게 반응하면서 영적인 능력 앞에 몸을 떨었다. 얼굴을 들고 브루스 목사를 바라보는 그녀의 눈빛에는 이어질 상황을 예측하고 흥분하는 모습이 역력했다. 그녀만 그런 것이 아니었다. 브루스 목사의 기도를 통해 교회 안의 진정한 그리스도의 제자들이 마음의 동요를 느끼고 있었다. 교인들은 그의 설교를 듣기 위해 귀를 기울였다. 그는 설교 서두에 레이몬드 시를 방문한 이야기를 했다. 그는 설교 도중 교인들의 뜨거운 반응을 느끼면서 이제까지 목회하면서 한 번도 경험하지 못한 영적 세례의 가능성을 보고 전율하지 않을 수 없었다.

"저는 얼마 전 레이몬드 시를 방문하고 돌아왔습니다."

브루스 목사의 설교는 레이몬드의 이야기로 시작되었다.

"오늘 그곳에서 일어난 서약운동에서 받은 저의 인상을 말씀드리기 원합니다."

그는 잠시 교인들을 바라보았다. 그의 얼굴에서 교인들을 향한 열정을 읽을 수 있었다. 하지만 동시에 불안한 기색도 엿볼 수 있었다. '부유한 상류 사회에서 세련되고 사치스러운 삶을 즐기는 교인들 중 과연 몇 사람이나 내가 하려는 제안을 제대로 이해할 수 있단 말인가?' 브루스 목사는 그 물음에 자신이 없었다. 그렇지만 이제 막 메마른 영적 사막에서 빠져 나와 푸른 초장으로 가기 위해 모든 고난을 각오한 그는, 교인들에게 레이몬드 시에 머물며 경험한 일들을 담대하게 전하기 시작했다. 교인들은 이미 제일교회에서 일어난 서약운동에 관해 어느 정도 알고 있었다. 또한 전국적인 운동으로 확대되는 과정도 주시하고 있었다. 새로운 제자도의 물결이 너무나도 귀한 결과를 가져온 것을 확인한 맥스웰 목사는 전국의 모든 교회와 연합 세력을 구축하기를 소망했다. 그로 인해 많은 교회에서 예수님의 발자취를 따르고자 하는 운동이 일어났다. 많은 교회의 봉사회원들이 열심을 가지고 예수님의 방식대로 행동하기로 서약했고, 그 결과 깊은 영적 성숙과 함께 각자의 교회에서 사람들에게 새로운 거듭남의 힘을 발휘하게 되었다.

브루스 목사는 그 모든 사실을 간단하게 설명했다. 그리고 그 서약에 관해 매우 개인적인 관심을 가지고 있다는 듯 말을 이었다. 펠리시아는 계속 긴장한 채 브루스 목사의 말 한마디 한마디에 주목했다. 그녀 옆에 앉아 있는 로즈 역시 펠리시아 못지않게 긴장했지만, 동생이 타오르는 불이라면 언니는 차가운 얼음처럼 둘의 모습은 극명한 대조를 이루고 있었다.

"사랑하는 성도 여러분!"

조금 전에 드린 기도처럼 브루스 목사의 목소리에 다시 한 번 특별한 감정이 실려 있었다.

"저는 우리 교회도 이 서약운동에 동참할 것을 제안하는 바입니다. 이 서약이 저와 여러분에게 어떤 의미를 뜻하는지 잘 알고 있습니다. 그렇게 되면 우리의 삶이 완전히 바뀌게 될 것입니다. 아마 사회적 손실도 감수해야 될 것입니다. 그리고 많은 경우 금전적 손해도 예상됩니다. 또한 이것은 고난을 뜻하기도 합니다. 주후 1세기의 제자들이 예수님을 따랐을 때 받았던 고난, 손해, 고통, 세상 사람들로부터의 배척 등을 똑같이 감수해야 할 것입니다. 하지만 진정으로 예수님을 따른다는 의미가 무엇입니까? 제자도의 시금석은 예나 지금이나 동일합니다. 오늘 이 자리에서 저와 함께 예수님의 방식대로 그분의 발자취를 따르는 삶을 살겠다고 약속해주셨으면 합니다."

브루스 목사는 숨을 한 번 크게 들이마셨다. 그의 제안으로 인해 교인들 사이에 술렁거리는 움직임이 보였다. 그는 조용한 목소리로 예수님의 방식대로 행동하기로 서약할 사람들은 예배 후에 잠시 모여달라고 부탁했다. 그는 계속 설교를 진행했다. 설교 본문은 "어디로 가시든지 저는 좇으리이다"라는 말씀이었다. 행동의 깊은 근원을 자극하는 설교였다. 교인들은 그 설교를 통해 브루스 목사가 최근에 배우기 시작한 새로운 제자도의 정의가 무엇인지를 깨달을 수 있었다. 예배당 안은 마치 다시 1세기 초대교회로 돌아간 분위기였다. 무엇보다도 브루스 목사의 설교는 참된 교인의 의미와 목적과 관련해서 교인들이 오랫동안 관습적으로 가지고 있었던 생각을 뒤흔들었다. 참으로 설교자가 평생에 한 번 할 수 있는 그런 설교로서 교인들이 반드시 생활신조로 삼아야 할 귀중한 내용들을 담고 있었다.

조용한 가운데 예배가 끝났다. 곧 여기저기서 사람들의 웅성거림이 들렸다. 일부 교인들은 주저하는 모습이 역력했다. 하지만 로즈는 조금의 망설임도 없이 자리에서 일어나 교회 문을 향해 똑바로 걸어갔다. 그러더니 몸을 돌려 아직 자리에 앉아 있는 펠리시아에게 빨리 오라는 손짓을 했다.

"나는 여기 남아 있을 거야."

펠리시아가 말했다. 로즈는 동생의 그런 태도를 여러 번 경험한 터라 고집을 쉽게 꺾을 수 없다는 걸 잘 알고 있었다. 그럼에도 로즈는 다시 동생에게로 갔다.

"펠리시아."

로즈가 주위를 의식한 듯 속삭였다. 로즈의 두 뺨에 노기가 서려 있었다.

"이건 정말 어리석은 짓이야. 네가 무엇을 할 수 있겠니? 결국 우리 가족의 명예에 먹칠만 할 뿐이야. 아버지가 알면 뭐라고 하시겠니? 어서 집으로 가자!"

펠리시아는 아무 반응도 하지 않았다. 그녀의 입술은 새로운 삶을 살기 원하는 깊은 간구로 떨리고 있었다. 로즈가 다시 한 번 재촉하자 그녀는 강하게 고개를 가로저었다.

"안 갈래. 여기 있을 거야. 나는 서약을 할 거야. 나는 순종할 준비가 되어 있어. 언니는 내가 왜 이러는지 모를 거야."

로즈는 펠리시아를 세차게 노려보더니 마침내 몸을 돌려 통로를 걸어 나갔다. 화가 난 로즈는 아는 사람들과 인사도 나누지 않은 채 발걸음을 재촉했다. 하지만 교회 정문 앞에 다다랐을 때 델라노 부인과 마주쳤다.

"너는 브루스 목사의 서약 모임에 동참하지 않을 모양이지?"

델라노 부인이 이상한 어조로 물었기 때문에 순간적으로 로즈의 얼굴이 빨개졌다.

"네, 저는 동참하지 않을 거예요. 아주머니도 그렇죠? 정말 어리석은 짓이에요. 레이몬드의 운동은 광신적 행동이라는 게 저의 생각이에요. 아시다시피 저는 사촌인 레이첼 언니를 통해 그 운동의 추이를 계속 지켜보고 있었거든요."

델라노 부인이 로즈와 함께 교회를 나서면서 인상을 찌푸리며 말했다.

"네 말이 맞다. 나도 이 운동 때문에 여러 모로 많은 골칫거리가 생길 것이라는 생각이 든다. 내 생각에 브루스 목사가 괜한 소란만 피우는 것 같아. 이렇게 되면 교인들이 둘로 갈라지게 될 거야. 교인들 중에는 그런 서약을 할 수도, 지킬 수도 없는 사람들이 많이 있거든. 나도 그들 중에 한 사람이지."

로즈가 집에 도착했을 때, 스털링 씨는 평소 습관대로 벽난로 앞에서 시가를 피우며 서 있었다. 스털링 씨가 로즈 혼자 들어오는 것을 보고 물었다.

"펠리시아는 같이 오지 않았니?"

"그 애는 지금 예배 후 모임에 참석하고 있어요."

로즈가 코트를 벗어던지고 위층으로 올라가며 짧게 말했다.

"예배 후 모임이라고?"

"브루스 목사님이 오늘 교인들에게 레이몬드와 똑같은 서약을 제안하셨어요."

뜻밖의 소식에 놀란 스털링 씨가 입에서 시가를 꺼내 손가락으로 비틀었다.

"브루스 목사가 그렇게 할 줄은 몰랐는걸. 그래, 얼마나 많은 사람이 남았느냐?"

"저는 몰라요."

로즈는 더는 이야기하고 싶지 않다는 듯 위층으로 올라가버렸다.

혼자 남은 스털링 씨는 창가로 가서 밖을 내다보았다. 이미 담뱃불이 꺼졌지만 그는 초조한 듯 계속 시가를 만지작거렸다. 창가에서 몸을 돌려 다시 응접실을 서성거리고 있을 때, 하녀가 들어와서 점심 식사가 준비되었다고 말했다. 그는 하녀에게 펠리시아가 올 때까지 기다리겠다고 했다. 다시 아래층으로 내려온 로즈는 서가로 갔다. 응접실에서 안절부절못한 채 거닐던 스털링 씨는 마침내 걷는 게 싫증이 난 듯 의자에 몸을 던진 채 무엇인가를 깊이 생각했다.

잠시 후 펠리시아가 돌아왔다. 펠리시아는 모임에서 깊은 감동을 받았지만, 가족들에게 그것을 자세히 이야기하고 싶지는 않았다. 그녀가 응접실에 들어서는 순간, 스털링 씨가 일어서서 그녀를 마주보았다. 로즈도 서가에서 나왔다.

"얼마나 많은 사람이 모였니?"

로즈가 몹시 궁금한 듯한 표정으로 물었다. 하지만 서약운동에 관해 매우 회의적이라는 말투였다.

"약 백 명 정도 모였어."

펠리시아가 의젓한 자세로 말했다. 생각보다 많은 숫자에 스털링 씨가 놀라는 모습이었다. 스털링 씨가 차가운 목소리로 물었다.

"너 정말 그 서약을 지킬 작정이냐?"

순간 펠리시아의 낯빛이 굳어졌다. 마음속의 뜨거운 감동이 역류

하는 느낌이었다.

"아버지께서 그 모임에 참석하셨더라면 그런 질문은 하지 않으셨을 거예요."

그녀는 잠시 머뭇거리다가 식사는 나중에 하겠다고 말한 뒤 어머니를 뵈러 위층으로 올라갔다. 펠리시아와 그녀의 어머니 외에는 그들이 무슨 대화를 나누었는지 아는 사람은 아무도 없었다. 펠리시아는 어머니에게 예배 후 모임에서 경험한 영적 능력에 관해 설명했다. 만약 어젯밤에 함께 기도한 일이 없었다면, 자신이 난생 처음 경험한 엄청난 감동을 그처럼 자세히 말하지는 않았을 것이다. 반면, 아버지와 언니와 함께 식탁에 앉았을 때, 그녀는 그들에게 예배 후 모임에 관해 많은 것을 이야기할 수 없다는 표정을 지었다. 날씨에만 관심 있는 사람과 장엄한 저녁노을을 논하기를 주저하는 사람처럼 그녀는 말하기를 꺼렸다.

주일 하루가 저물고 있을 무렵, 스털링 저택의 커다란 창문들을 통해 부드럽고 따스한 불빛이 새어 나왔다. 펠리시아는 자신의 방에서 무릎을 꿇고 있었다. 기도를 마친 그녀는 불빛을 향해 얼굴을 들었다. 삶에 있어 가장 위대한 문제를 스스로 정의하고 마음을 굳힌 여인의 얼굴이 밝게 드러났다.

그날 저녁, 주일 저녁 예배를 마치고 돌아온 브루스 목사는 아내와 함께 그날 있었던 일들을 이야기했다. 아내도 서약운동에 관해 브루스 목사와 같은 마음이었다. 그들은 새로운 제자들의 믿음과 용기로 이루어질 미래를 그려보았다. 물론 자신들의 서약으로 인해 어떤 고난이 뒤따를지 전혀 모르는 바는 아니었다. 그들이 한창 이야기하고 있을 때 현관 벨이 울렸다. 문을 연 브루스 목사가 기쁨의 탄성을 질렀다.

"아니 자네, 에드워드 아닌가! 어서 들어오게."

홀 안으로 키가 크고 넓은 어깨에 균형 잡힌 몸매를 한 사람이 들어왔다. 감리교 감독인 그는 사람들의 눈에 매우 건강하면서도 애정이 많은 인상을 주는 사람이었다. 감독은 브루스 목사의 아내와 인사를 나누었다. 잠시 후 브루스 목사의 아내가 두 사람을 위해 자리를 비켜주었다. 감독은 벽난로 앞 푹신한 안락의자에 앉았다. 초봄이라 아직 날씨가 쌀쌀했기 때문에 벽난로의 불빛이 무척 따스한 느낌을 주었다.

"캘빈, 오늘 자네가 교회에서 매우 의미 있는 일을 시작했더군."

감독은 자신의 크고 검은 눈동자에 깊은 애정을 담아 대학 동창의 얼굴을 바라보았다.

"오늘 오후에 그 소식을 들었네. 그래서 그 문제로 자네를 보고 싶은 마음을 가눌 길 없어 이렇게 찾아온 걸세."

"이렇게 와줘서 반갑네."

브루스 목사가 친구의 어깨에 다정하게 손을 올려놓으며 말했다.

"에드워드, 자네도 이번 일이 어떤 의미를 가지는지 잘 알겠지."

"그렇다고 생각하네. 아니 확실히 알고 있어."

감독이 깊은 사색에 잠기며 말했다. 감독은 손을 움켜쥔 채 앉아 있었다. 인간애와 헌신, 그리고 봉사의 흔적을 엿볼 수 있는 얼굴에 알 수 없는 그림자 하나가 드리워졌다. 그것은 불빛으로 인한 그림자가 아니었다. 감독은 눈을 들어 자신의 오랜 친구를 향하며 말했다.

"캘빈, 우리는 항상 서로를 잘 알고 지내왔네. 서로 다른 교단에서 일하고 있지만 크리스천의 교제 속에서 그동안 함께 동고동락해 왔지."

"맞아."

브루스 목사가 자신의 애정을 가감 없이 내보이며 말했다.

"자네와 우정을 나누게 해주신 것을 하나님께 감사드리네. 자네와의 우정은 나에게 커다란 의미가 있어. 과분한 축복이지."

감독은 애정 어린 눈으로 브루스 목사를 바라보았다. 그러나 감독의 얼굴에 드리워진 그림자는 여전히 사라지지 않고 있었다. 잠시 후 감독이 입을 열었다.

"새로운 제자도는 자네와 자네의 목회 사역에 큰 변화를 가져올 걸세. 자네가 예수님을 따르기로 한 서약을 충실히 지킨다면. 물론 나는 자네가 그렇게 하리라고 믿네. 이제 자네의 교회에 커다란 변화가 일어날 것은 너무나도 명약관화한 일이야."

감독은 친구를 동경하듯 바라보더니 다시 말을 이었다.

"사실 모든 목회자와 교회가 레이몬드와 같은 서약을 하고 그것을 실천한다면 기독교에 완전한 일대 변혁이 일어나겠지."

감독은 잠시 말을 중단했다. 상대방의 질문이나 말을 기다리는 듯한 태도였다. 하지만 브루스 목사는 감독의 마음이 맥스웰 목사나 자신이 씨름했던 동일한 문제로 불타오르고 있다는 사실을 알아채지 못했다. 감독이 조금 전과 달리 흥분한 목소리로 말했다.

"하지만 우리 교회만 보더라도 그와 같은 서약에 따라 살아가려는 교인들이 그렇게 많지 않네. 실제로 오늘날 순교는 구시대의 유물이 되었거든. 현대 기독교는 안락함과 편안함을 좋아하기 때문에 거칠고 무거운 십자가를 지려고 하지 않아. 대체 예수님을 따라간다는 의미가 무엇인가? 그분의 발자취를 걸어간다는 게 진정 무엇인가 말이야?"

감독은 브루스 목사가 옆에 있는 것도 잊은 듯 했다. 그제야 브루스 목사는 감독의 고민이 무엇인지 깨달았다. '만약 에드워드가 서약 운동에 동참해 영향력을 발휘하게 된다면 어떤 일이 일어날까?' 감독은 시카고뿐만 아니라 여러 대도시의 부유한 상류층 인사들 가운데 많은 추종 세력을 가지고 있었다. 감독이 이 새로운 제자도에 동참한다면 큰 힘이 될 게 분명했다.

브루스 목사는 오랜 우정의 표시로 감독의 어깨에 손을 올려놓았다. 그리고 막 자신의 생각을 말하려고 할 때 갑자기 현관문을 요란스럽게 두드리는 소리가 났다. 두 사람은 그 소리에 깜짝 놀랐다. 곧 누군가가 브루스 목사의 아내에게 다급하게 이야기하는 소리가 들렸다. 이어서 브루스 목사의 아내가 떨리는 목소리로 남편을 불렀다. 성급히 거실 입구로 나가던 브루스 목사는 거실로 들어오는 아내와 마주쳤다. 그녀의 얼굴은 하얗게 질려 있었고 몸을 몹시 떨고 있었다.

"오, 여보! 정말 끔찍한 소식이에요! 스털링 씨… 오, 차마 말을 못하겠어요! 두 아이에게 얼마나 큰 충격일까!"

"대체 무슨 일인데 그래요?"

브루스 목사는 감독과 함께 현관으로 나갔다. 그곳에는 스털링가의 하인이 숨을 몰아쉬며 서 있었다. 모자도 미처 쓰지 못한 것을 봐서 전갈을 받자마자 급하게 달려온 것이 분명했다.

"방금 전에 스털링 씨가 권총으로 자살을 했습니다. 그리고 스털링 부인은…."

하인의 말이 미처 끝나기도 전에 브루스 목사가 코트를 챙겨 들며 말했다.

"에드워드, 지금 즉시 스털링 저택으로 가야겠네. 자네도 나와 함께 가겠나? 스털링 씨 부부는 자네의 오랜 친구이기도 하잖나?"

감독은 뜻밖의 소식에 매우 창백한 표정이었지만 평소처럼 침착한 목소리로 말했다.

"물론, 함께 가지. 나는 상갓집뿐만 아니라 인간의 죄와 슬픔이 있는 곳이라면 어디든지 자네와 함께 갈 용의가 있네."

브루스 목사는 충격적인 소식에 당황한 가운데에서도 감독 역시 주님을 따르기로 서약했다는 사실을 깨달을 수 있었다.

21.
스털링 가의 끔찍한 비극

스털링 저택에 들어선 브루스 목사와 감독은 평소 조용하던 집 안이 온통 혼란과 공포에 휩싸여 있는 것을 보았다. 아래층의 커다란 방들은 텅 비어 있었고, 위층은 다급한 발걸음과 당황한 소리들로 북적거렸다. 위층에서 내려오던 하인 한 명이 공포에 질린 얼굴로 브루스 목사와 감독을 맞이했다. 하인은 충격 때문인지 브루스 목사의 질문에 더듬거리며 대답했다.

"펠리시아 양은… 스털링… 부인과 함께 계십니다."

대답을 마친 하인은 갑자기 울음을 터뜨리더니 거실을 지나 바깥으로 나갔다. 위층 계단 입구에서 펠리시아가 두 사람을 맞이했다. 그녀는 곧바로 브루스 목사에게 다가왔고 그는 말없이 그녀의 손을 잡아주었다. 감독은 그녀의 머리 위에 자신의 손을 올려놓았다. 세 사람은 잠시 침묵 속에 서 있었다. 감독은 펠리시아가 어린 소녀였을 때부터 잘 알고 있었다. 감독이 먼저 위로의 말을 건넸다.

"이 어려운 때에 하나님의 자비가 너와 함께 하기를. 펠리시아, 어머니는…"

스털링 부인의 상태에 관해 묻던 감독은 순간적으로 멈칫했다. 사실 감독은 스털링 저택으로 오면서 비록 상갓집과 어울리지는 않지만 오랫동안 묻어두었던 자신의 젊은 날의 감미로운 로맨스를 떠올렸다. 브루스 목사조차도 감독의 로맨스를 알지 못했다. 감독은 자신의 젊음의 제단에 지금은 스털링 부인이 된, 아름다운 카밀라 롤페 양을 향한 뜨거운 사랑의 향을 피운 적이 있었던 것이다. 당시 스털링 부인은 감독과 백만장자 사이에서 갈등했었다. 감독은 과거의 사랑의 고통은 모두 잊었지만, 여전히 기억 속에서 그 일을 떨쳐버릴 수 없었다.

펠리시아가 먼저 스털링 부인의 방으로 들어갔다. 그녀가 아무 흔들림도 보이지 않았기 때문에 두 사람은 그녀의 침착한 태도에 놀랐다. 방에서 다시 나온 그녀는 두 사람을 방 안으로 인도했다. 두 사람은 뭔가 이상한 예감을 가진 채 방 안으로 들어갔다. 두 사람이 방 안에 들어섰을 때 큰딸인 로즈는 어머니의 침대 발밑에서 팔을 늘어뜨린 채 누워 있었고, 간호사인 클라라는 두 손으로 머리를 감싼 채 공포에 떨며 흐느끼고 있었다. 스털링 부인은 침대 위에 조용히 누워 있었다. 스털링 부인의 얼굴은 이 세상에서는 볼 수 없는 이상한 빛을 띠고 있었다. 때문에 감독은 처음에 누워 있는 사람이 누군지 알아보지 못했다. 이윽고 브루스 목사와 함께 진실을 알게 된 순간, 감독은 오랜 상처 위에 날카로운 비수가 꽂히는 듯한 고통을 느꼈다. 하지만 감독은 곧 죽음의 방에서 하나님의 자녀만이 누릴 수 있는 특권인 영원한 힘과 침착함을 다시 회복할 수 있었다.

바로 그때, 아래층이 소란스러워졌다. 사건이 일어나자마자 의사를 부르러 갔지만 의사가 약간 멀리 살고 있는 바람에 그제야 경찰과 함께 도착한 것이었다. 경찰의 경우는 겁을 먹은 하인들이 불러서 온 것이었다. 그들과 함께 네댓 명의 신문 기자와 여러 명의 이웃이 몰려왔다. 브루스 목사와 감독은 계단 위에서 사람들을 제지하면서 꼭 필요한 사람만 위층으로 들여보냈다. 두 사람은 시간이 조금 지난 후에야 그 다음날 신문들이 대서특필한 이른 바 '스털링 씨의 비극'의 전말을 알게 되었다.

스털링 씨는 그날 저녁 9시경에 자신의 방으로 들어갔다. 그것이 사람들이 본 생전의 마지막 모습이었다. 그로부터 30분 후에 방에서 총소리가 났다. 총소리에 놀라 달려온 하인이 스털링 씨가 바닥에 죽은 채로 누워 있는 것을 발견했다. 스스로 목숨을 끊었던 것이다. 그때 펠리시아는 어머니 옆에 앉아 있었고, 로즈는 서가에서 책을 읽고 있었다. 총소리를 듣고 위층에 있는 아버지 방으로 올라온 로즈는 하인이 아버지의 시신을 소파에 올려놓는 것을 보았다. 로즈는 너무 놀란 나머지 소리를 지르며 어머니 방으로 달려가 침대에 몸을 던지더니 그만 기절하고 말았다. 스털링 부인도 처음에는 심한 충격으로 정신을 잃을 뻔했다. 하지만 재빨리 정신을 추스르고 브루스 목사를 부르도록 사람을 보냈다. 그녀는 펠리시아의 만류에도 불구하고 남편을 직접 보아야겠다고 고집했다. 그녀는 클라라에게 자신을 부축하라고 지시한 뒤 홀을 지나 남편의 시신이 있는 방으로 갔다. 그녀는 눈물 없이 남편의 주검을 바라보더니 다시 자신의 방으로 돌아와 침대에 누웠다. 그리고는 떨리는 입술로 자신과 남편을 위한 기도를 드린 후, 브루스 목사와 감독이 스털링 저택에 도착하기 직전에 돌연

숨을 거두었다. 주일 저녁, 호화스러운 저택에 죽음의 바람이 너무나도 갑작스럽게 휘몰아쳤던 것이다!

스털링 씨의 사업과 관련된 비화들이 공개되면서 사람들은 그의 자살의 원인이 무엇인지를 알게 되었다. 신문을 통해 밝혀진 바에 의하면 곡물 투기의 실패로 한 달 사이에 재산을 한꺼번에 날린 그는 극심한 재정 압박을 받아왔다고 했다. 그는 그토록 소중하게 여긴 생명과도 같은 돈이 사라진 것을 보고 모든 수단을 동원해 마지막 순간까지 필사적으로 재앙을 연기해 왔던 것이다. 하지만 주일 오후, 마침내 자신이 파산당했다는 소식을 전해들은 그는 돌이킬 수 없는 길을 선택했던 것이다.

사실 그의 이름으로 불리던 저택, 그가 타던 마차와 집 안의 모든 집기는 정직하고 순수한 노동의 대가로 산 것들이 아니었다. 진정한 가치와 정반대의 위치에 있는 투기와 속임수로 그 모든 것을 소유했던 것이다. 그는 누구보다도 그 사실을 잘 알고 있었다. 하지만 으레 사람들이 그렇듯 그도 자신에게 돈을 벌어준 옳지 않은 방법으로 손실을 만회하기를 바랐다. 결국 이 점에서 그도 다른 사람들과 마찬가지로 속았다고 할 수 있다. 그는 자신이 실질적으로 거지가 되었다는 사실을 깨닫게 되자 자살 외에 다른 방도를 찾을 수 없었다. 어쩌면 그것은 그와 같은 삶에서 피할 수 없는 결과였다. 그는 돈을 자신의 신으로 여겼고, 그 신이 자신의 작은 세계에서 사라지자 더는 숭배할 대상이 없었던 것이다. 숭배의 대상이 없는 사람은 삶의 의욕을 잃게 된다. 그로 인해 부유한 백만장자였던 찰스 스털링 씨는 죽음을 선택하고 말았다. 솔직히 말하면 어리석은 죽음이었다. 돈을 버느냐, 잃느냐 하는 문제는 변화의 저편에 있는 영원한 삶의 신비한 부요함에 비하면 아무것도 아니기 때문이다.

스털링 부인의 죽음은 충격 때문이었다. 스털링 씨는 그녀에게 자신의 비밀을 말하지 않았지만, 그녀는 남편의 부의 원천이 매우 불안정하다는 사실을 알고 있었다. 그래서 수년 동안 그녀의 삶은 죽음 그 자체였다고 해도 과언이 아니었다. 그녀의 친정 가문은 어려움을 당했을 때 다른 사람들보다 더 침착함을 유지하고 흔들리지 않는 전통이 있었다. 그와 같은 전통에 따라 스털링 부인은 침착함을 유지하고 남편의 주검이 있는 방으로 들어갔던 것이다. 하지만 그녀의 연약한 육체는 더는 그녀의 영혼을 붙잡아 둘 수 없었다. 너무나 오랫동안 고통과 실망 속에서 약해지고 찢겨져 있었기 때문이다.

아버지의 죽음, 어머니의 죽음, 그리고 파산의 삼중고는 고스란히 두 딸에게 전해졌다. 로즈는 연이은 충격 때문에 몇 주 동안 멍한 상태로 지냈다. 로즈는 주위의 동정에 반응하려고 하지도, 마음을 추스르려고 하지도 않았다. 자신의 존재에 큰 부분을 차지했던 돈이 사라진 사실을 아직 실감하지 못하는 모습이었다. 그녀는 집을 떠나 다른 친척과 친구들의 도움을 받아야 한다는 말을 들었지만 그 말이 무슨 뜻인지 모르는 것 같았다. 반면, 펠리시아는 현실을 잘 직시했다. 그녀는 무슨 일이 일어났고, 왜 그런 일이 일어났는지를 잘 알았다. 얼마 뒤 비보를 접한 윈슬로우 부인과 레이첼이 급히 시카고로 왔다. 그들은 다른 친척들과 함께 로즈와 펠리시아의 장래에 관해 의논했다. 장례 예배 후 레이첼은 펠리시아를 따로 만났다.

"펠리시아, 너와 로즈는 우리와 함께 레이몬드로 가야 할 것 같아. 이미 그렇게 하기로 정해졌어. 다른 안은 어머니가 반대해."

레이첼의 아름다운 얼굴이 펠리시아에 대한 사랑으로 빛나고 있었다. 그 사랑은 하루하루 함께 지내면서 더욱 깊어졌고, 특히 두 사람 모두 새로운 제자도의 삶을 살고 있다는 동료 의식 때문에 더욱 심도 깊은 사랑으로 변해가고 있었다. 펠리시아가 깊은 생각에 잠긴 채 레이첼을 바라보았다.

"여기서 일거리를 찾지 못한다면 레이몬드로 갈게."

레이첼이 부드러운 목소리로 물었다.

"무슨 일을 하려고?"

펠리시아가 힘든 상황에서도 미소를 잃지 않으며 말했다.

"사실 할 줄 아는 게 아무것도 없어. 음악을 조금 배웠을 뿐이야. 그나마 남을 가르치거나 돈을 벌 정도의 수준은 아니야. 그 밖에 요리를 할 줄 알지."

"그러면 우리 집에 와서 맛있는 음식을 해주면 되겠구나. 어머니는 항상 특별한 요리를 원하시거든."

레이첼은 펠리시아가 이제부터 친지들의 도움 속에서 의식주 문제를 해결하지 않으면 안 된다는 사실을 알고 있었다. 사실 로즈와 펠리시아는 아버지의 파산에도 불구하고 어느 정도의 유산을 물려받을 수 있었다. 하지만 투기에 정신을 빼앗긴 스털링 씨가 그만 아내와 두 딸의 유산마저 모두 날려버리고 말았던 것이다.

"정말 그래도 될까?"

펠리시아는 레이첼의 제안을 적극적으로 받아들였다.

"로즈 언니를 위해서라면 어떤 일이든 할 각오가 되어 있어. 오, 불쌍한 로즈 언니! 언니는 이 어려움의 충격에서 헤어나기 힘든가 봐."

"레이몬드에 오면 내가 다른 일거리도 알아봐 줄게."

레이첼은 비록 웃으면서 말했지만 펠리시아가 스스로 일을 하겠다고 나서는 것을 보고 눈시울이 뜨거워졌다.

그로부터 몇 주 후부터 로즈와 펠리시아는 레이몬드 시에 있는 윈슬로우 저택에서 살게 되었다. 로즈에게는 쓰라린 시간이었지만 달리 선택의 여지가 없었다. 그녀는 자신의 삶에서 일어난 엄청난 변화들에 관해 곰곰이 생각했다. 로즈는 여러 면에서 자신이 펠리시아와 사촌 레이첼에게 짐만 지우게 되었다는 사실을 알면서도 이 불가피한 현실을 받아들일 수밖에 없었다. 펠리시아는 즉시 레이첼의 제자도의 삶을 본받기 시작했다. 특히 레이첼과 제자도를 통한 동지애를 느끼면서 마치 천국에 있는 듯한 기분이었다. 윈슬로우 부인은 여전히 레이첼의 행동을 탐탁치 않게 여겼지만, 서약운동 이후 레이몬드 시에 놀랄 만한 변화들이 일어나자 그 결과에 깊은 인상을 받은 눈치였다. 펠리시아는 자신의 새로운 삶에 의욕을 보이며 이모 집에서 계속 가사를 도왔다.

요리사로서 펠리시아의 소질을 확인한 레이첼은 버지니아에게 그녀의 일자리를 알아봐 달라고 부탁했다. 그러자 버지니아는 펠리시아에게 렉탱글 지역의 복지관에서 요리 책임자로 일해 달라는 제안을 했다. 펠리시아는 아주 즐거운 마음으로 그 일을 맡았다. 그리고 살면서 처음으로 다른 사람들의 행복을 위해 가치 있는 일을 하는 기쁨을 느꼈다. 모든 일을 "예수님이라면 어떻게 하실까?"라는 기준에 따라 하기로 한 펠리시아의 결심은 그녀의 깊은 내면을 강하게 움직였다. 그녀는 놀라울 정도로 더욱 힘차게 성숙해 갔다. 윈슬로우 부인도 펠리시아의 다재다능함과 고귀한 인격에서 나오는 아름다움을 인정하지 않을 수 없었다. 윈슬로우 부인은 대도시의 매우 호화스러운 환경에서 자란 자신의 조카딸이 팔과 콧등에 밀가루를 묻힌 채 부엌을 돌아다니는 모습을 보고 놀란 표정을 지었다. 펠리시아는 원슬로우 저택의 부엌에서, 그리고 렉탱글 복지관의 주방에서 더욱 다양한 요리들을 개발해 나갔다. 그런가 하면 일반 하인들처럼 팬과 솥을 닦을 때 자신도 모르게 코를 비비는 습관을 가지게 되었다. 그런 모습을 보고 원슬로우 부인은 무척 안타깝게 여기곤 했다.

"펠리시아, 이와 같은 잡일들은 너에게 어울리지 않아. 도저히 볼 수가 없구나."

"아니 이모, 왜 그러세요? 오늘 아침 제가 만든 머핀이 맛이 없었나요?"

펠리시아는 겸손하게 물었지만 사실 속으로는 웃음을 참을 수 없었다. 이모가 자신의 만든 머핀을 제일 좋아한다는 걸 알고 있었기 때문이다.

"물론 매우 맛있었어. 하지만 네가 우리를 위해 이런 일을 한다는 게 영 마음에 내키지 않아."

"왜 내키지 않으세요? 그러면 제가 할 수 있는 일이 뭐죠?"

원슬로우 부인은 깊은 사색에 잠긴 표정으로 펠리시아의 아름다운 얼굴과 용모를 바라보았다.

"펠리시아, 항상 이런 일을 할 생각은 아니겠지?"

"아마 그럴지도 몰라요. 저는 시카고 같은 대도시에서 멋진 식당을 차릴 계획이에요. 그리고 렉탱글과 같은 빈민가의 가난한 가족들을 찾아가 어머니들에게 음식을 맛있게 만드는 법을 가르쳐줄 생각이에요. 저는 언젠가 브루스 목사님이 상대적 빈곤의 비참함 중 하나가 형편없는 음식이라고 말씀하신 것을 기억하고 있어요. 목사님은 물에 젖은 비스킷과 질긴 쇠고기 때문에 범죄가 일어날 수 있다고까지 말씀하셨어요. 저는 요리를 통해 로즈 언니와 저 자신의 생계를 유지하면서 동시에 다른 사람들을 도울 수 있다고 확신해요."

펠리시아의 꿈은 점차 현실로 다가오고 있었다. 그러는 사이 그녀는 레이몬드 사람들과 렉탱글 주민들로부터 많은 사랑을 받게 되었다. 그들로부터 '천사 요리사'라는 별명까지 얻었다. 그녀의 아름다운 인품은 계속 꾸준히 자라갔다. 그 인품 밑에는 나사렛애비뉴교회에서 한 서약이 자리를 잡고 있었다. "예수님이라면 어떻게 하실까?" 그녀는 늘 이 질문에 답하면서 자신의 삶을 정연하게 꾸려나갔다. 이 질문은 그녀의 모든 행동의 영감이며, 그녀의 모든 소망의 답이기도 했다.

22.
안락한 삶을 포기하다

　브루스 목사가 새로운 제자도의 메시지를 전한 이후 3개월이 지났다. 실로 나사렛애비뉴교회에 엄청난 흥분을 몰고 온 시간이었다. 브루스 목사는 자신의 교인들이 그토록 영적으로 심오한 감정을 가지고 있었는지 전에는 미처 알지 못했다. 브루스 목사는 교인들의 놀라운 반응에 관해 자신의 호소가 펠리시아와 같이 그동안 인습적인 교회생활과 교제에 만족하지 않고 더욱 참된 것을 추구하기를 원하던 사람들로부터 좋은 호응을 얻었을 뿐이라며 겸손해 했다.
　하지만 브루스 목사는 아직도 자신의 변화에 만족하지 못하는 모습이었다. 그는 마침내 새로운 결심을 했다. 무엇이 그로 하여금 그런 결심을 하게 만들었는지는 브루스 목사와 감독간에 이루어진 대화를 보면 어느 정도 이해할 수 있다. 두 사람은 이전처럼 브루스 목사의 서재에 앉아 대화를 나누었다. 감독은 나사렛애비뉴교회 교인들의 서약의 결과에 관해 한동안 이야기를 나눈 후 심각한 표정으로 물었다.

"자네는 내가 오늘 저녁 여기에 왜 왔는지 알고 있나?"

브루스 목사는 감독을 쳐다보며 조용히 고개를 가로저었다.

"내가 느끼는 대로 예수님의 발자취를 따라 살기로 한 서약을 그동안 지키지 못했다는 걸 고백하러 온 걸세."

감독의 말에 브루스 목사가 자리에서 일어나서 서재를 거닐었다. 감독은 푹신한 안락의자에 앉은 채로 계속 있었다. 브루스 목사의 눈빛이 무엇인가 중대한 결심을 굳힌 것처럼 빛났다.

"에드워드."

브루스 목사가 다정한 목소리로 친구의 이름을 불렀다.

"서약을 지키는 문제라면 나 역시 나 자신의 모습에 만족하지 못하네. 그래서 결정을 내렸네. 곧 교회에서 사임할 생각이야."

"나는 자네가 그럴 거라는 걸 이미 알고 있었네."

감독은 별로 놀라는 표정이 아니었다. 오히려 감독의 그 다음 말에 브루스 목사가 더 놀랐다.

"나 역시 감독 직책을 내려놓기로 마음을 굳혔네."

브루스 목사는 친구에게로 걸어갔다. 두 사람 모두 흥분을 자제하려고 애쓰는 모습이었다. 브루스 목사가 물었다.

"자네 입장에서 꼭 사임이 필요한가?"

"그렇다네. 내가 사임하는 이유를 말해주지. 아마도 자네와 같을 거야. 그래 확실히 같아."

감독은 잠시 침묵했다. 그리고 다소 감정을 실어 말을 이었다.

"캘빈, 자네는 지난 수년 동안 내가 한 일이 무엇인지 알 걸세. 그리고 나의 직책과 일들이 구체적으로 어떤 것인지 파악했을 테지. 물론 그동안 나의 삶에 슬픔이나 짐이 없었던 것은 아닐세. 하지만 죄 많은 도시에 사는 가난하고 불쌍한 사람들의 눈에는 확실히 매우 안락하고 사치스러운 삶이었어. 아름다운 집에 살면서 비싼 음식을 먹고 좋은 옷을 입으며 육체적 쾌락을 즐기며 살아왔지. 지금까지 열두 번 이상 밖으로 여행을 했고, 미술계, 문학계, 음악계, 그리고 그 밖에 다른 상류층 세계의 최고의 사람들과 교제를 나누며 무엇이든 부족함 없이 행복한 삶을 살아왔어.

하지만 최근에 나는 스스로에게 다음과 같은 질문을 하지 않을 수 없었네. '내가 그리스도를 위해 당한 고난이 무엇인가?' 바울은 주님으로부터 자신이 많은 고난을 당할 것이라는 말을 들었지. 맥스웰 목사도 그리스도의 발자취를 따르는 삶은 고난을 의미한다고 말했어. 그런데 그동안 나의 고난은 어디에 있었지? 성직자로서 겪은 사소한 시련이나 성가신 일들이 고난이라고 말할 수는 없어. 바울이나 수많은 기독교 순교자, 초대교회 제자들과 비교할 때 분명 안락과 쾌락에 파묻혀서 사치스럽고 죄 많은 삶을 살아왔던 거야. 이제 더는 이런 삶을 용납할 수 없네. 최근에 내 안에서는 이런 삶이 과연 예수님을 따르는 삶인지 심한 죄책감이 들었네. 나는 그동안 그분의 발자취를 따르지 않았던 거야. 그래서 고민했지. 그 결과 현재의 교회와 사회 구조 아래서 죄책감으로부터 해방되기 위해서는 이 도시의 가장 추악한 곳에 사는 가련한 사람들을 찾아가 그들의 물질적, 영적 요구들을 충족시켜주며 나의 삶을 헌신하는 일밖에는 달리 도리가 없다고 생각했네."

이번에는 감독이 일어서서 창가로 걸어갔다. 도시의 밤거리는 대낮처럼 환했다. 감독은 지나다니는 사람들을 보다가 자신의 마음이 얼마나 뜨겁게 타오르고 있는지 보여주듯 열정적인 목소리로 말했다.

"캘빈, 우리가 살고 있는 이 도시는 정말 무시무시한 곳이야! 이곳에 넘쳐나는 비참함, 죄악, 그리고 이기주의를 보면 등골이 오싹할 정도지. 솔직히 나는 안락하고 호화로운 삶을 살게 해준 지금의 직책을 그만두고, 오늘날 현대의 이교도들이 북적거리는 빈민가에서 새로운 삶의 둥지를 튼다면, 과연 어떻게 될까 하는 두려움으로 한동안 씨름을 해왔네. 그러자 공장에서 일하는 여인들의 참혹한 현실, 도시의 슬픔을 못 본 체하며 무관심하게 지내는 상류층과 부유층의 잔인한 이기주의, 술과 도박의 무서운 저주, 실직자의 비애 등 문제의 끝이 보이지 않았네.

그뿐이 아닐세. 교회 건물은 비싼 대리석과 화려한 가구들로 치장되어 있고 목사는 아무것도 하지 않으면서 호화로운 삶을 산다고 비난하는 많은 사람, 진리와 거짓이 뒤섞인 채 법석을 떠는 인간의 거대한 물결, 교회의 잘못을 과대 선전하는 일, 여러 가지 복잡한 원인으로 야기된 고통과 수치들…. 편안하고 안락한 나의 삶과는 너무나 대조되는 현실들을 보면서 내 마음속에 공포와 함께 자책이 더욱 크게 자리 잡았네. 최근에는 기도 중에 '이 지극히 작은 자 하나에게 하지 아니한 것이 곧 내게 하지 아니한 것이니라'는 예수님의 말씀을 자주 들었어. 그동안 내가 언제 실제적으로 고난에 동참해서 갇힌 자, 불쌍한 자, 또는 죄인들을 방문한 적이 있었는가? 오히려 직책상 인위적이고 수월한 습관을 좇아 부유하고 세련된 부유층 인사들과 교제를 하며 살았던 나였네. 여기에 무슨 고통이 있었는가? 예수님을 위해 무슨 고통을 겪었는가? 캘빈, 나의 말뜻을 알겠나?"

감독은 브루스 목사를 향해 몸을 돌렸다.

"나는 나 자신을 채찍으로 때려주고 싶은 심정일세. 만약 마틴 루터 시대에 살았다면 옷을 벗고 스스로 자학했을 거야."

브루스 목사는 매우 슬픈 얼굴이었다. 친구인 감독이 이처럼 힘들어하는 모습을 본 적이 없기 때문이다. 방 안에 정적이 흘렀다. 감독은 의자에 앉더니 고개를 숙였다. 브루스 목사가 조용히 입을 열었다.

"에드워드, 지금까지 자네의 말은 나의 고뇌를 그대로 대변해주는 말이기도 하네. 수년 동안 나도 비슷한 상황에 있었지. 비교적 호화스러운 삶을 살았던 거야. 물론 목회자인 나에게 시련과 낙담이 없었던 것은 아니야. 하지만 예수님을 위해 고난을 당했다고는 볼 수 없어. 얼마 전부터 베드로서의 말씀이 나를 계속 괴롭혔네. '그리스도도 너희를 위하여 고난을 받으사 너희에게 본을 끼쳐 그 자취를 따라오게 하려 하셨느니라.'

나는 부족함 없이 살았네. 아니, 오히려 사치스러웠지. 틈만 나면 여행을 했고, 여러 좋은 사람과 교제를 나누었지. 또한 문명의 모든 혜택을 누리며 편안한 삶을 살았어. 이 대도시의 죄와 비참함의 물결이 교회와 나의 집 돌벽에 세차게 부딪쳐 왔지만 거의 신경을 쓰지 않았네. 그 벽이 너무 두터웠던 거야. 이제 더는 현실을 용납할 수 없네. 교회를 비판할 생각은 없어. 나는 교회를 사랑하네. 따라서 사임이 곧 교회를 등진다는 의미는 아니네. 더 큰 교회의 사명을 믿고 그것을 수호하겠다는 걸세. 지금 취하려는 나의 행동에서 크리스천의 교제를 포기하고 싶은 마음은 추호도 없네.

하지만 예수님의 발자취를 따라가기 위해 교회의 담임 목사직을 사임해야 할 필요성을 느꼈네. 이런 결정으로 다른 목회자들을 판단하거나 다른 제자도를 비판하자는 것은 아닐세. 나도 자네처럼 똑같은 열정에서 그렇게 하는 것뿐이야. 이 대도시의 죄와 수치, 그리고 타락과 보다 가까이에서 개인적으로 부딪쳐 보겠다는 일념 때문이지. 이것을 위해 나사렛애비뉴교회와 인연을 끊어야 한다는 사실을 알았네. 주님을 위해 고난을 당하기 위해서는 피할 수 없다고 생각하네."

두 사람은 다시 침묵 속에 빠졌다. 그들의 결정은 평범한 행동이라고 볼 수는 없었다. 하지만 두 사람 다 심사숙고하며 자신의 행동을 깊이 있게 성찰했기 때문에 결코 경솔히 내린 결정이 아니었다.

"앞으로 자네의 계획은 무엇인가?"

감독이 고뇌에서 벗어나 얼굴에 환한 미소를 띠며 부드럽게 말문을 열었다. 감독의 얼굴은 날이 갈수록 열정으로 빛나고 있었다.

"나의 계획은…."

브루스 목사가 천천히 대답했다.

"간단히 말해서 이 도시에서 가장 궁핍한 곳에 들어가 그곳 사람들과 함께 사는 걸세. 아내도 나의 계획에 전적으로 동의했어. 그래서 우리의 삶을 최대한으로 활용할 수 있는 빈민가 지역에 거처를 마련할 생각이야."

"내가 한곳을 소개해주지."

감독은 매우 상기되어 있었다. 감독의 잘생긴 얼굴은 이제부터 친구와 함께 시작할 새로운 사역의 미래를 바라보며 강렬한 열정으로 빛나고 있었다. 감독은 자신이 생각하고 있는 방대한 규모의 계획을 설명했다. 브루스 목사도 유능하고 경험이 많았지만, 그는 자신보다 더 위대한 감독의 비전을 보고 놀라지 않을 수 없었다. 그들은 밤늦게까지 마주앉아 있었다. 마치 낯선 미지로 탐사여행을 떠나는 사람들처럼 흥분하며 기뻐하는 모습이었다. 감독은 개인적 희생의 삶을 살기로 결정하자 무거운 짐을 내려놓은 듯 마음이 가벼워졌다는 사실을 이후에도 여러 번 고백했다. 감독은 매우 기뻐했다. 브루스 목사도 마찬가지였다.

마침내 구체적으로 그려진 그들의 청사진은 술집이 판을 치고 더러운 셋집이 즐비하며 죄와 수치와 가난이 끔찍한 모습으로 응축되어 있는 지역의 중심부에 있는, 한때 양조장 창고로 사용되었던 큰 건물을 개조해서 복지관을 만든다는 것이었다. 이것은 사실 새로운 아이디어가 아니었다. 이미 예수님이 하늘 아버지 집에서 누리던 모든 것을 버리시고 세상에 내려오셔서 죄악으로부터 인간을 구원하시기 위해 직접 죄의 한가운데에서 사역하실 때 시도하셨던 방법이기 때문이다. 그러므로 두 사람이 계획한 복지사업의 기원은 1세기 당시의 베들레헴과 나사렛으로까지 거슬러 올라갈 수 있었다. 이 사업은 그리스도를 위해 고난을 받겠다는 두 사람의 열망을 잘 충족시켜주는 일 중 하나였다.

그들에게는 자신의 주위에서 신음하는 대도시의 물질적 빈곤과 영적 결핍들을 보다 가까이에서 돌봐주고자 하는 소망과 열정이 있었다. 이 열정을 실행에 옮기기 위해서는 직접 비참함에 동참하는 방법 외에 무슨 길이 있겠는가. 자신을 부인하지 않는다면 어떻게 고난을 당할 수 있겠는가. 그리고 도시의 깊은 신음과 죄악들을 함께 나누기 위해 구체적으로 행동하지 않는다면 거기에 무슨 자기 부인이 있다고 말할 수 있겠는가. 그런 이유에서 그들은 스스로를 위해 행동을 취했다. 남을 판단하고자 하는 마음은 조금도 없었다. 서약에 따라 자신의 판단에 예수님의 방식이라고 여겨지는 행동을 실천에 옮기기를 원했을 따름이다. 그 행동은 예수님과 그들의 약속이었다.

따라서 약속에 따라 자신들의 계획을 이행하는 것인 만큼 그 결과에 관해 그들이 왈가왈부 논할 입장이 아니었다. 감독은 많은 돈을 소유하고 있었다. 시카고에 사는 사람이라면 그가 규모 있는 재산가라는 사실을 다 알고 있었다. 브루스 목사도 목회와 집필을 통해 상당한 액수의 돈을 모아놓고 있었다. 두 사람은 자신들의 돈을 복지관을 단장하고 필요한 집기들을 구입하는 데 사용하기로 합의했다.

23.
펠리시아의 새로운 삶

나사렛애비뉴교회는 교회 역사상 초유의 일들을 경험하고 있었다. 예수님의 방식대로 살기로 서약한 교인들을 통해 그 결과가 속속 나타났기 때문이다. 그 변화는 제일교회와 비슷했지만 나사렛애비뉴교회의 교인들이 훨씬 귀족적이고 부유하며 전통에 매인 사람들이라는 점에서 놀랄 만한 일이었다. 그런 가운데 초여름 어느 주일 아침에 브루스 목사가 발표한 사임은 도시 전체에 큰 파문을 일으켰다. 그는 사임 전에 당회원과 충분히 협의했다. 그래서 당회원들은 그가 하려는 일을 상세히 이해했지만 다른 사람들은 놀라지 않을 수 없었다. 감독 역시 공식적으로 자신의 직책에서 사임한다고 발표했다. 두 사람이 시카고에서 가장 추악한 곳의 중심부에 들어가 살기로 결정했음을 알게 되었을 때 사람들의 놀라움은 극에 달했다.

"정말 왜 이러십니까?"

감독을 아끼는 한 사람이 눈물을 흘리며 만류하자 감독은 그 사람에게 이렇게 되물었다.

"신학박사와 감독이 이런 식으로 잃어버린 영혼들을 구원하는 일이 마치 미증유의 사건인 양 놀라운 눈으로 바라보지 마셨으면 합니다. 뭄바이, 홍콩, 또는 다른 아프리카 지역으로 선교하러 가기 위해 사임했다면 교회와 사람들은 당연하다고 여겼을 것입니다. 하물며 우리 도시에 사는 잃어버린 사람들과 믿지 않는 사람들을 구원하기 위해 빈민가에 들어가 선교하겠다는 게 뭐 그리 대단한 일입니까? 저의 생각에 두 명의 기독교 목회자가 이 세상의 비참함을 체험하고 느끼기 위해 직접 그늘진 곳으로 가서 어려운 사람들 가까이에서 살겠다는 것은 전혀 놀랄 일이 아닙니다. 영혼 구원을 위해 이런 식으로 인간애를 발휘하는 것이 그렇게 이상해 보입니까?"

감독은 자신들의 사역이 특이한 일이 아니라고 역설했지만, 사람들은 그 사실을 계속 화젯거리로 삼았다. 특히 교회들은 유명한 두 사람의 목회자가 안락한 집과 좋은 직분을 자진해서 포기하고 고난과 자기 부인, 그리고 실제적 고통이 수반되는 삶을 위해 뛰어들었다는 사실을 계속 부각시켰다. 그 모습을 보며 감독은 속으로 이렇게 생각했다. '예수님의 발자취를 따르고자 하는 사람이 그분을 위해 실제적 고난을 감수하겠다는 것이 그토록 특이하고 놀라운 일로 비춰진다면, 오늘날 우리가 일반적으로 생각하는 제자도의 삶이 뭔가 잘못되었다는 증거가 아닐까?'

서약에 불참한 일부 교인들은 브루스 목사의 사임을 보고 안도하는 눈치였지만, 나사렛애비뉴교회 교인들 대부분은 그의 사임을 매우 아쉬운 눈으로 바라보았다. 브루스 목사는 특별히 서약으로 인해 자신의 사업체에서 손해를 입었으면서도 깊은 믿음에서 용기와 일관성을 잃지 않고 있는 교인들로부터 존경의 시선을 받았다. 그들은 수년 동안 브루스 목사를 친절한 반면, 지나치게 보수적이고 조심성 많은 목회자로 알고 있었다. 그래서 더욱 이런 희생을 각오한 그를 높이 평가했다. 그들은 브루스 목사가 예수님을 따르는 삶에 관한 자신의 확신을 철저하게 이행하는 것을 보고 찬사를 보냈다. 나사렛애비뉴교회 교인들은 브루스 목사로부터 시작된 서약운동의 감동을 절대 잊을 수 없었다. 서약에 동참한 교인들은 브루스 목사가 사임한 후로도 교회 내에 계속 새로운 영적 생명력을 불어넣었고, 생명을 살리는 일을 수행했다.

가을이 지나갔다. 도시는 혹독한 겨울의 문턱에 서 있었다. 어느 날 오후, 감독은 복지관을 나와 그 지역에서 새로 사귄 많은 친구 중 한 명을 만나러 가기 위해 길을 걷고 있었다. 네 블록쯤 걸었을 때 주변의 우중충한 상점들과 달리 산뜻한 분위기를 내는 가게 하나가 눈에 띄었다. 그 지역은 감독에게 아직 낯선 곳이었기 때문에 그는 매일매일 새로운 장소를 발견했고, 새로운 사람들과 부딪히곤 했다. 그의 시선을 끈 곳은 중국인이 운영하는 세탁소 바로 옆에 있는 작은 가게였다. 가게 정면에 깨끗하게 닦인 두 개의 유리 창문이 나 있었다. 창문 안으로 깔끔하게 정돈된 요리 도구가 보였다. 또한 여러 가지 음식 이름과 가격이 적혀 있는 게 보였다. 감독이 가게 안을 들여다보고 있을 때 문이 열리더니 낯익은 얼굴이 나왔다.

"펠리시아!"

너무 놀란 감독이 자신도 모르게 큰소리로 외쳤다.

"아니, 나에게 알리지도 않고 언제 다시 이곳으로 왔니?"

펠리시아가 반갑게 인사하며 물었다.

"제가 여기 있는 것을 어떻게 그렇게 빨리 아셨죠?"

"그 이유를 모르겠니? 이 집의 창문이 이 구역에서 유일하게 깨끗하거든."

"사실 저도 그렇게 생각해요." 펠리시아가 해맑게 웃었다.

"시카고로 돌아온 사실을 왜 알리지 않았니? 나도 모르는 사이에 내 구역에 들어오다니 말이야."

감독의 눈에 펠리시아는 여전히 아름답고 청순하고 교양 있고 세련된 모습 그대로였다. 그로 인해 감독의 머릿속에 잠시 과거의 좋았던 시절이 스쳐 지나갔다. 물론 그런 옛 시절로 돌아갈 생각은 없었다.

"그건, 친애하는 감독님."

펠리시아는 이전부터 감독을 항상 이렇게 불렀었다.

"감독님이 새로운 일로 매우 바쁘시다는 걸 알고 있었기 때문이에요. 그래서 감독님을 방해하지 않기 위해 미리 말씀드리지 않았어요. 그렇지만 조만간 감독님을 만나 제가 계획한 일을 말씀드리고 조언을 구할 생각이었어요. 저는 이곳에서 점원인 베이콤 부인과 사촌 언니인 레이첼로부터 바이올린을 배운 마르다와 함께 지내고 있어요. 마르다는 빈민 출신이에요. 저는 마르다를 돌보면서 가난한 사람들을 위한 깨끗하고 맛있는 음식을 연구하고 있어요."

감독은 펠리시아가 '빈민 출신'이라는 단어를 매우 진지하게 사용하는 것을 보고 미소를 지었다.

"지금부터 말씀드리려는 저의 계획이 감독님 마음에 드셨으면 좋겠어요."

"물론 내 마음에 들 거야."

감독은 열정과 뚜렷한 목적을 가지고 매우 활기차게 이야기하는 펠리시아의 모습을 보면서 다소 놀라지 않을 수 없었다.

"마르다는 감독님의 복지관에서 자신이 배운 바이올린으로 봉사하고, 저는 주방 일을 도울 생각이에요. 이것이 부족하지만 저의 작은 계획이에요. 이곳에 정착해서 어느 정도 성과를 거둔 다음, 감독님을 찾아뵙고 이런 저의 계획을 말씀드릴 생각이었어요. 저는 이제 스스로 생계를 유지할 수 있어요."

"그래?"

감독이 믿기지 않는 듯한 표정으로 물었다.

"어떻게? 저런 것들을 만들면서?"

"저런 것들이라뇨."

펠리시아가 약간 속상하다는 듯이 말했다.

"감독님이 언급하신 '저런 것들'이란 이 도시 전체를 통틀어 가장 정성스럽게 만들어진 순수한 요리라는 사실을 감히 말씀드려야겠네요."

"물론 나도 그 점은 의심하지 않지."

감독이 장난스럽게 눈을 깜박이며 말했다.

"하지만 백문이 불여일견이라는 말도 있잖니."

"그렇다면 들어오셔서 직접 시식해 보세요!"

펠리시아가 자신 있다는 듯 큰소리로 말했다.

"불쌍한 우리 감독님! 그러고 보니 한 달 동안 음식도 제대로 드시지 못한 얼굴이네요. 어서 들어오세요."

펠리시아는 감독을 가게 안쪽 방으로 안내했다. 짧은 곱슬머리를 한 마르다가 정신을 바짝 차리고 바이올린 연습에 열중하고 있다가 두 사람이 들어오는 것을 보고 활을 멈췄다.

"마르다! 이분은 감독님이셔. 내가 전부터 이분에 관해 자주 말해주었지. 감독님, 여기 앉아 계세요. 환상적인 이집트 음식을 가져다 드릴게요. 정말로 감독님은 그동안 너무 많이 굶으신 것 같아요."

잠시 후, 그들은 펠리시아가 솜씨 있게 만든 점심을 먹었다. 사실 몇 주 동안 식사할 시간도 없이 바쁘게 지냈던 감독은 예상치 못한 감미로운 맛을 느끼자 매우 기뻐했다.

"확실히 제가 만든 요리는 감독님이 대강당의 연회장에서 드셨던 것만큼 맛있을 거예요."

펠리시아가 뿌듯한 표정을 지어보이며 장난스럽게 말했다.

"여부가 있나! 오히려 네 음식에 비하면 대강당의 연회 음식은 소찬에 불과하지. 펠리시아, 꼭 우리 복지관에서 일해주면 좋겠구나. 우리가 하는 일을 네게 보여줄게. 아무튼 네가 여기서 이렇게 생활비를 벌며 살다니 정말 놀랍구나. 이제 네 계획을 조금 이해할 것 같아. 너는 우리에게 큰 도움이 될 거야. 그렇지만 여기서 계속 살 작정은 아니겠지?"

"아니요, 저는 그럴 생각이에요."

펠리시아가 비장한 표정으로 대답했다.

"이것이 저의 복음이기에 저는 그것을 끝까지 따라갈 거예요."

"아, 그래. 네가 옳다. 그렇게 생각하다니 하나님께 감사드리고 싶구나! 내가 세상을 등지고 나왔을 때…."

감독은 이 말을 하면서 잠시 웃었다.

"사람들이 '새롭게 거듭난 여인'에 대해 말하고 있었지. 지금 내가 이 자리에서 만난 네가 만약 그 여인이라면 이제 나도 새사람이 된 셈이야."

"아이참, 놀리지 마세요. 시카고의 빈민가에 오셔서도 그렇게 장난을 치시면 어떻게 해요?"

펠리시아가 다시 웃었다. 지난 몇 개월 동안 무거운 죄의 짐을 지고 신음했던 감독은 오랜만에 펠리시아의 웃음을 들으면서 마음이 즐거웠다. 마치 하나님의 웃음소리를 듣는 느낌이었다. 정말 좋은 기분이었다.

펠리시아가 복지관을 빨리 보고 싶어했기 때문에 그들은 식사 후 함께 복지관으로 갔다. 복지관을 보았을 때, 펠리시아는 많은 헌금과 뜨거운 헌신으로 이룩된 결과를 보고 무척 놀랐다. 그들은 복지관 곳곳을 돌아다니면서 끊임없이 이야기를 나누었다. 펠리시아는 마치 발랄한 열정의 화신과도 같았다. 감독은 그녀의 열정의 불꽃이 사방으로 튀길 때마다 그것을 바라보며 신기해했다. 그들은 위층을 다 둘러본 후 지하실로 내려갔다. 감독이 어느 한 방문을 열었다. 비록 방은 작았지만 필요한 모든 공구가 잘 갖추어진 목공실이었다. 마침 머리에 종이 모자를 쓰고 헐렁한 작업복을 걸친 한 청년이 휘파람을 불며 대패질을 하고 있었다. 청년은 두 사람이 들어오자 모자를 벗어들었다. 그 틈에 손가락에 묻어 있던 꼬불꼬불한 대팻밥 한 가닥이 머리카락에 걸렸다.

"펠리시아, 스티븐 클라이드 군이야."

감독이 펠리시아에게 청년을 소개했다.

"스티븐은 일주일에 두번씩 와서 일을 도와주는 자원 봉사자야."

그때 위에서 누군가 감독을 찾는 소리가 들렸다. 감독은 펠리시아에게 잠시 기다리라고 한 다음 위층으로 올라갔다. 펠리시아와 스티븐만이 방 안에 남게 되었다.

"우리 서로 아는 사이죠?"

펠리시아가 스티븐을 똑바로 바라보며 말했다.

"네, 그렇습니다. 감독님의 표현을 빌리자면 '저 세상'에서 서로 아는 사이였습니다."

스티븐은 자신의 손을 대패질하던 널빤지 위에 올려놓았다. 그의 손이 약간 떨리고 있었다.

"맞아요. 당신을 여기서 다시 만나다니 반갑네요."

"정말입니까?"

스티븐의 얼굴에 기쁨의 빛이 엿보였다.

"그때, 아니 그 이후로 고생이 많으셨죠."

그렇게 말하는 순간, 스티븐은 자신이 그녀의 상처를 건드려 쓰라린 고통을 되살린 것 같아 두려웠다. 하지만 펠리시아는 그 모든 아픔을 극복한 상태였다.

"그래요. 당신은 어떻게 지내셨어요? 그리고 어떻게 이곳에서 봉사하게 되셨나요?"

"이야기하자면 깁니다. 아버지께서 사업에서 많은 돈을 잃으셨기 때문에 저는 일을 하지 않을 수 없었습니다. 그래서 기술을 배웠고 조만간 사업을 시작할 생각입니다. 요즘은 밤에 호텔에서 사무원으로 일하고 있습니다. 어떤 면에서 저에게 잘된 거죠. 감독님은 무슨 일이든지 감사해야 한다고 말씀하셨어요. 그래서 저는 항상 감사하고 있고 매우 행복하답니다. 그리고 사실은 저도 당신처럼 서약을 했기 때문에 예수님의 방식에 따라 이곳에서 섬기게 되었습니다."

"어머, 그러셨어요?"

펠리시아가 더욱 환한 표정을 지었다.

마침 감독이 돌아왔다. 감독과 펠리시아는 스티븐의 일을 방해하지 않기 위해 곧 목공실을 나왔다. 두 사람이 나간 후 스티븐은 대패질을 하면서 조금 전보다 더 큰소리로 휘파람을 불었다.

"펠리시아."

감독이 궁금한 듯 물었다.

"스티븐과 전부터 아는 사이였니?"

"네, 나사렛애비뉴교회에 같이 출석했었어요."

"아, 그랬구나."

"그때 서로 좋은 친구 사이였어요."

펠리시아가 그 당시를 회상하듯 나직이 말했다.

"그 이상은 아니고?"

감독의 다소 과감한 질문에 펠리시아의 얼굴이 발갛게 달아올랐다. 그녀는 감독의 눈을 바라보며 솔직하게 대답했다.

"정말 그 이상은 아니에요."

하지만 감독은 펠리시아의 강한 부인에도 불구하고 속으로 '나중에 저 두 사람이 서로를 좋아하게 되는 것이 당연한 이치가 아닐까?'라고 생각했다. 그러자 갑자기 우울해졌다. 지금은 고인이 된 펠리시아의 어머니인 카밀라에 대한 과거의 아픔이 스쳐 지나갔기 때문이다. 펠리시아가 돌아간 후 혼자 남은 감독의 눈에 눈물이 고였다. 감독은 펠리시아와 스티븐이 서로를 좋아하게 되기를, 그리고 그 사랑이 변치 않기를 소망했다. 그는 현자처럼 중얼거렸다.

"결국 로맨스는 인간사의 한 부분이 아닌가? 사랑이란, 나보다 더 오랜 역사를 가지고 있고 더 현명하지."

24.
노상강도에게 임한 성령의 역사

그 다음 주, 감독은 복지관 역사의 한 장을 이룰 놀라운 사건을 경험했다. 그 사건은 감독이 재단사들의 파업 모임에 참석한 뒤 밤늦게 복지관으로 돌아오는 길에 일어났다.

감독이 뒷짐을 진 채 걷고 있을 때 갑자기 두 명의 남자가 폐허가 된 공장의 낡은 울타리 뒤에서 나타나 그를 가로막았다. 한 남자는 감독의 얼굴에 권총을 들이대었고, 또 한 남자는 울타리에서 뽑은 듯한 거친 막대기로 감독을 위협했다. 권총을 든 남자가 소리쳤다.

"손들어. 빨리!"

인적이 드문 곳이었기 때문에 감독은 저항할 생각을 하지 않았다. 그는 그들이 시키는 대로 순순히 응했다. 그러자 막대기를 든 남자가 감독의 주머니를 뒤지기 시작했다. 감독은 의외로 침착했고, 전혀 떠는 기색이 없었다. 아마 누군가가 감독의 모습을 멀리서 보았다면, 그가 두 남자의 영혼을 위해 손을 들고 기도하는 줄 알았을 것이다.

실제로 감독은 그들을 위해 기도하고 있었다. 그리고 그의 기도는 신기하게도 그날 밤에 바로 응답되었다.

감독은 원래 돈을 많이 가지고 다니는 편이 아니었다. 주머니를 뒤지던 남자는 겨우 동전 몇 개만 나오자 감독에게 욕을 퍼부었다.

"그의 시계라도 챙겨! 가져갈 수 있는 것은 다 가져가야지!"

권총을 든 남자의 말에 욕을 하던 남자가 막 감독의 시곗줄을 풀려고 하는 순간, 여러 사람이 다가오는 소리가 들렸다.

"얼른 울타리 뒤로 가! 입 닥치고 가만히 있어. 만약 그렇지 않으면 알지."

권총을 든 남자가 총을 쏘는 시늉을 내며 말했다. 그 남자는 감독을 울타리 틈 사이로 밀어 넣었다. 두 남자는 사람들의 발자국 소리가 사라질 때까지 숨을 죽이고 있었다. 권총을 든 남자가 사람들이 지나간 것을 확인한 뒤 울타리 밖으로 나오며 말했다.

"그래, 시계는 챙겼어?"

"아니, 시곗줄이 걸려서 잘 빠지지 않아."

권총을 든 남자가 신경질적으로 말했다.

"그러면 부숴버려!"

"안 됩니다!"

갑자기 감독이 소리쳤다. 두 남자에게 붙잡힌 이후 감독의 입에서 처음으로 나온 말이었다.

"이 시곗줄은 저의 가장 친한 친구가 선물한 것입니다. 그러니 제발 부수지 말아주세요."

감독의 목소리를 들은 권총을 든 남자가 마치 망치로 한 대 얻어맞은 것처럼 충격적인 표정을 지었다. 그는 권총을 든 반대편 손으로 감독의 얼굴을 멀리 골목에서 나오는 희미한 불빛을 향해 돌렸다. 그러더니 자신의 동료에게 전혀 뜻밖의 말을 했다.

"시계는 그냥 놔둬! 돈은 뺏었잖아. 그것으로 충분해!"

"충분하다고! 50센트가 전부인 걸. 너는 셈도 못하니?"

그 남자가 또다시 무슨 말인가를 하려고 할 때 권총을 든 남자가 갑자기 총구를 감독의 머리에서 그 남자에게로 옮겨 겨누었다.

"내 말 못 들었어! 시계를 내버려 둬! 그리고 돈도 다시 집어넣고! 지금 여기 서 있는 사람은 감독이야, 감독, 알겠어?"

"감독이 뭐 대단한가. 미국 대통령이라도…"

권총을 든 남자가 자신의 동료의 시큰둥한 목소리를 가로막았다.

"분명히 말했어. 5초 내로 돈을 돌려줘. 만약 그렇지 않으면 네 머리를 날려버릴 거야. 그렇게 되면 나중에 후회해도 소용없을 걸!"

막대기를 든 남자는 사태의 이상한 반전에 어리둥절했지만 서둘러 동전을 다시 감독의 주머니에 집어넣었다.

"감독님, 이제 손을 내리셔도 됩니다."

권총을 든 남자가 자신의 총을 천천히 내려놓으면서 감독에게 존칭을 사용했다. 감독은 천천히 자신의 팔을 내렸다. 그리고 진지하게 두 남자를 바라보았다. 그의 몸은 이제 자유로웠지만 움직이려고 하지 않았다.

"가십시오. 더는 우리 때문에 이곳에 머물러 계시지 않으셔도 됩니다."

총을 가진 남자가 감독을 재촉하며 돌 위에 털썩 주저앉았다. 또 한 남자는 심술궂은 표정으로 막대기로 땅을 파며 서 있었다.

"내가 여기에 계속 있는 이유를 말씀드리지요."

감독은 울타리 사이로 비죽 나온 나무판자 위에 걸터앉았다.

"저 양반은 우리와 함께 있는 게 좋은가 봐. 하긴 때때로 우리와 떨어지는 걸 싫어하는 존재들도 있지."

막대기를 든 남자가 거칠게 웃었다.

"입 닥쳐!"

총을 가진 남자가 소리쳤다.

"우리는 지금 지옥으로 가고 있어. 그러니 악마나 우리 자신보다 더 좋은 사람을 만난 걸 감사해야지."

감독이 두 남자의 말다툼이 그치기를 기다렸다가 사랑이 담긴 부드러운 목소리로 말했다.

"혹시 내가 당신들에게 도움을 줄 수 있다면…"

총을 가진 남자가 어둠 속에서 감독을 응시하고 있다가 그의 말을 가로막았다. 그 남자는 오랜 갈등 끝에 힘들게 결심한 듯했다.

"혹시 저를 기억하십니까?"

"글쎄요. 이곳은 너무 어두워서 지금까지 당신의 얼굴을 제대로 보지 못했습니다."

"이제 알아보시겠습니까?"

그 남자는 갑자기 모자를 벗더니 거의 몸이 맞닿을 정도로 감독에게 바짝 다가왔다. 남자의 머리카락은 상부에 있는 손바닥만한 크기의 하얀 반점 부분을 빼고는 숯처럼 까맸다. 그 남자의 얼굴을 주의 깊게 살펴보던 감독은 흠칫 놀랐다. 15년 전의 기억이 되살아났기 때문이다. 그 남자가 감독의 기억을 도왔다.

"오래전 한 남자가 감독님의 집에 찾아와 자신의 아내와 자식이 뉴욕의 셋집에서 화재로 죽었다며 도움을 청한 일을 기억하십니까?"

"네, 기억이 납니다."

옆에 서 있던 또 한 남자가 막대기로 땅을 파던 일을 멈추고 호기심 어린 표정으로 두 사람의 대화를 경청했다.

"그때 감독님은 저를 집으로 들이셔서 쉬게 해주셨습니다. 그리고 그 다음날에는 온종일 일자리를 알아봐 주셨습니다. 감독님의 도움으로 창고 책임자로 일하게 되었을 때, 저는 감독님의 요구대로 술을 끊기로 약속했죠."

"그 약속을 지키셨겠죠?"

감독의 물음에 그 남자는 사납게 웃었다. 그리고는 감정이 복받치는지 손에서 피가 날 정도로 울타리를 세게 쳤다.

"지켰냐고요? 저는 일주일도 채 지나지 않아 다시 술을 마셨습니다! 그리고 그 후로 계속해서 술을 끊지 못했습니다. 하지만 저는 감독님과 감독님의 기도를 잊을 수 없었습니다. 제가 감독님의 집에 찾아간 그날, 아침 식사를 마치고 기도 중이셨던 감독님은 저에게 들어와서 다른 사람들과 함께 앉으라고 하셨죠. 저의 남루한 옷차림이나 거친 용모, 그리고 술 냄새를 풍기는 모습에 전혀 개의치 않으셨습니다. 저는 그 기도시간을 지금도 잊지 못합니다. 저의 어머니도 그런 기도를 드리셨죠. 어린시절에 저의 침대 곁에서 어머니가 무릎을 꿇고 기도해주시던 모습을 지금도 잊지 못합니다. 그런데 어느 날 밤, 아버지가 들어와 무릎을 꿇고 기도하시던 어머니를 발로 찼죠. 아무튼 저는 그날 아침 그 기도를 절대 잊을 수 없었습니다. 감독님의 기도에서 어머니의 기도를 느꼈거든요.

그런데 지금 저의 삶을 보세요! 그동안 술집을 제 집처럼 들락거리며 지옥 속에서 살아왔습니다. 술을 끊겠다고 한 감독님과 약속을 완전히 깨뜨렸고, 근무시간에 술을 마시다가 감독님의 도움으로 구한 일자리마저 잃고 말았습니다. 그 후 이틀도 못 되어 경찰서에까지 끌려갔습니다. 그러면서도 감독님과 감독님의 기도를 잊은 적이 없습니다. 그 기도가 저에게 어떤 효력이 있었는지는 잘 모르겠습니다. 하지만 그 기도 때문에 감독님을 해치지 않기로 했으며, 아무도 감독님을 해치도록 내버려두지 않을 것입니다. 이제 자유로이 가셔도 됩니다."

어디에선가 교회 시계탑에서 새벽 1시를 알리는 종소리가 울렸다. 그 남자는 모자를 쓴 뒤 다시 돌 위에 앉았다. 감독은 머릿속으로 지금의 상황을 정리했다.

"일자리를 잃은 지 얼마나 되셨습니까?"

감독의 물음에 옆에 서 있던 남자가 대신 대답했다.

"노상강도 짓을 뺀다면 일자리 없이 빈둥거리며 논 지도 거의 6개월 이상 되었죠. 사실 이 짓도 못 해먹겠습니다. 특별히 오늘 밤처럼 아무런 소득도 없는 날이면 더욱 그렇죠."

"당신들을 위해 좋은 일자리를 찾아준다면 이 일을 그만두고 새로운 삶을 시작할 마음이 있습니까?"

"그렇다고 무슨 소용이 있겠습니까?"

돌 위에 앉아 있던 남자가 침울하게 말했다.

"수백 번씩 마음을 고쳐먹어도 그때마다 더 깊은 나락으로 빠져드는 걸. 이제 저는 완전히 사탄의 자식입니다. 너무 늦었어요."

"늦지 않았습니다."

감독이 힘주어 말했다. 그의 마음속에 영혼을 구원하고자 하는 열망이 그토록 강렬하게 타오르기는 처음이었다. 그는 나무판에 걸터앉은 채 속으로 내내 '오, 주님! 당신의 영광을 위해 저에게 이 두 사람의 영혼을 허락해주십시오. 그들을 저에게 주십시오!'라고 기도했다.

"절대 늦지 않았습니다."

감독이 다시 한 번 강조했다.

"하나님께서 당신들을 향해 무엇을 원하고 계신지 아십니까? 나의 바람은 그리 중요하지 않습니다. 하지만 그분도 나처럼 똑같은 바람을 하고 계실 겁니다. 실로 당신들은 그분께 무한한 가치를 지닌 존재들입니다."

그 순간 놀랍게도 감독의 머릿속에 한 가지 기억이 되살아났다. 지금까지 너무 바쁘게 사느라 잊고 지냈던 그 남자의 이름이 갑자기 생각났던 것이다. 그로 인해 감독의 호소는 더욱 강력한 힘을 발휘하게 되었다.

"번즈."

감독이 그 남자의 이름을 불렀다. 감독은 두 사람에 대해 형용할 수 없는 애정을 품고 있었다.

"당신과 당신의 친구가 오늘 밤 우리 집으로 함께 간다면 내가 좋은 일자리를 구해주겠소. 나는 당신들을 믿고 신뢰합니다. 당신들은 아직 젊습니다. 그런 당신들을 하나님이 왜 놓치시겠습니까? 하나님 아버지의 사랑에 비하면 나의 호의는 아무것도 아닙니다. 하지만 당신들이 이 세상에 사랑이 있다는 것을 다시 느낄 수 있다면, 내가 당신들을 사랑한다는 사실을 믿게 될 것입니다. 우리의 죄를 위해 십자가에 돌아가신 주님의 이름으로 나는 영광스러운 진정한 삶을 놓치고 있는 당신들의 모습을 차마 볼 수 없습니다.

와서 영광스러운 삶을 사십시오. 그 삶을 위해 다시 노력하십시오. 하나님이 당신들을 도와주실 것입니다. 오늘 밤 당신들의 행동은 하나님과 당신들, 그리고 나 외에는 아무도 알지 못합니다. 당신들이 하나님께 용서를 빌 때, 그 순간 바로 하나님이 당신들을 용서하셨다는 사실을 깨닫게 될 것입니다. 자, 같이 갑시다! 함께 뭉쳐 싸웁시다! 정말 가치 있는 싸움이 될 것입니다. 이 싸움을 통해 영생을 얻을 수 있으니까요. 그리스도께서 이 땅에 오신 이유는 죄인들을 도우시기 위해서입니다. 나 역시 당신들을 위해 할 수 있는 일이라면 무엇이든지 돕겠습니다. 오, 하나님! 저에게 이 두 사람의 영혼을 맡겨주십시오!"

감독은 하나님께 기도를 드리기 시작했다. 두 사람의 영혼을 향해 호소하는 내용의 기도였다. 감독은 폭발할 것 같은 자신의 뜨거운 감정을 기도 외에 달리 표현할 방법이 없었던 것이다. 감독이 기도를 시작한 지 얼마 안 되어 번즈가 손에 얼굴을 파묻고 흐느끼기 시작했다. 번즈의 어머니의 기도가 감독의 기도와 함께 큰 힘을 발휘하고 있었다. 번즈의 동료도 처음에는 아무런 생각 없이 방관자의 자세로 울타리에 기댄 채 서 있다가 감독이 기도하자 조금씩 흔들리는 모습이었다.

그날 밤, 그들의 우둔하고 잔인하고 거친 삶에 성령이 얼마나 강력한 힘으로 임하셨는지는 오직 하늘의 일을 기록하는 천사만 알 것이다. 한 가지 분명한 점은 다메섹 도상에서 바울을 쳐서 복종시켰던 초자연적 임재, 맥스웰 목사가 예수님의 발자취를 따르자고 제안한 주일 아침에 쏟아졌던 성령, 그리고 나사렛애비뉴교회에 강력하게 임했던 초자연적 능력이 대도시의 한 모퉁이에서 죄악에 물든 두 사람에게도 똑같이 나타났다는 것이다. 두 사람은 성령의 역사를 통해 자신들의 기억과 하나님으로부터 나오는 양심의 소리에 굴복하고 말앉다. 마치 감독의 기도로 말미암아 오랫동안 그들을 둘러싼 채 하나님의 음성을 방해했던 존재들이 깨지는 것 같았다. 두 사람은 그 사실을 깨닫고 무척 놀라워했다.

감독은 기도를 멈췄다. 번즈는 여전히 무릎 사이에 머리를 숙인 채 앉아 있었다. 울타리에 기대어 서 있던 번즈의 동료가 감독을 바라보았다. 그 동료의 얼굴에는 놀랍게도 경외, 회개, 놀람, 그리고 한 줄기 기쁨의 빛이 교차하고 있었다. 마침내 감독이 일어섰다.

"나의 형제들이여! 자, 갑시다. 하나님은 좋은 분이십니다. 당신들은 오늘 밤 복지관 숙소에서 지낼 수 있습니다. 그리고 일자리 약속은 확실히 지킬 것입니다."

두 사람은 조용히 감독을 따랐다. 그들이 복지관에 도착했을 때는 벌써 새벽 2시가 넘어 있었다. 감독은 두 사람을 숙소로 안내했다. 두 사람을 들여보낸 뒤 감독은 방문 앞에서 한동안 말없이 서 있었다. 복도에 서 있는 감독의 얼굴에 하늘의 영광의 빛이 감돌았다.

"나의 형제들이여! 하나님의 은혜가 함께 하기를!"

감독은 축복의 말을 남긴 뒤 복도를 빠져나왔다.

아침이 밝았을 때, 감독은 갑자기 그 두 사람을 다시 만나기가 두려웠다. 전날 밤에 받은 무서운 인상이 아직도 가시지 않았기 때문이다. 하지만 그는 자신의 약속을 지키기 위해 두 사람을 만나 일자리를 구해주었다. 마침 복지관의 일이 늘어나면서 보조수위가 필요했기 때문에 번즈에게는 그 일을 맡겼다. 그리고 번즈의 동료에게는 복지관에서 가까운 곳에 있는 트럭공장에 운전사로 취직시켜주었다. 이제 죄악으로 어두웠던 두 사람의 마음속에 성령이 들어오셨고, 그 영적 싸움을 통해 그들 안에서 놀라운 중생의 역사가 일어나기 시작했다.

25.
진정한 그리스도인은 어디 있는가?

복지관 보조수위로 일하게 된 첫날 오후, 번즈는 현관 앞 계단을 청소하고 있었다. 그는 잠시 일을 멈추고 주위를 둘러보았다. 제일 먼저 좁은 골목길을 가로질러 맥줏집 간판이 눈에 띄었다. 빗자루를 내밀면 닿을 것같이 가까운 거리였다. 반대편 거리에도 두 곳의 대형 술집이 있었다. 그리고 조금 더 떨어진 곳에 술집이 세 군데나 더 있었다.

그가 바라보고 있을 때 제일 가까운 맥줏집의 문이 열리더니 한 사람이 나왔다. 그와 동시에 두 사람이 그 안으로 들어갔다. 강한 맥주 냄새가 계단에 서 있는 그의 코를 찔렀다. 그는 고개를 세차게 흔든 다음 빗자루를 꽉 붙잡은 채 다시 계단을 쓸기 시작했다. 그는 한쪽 다리는 현관에, 다른 한쪽 다리는 계단에 둔 채 서 있었다. 한 계단을 더 내려가서 쓰는 새에 쌀쌀한 날씨에도 불구하고 그의 이마에 땀이 맺혔다. 술집 문이 다시 열리더니 서너 명의 남자가 나왔다. 곧 빈 통을 든 아이 하나가 들어가더니 잠시 후 한 쿼터나 되는 양의 맥주를 담아서 나왔다. 아이는 그가 서 있는 계단 밑 보도 위를 지나갔다. 다시 한 번 유혹하듯 맥주 냄새가 그의 코를 찔렀다. 그는 한 계단을 더 내려가 정신없이 쓸었다. 빗자루 손잡이를 너무나 꽉 쥐었기 때문에 손가락에 물집이 잡힐 정도였다.

그는 술의 유혹으로부터 벗어나려는 듯 한 계단을 올라가 이미 청소했던 곳을 다시 쓸었다. 그리고 현관으로 올라가 맥줏집에서 제일 멀리 떨어진 구석진 곳을 쓸었다. '오, 하나님!' 그는 속으로 울부짖었다. '감독님이 지금 돌아와 주신다면!' 감독은 브루스 목사와 함께 외출 중이었다. 그래서 주위에 그가 아는 사람은 아무도 없었다. 그는 2~3분 동안 바닥 구석을 쓸었다. 갈등으로 고통스러운 얼굴이었다. 그는 점차 길가 쪽으로 나와 다시 계단을 내려가기 시작했다. 술집에서 제일 가까운 계단 밑으로 끌려가는 기분이었다. 아직 쓸지 않은 계단이 마지막으로 하나 남아 있는 것이 보였다. 그에게 빗질을 끝내기 위해 내려가야 한다는 구실을 주는 것 같았다.

그는 보도 위에 서서 술집을 등진 채 마지막 계단을 쓸었다. 그는 그 계단을 열두 번이나 쓸었다. 얼굴에서 구슬땀이 흘러내려 발밑으로 떨어졌다. 그는 마치 맥주 거품이 사방에서 일어나듯 강렬한 술 냄새를 느낄 수 있었다. 그것은 깊은 지옥에서 나오는 사악한 유황 냄새와도 같았다. 거대한 손이 자신을 붙잡아 술집 쪽으로 끄는 것처럼 느껴졌다.

계단을 내려선 그는 보도 중간까지 쓸었다. 그는 복지관 앞의 공간을 말끔히 청소한 다음 도랑으로 내려가서 그곳을 쓸었다. 그는 모자를 벗고 얼굴을 소매에다 문질렀다. 그의 입술은 창백했고 이빨은 서로 부딪히며 달그락 소리를 냈다. 그는 마치 중풍에 걸린 사람처럼 온몸을 떨면서 술 취한 사람처럼 비틀거리며 왔다갔다 했다. 속에서 그의 영혼이 흔들리고 있었다.

마침내 그는 중간에 놓여 있는 낮은 돌 턱을 넘어 술집 앞으로 가서 간판을 바라보았다. 그리고 창문을 통해 거대한 피라미드 형태로 진열된 맥주와 위스키를 주시했다. 그는 입맛을 다시면서 몰래 주위를 살피며 한 발짝 내딛었다. 다시 강렬하고 뜨거운 술 냄새가 차가운 공기를 타고 콧속으로 진동해 들어왔다. 그가 술집을 향해 다시 한 발을 내딛은 다음 문을 열려는 순간 모퉁이에서 키가 큰 사람이 나타났다. 감독이었다.

감독은 번즈의 팔을 낚아채 보도 쪽으로 끌고 나왔다. 술이 마시고 싶어서 안달이 나 있던 그는 끌려가면서도 미친 사람처럼 소리를 지르며 욕을 했다. 그는 감독을 무자비하게 때렸다. 그는 자신을 파멸의 구렁텅이 일보 직전에서 구원해준 사람이 누군지 몰랐던 것이다. 그는 주먹으로 감독의 얼굴을 쳐서 큰 상처를 입혔다. 하지만 감독은 아무런 말도 하지 않았다. 감독의 얼굴에 슬픔의 기색이 가득했다. 감독은 어린아이를 다루듯이 그를 안아 세웠다. 그리고 복지관 안으로 데려 들어갔다. 감독은 그를 홀 안에 앉힌 다음 문을 닫았다. 그리고 문에 기대어 선 채 그를 바라보았다. 그가 작은 체구라 몸무게가 많이 나가지 않았음에도 불구하고 감독은 힘겨운 싸움에 지친 사람처럼 가쁜 숨을 몰아쉬었다. 감독이 말했다.

"기도하십시오! 번즈. 전에 한 번도 하지 않았던 기도를 드리세요! 기도만이 당신을 살릴 수 있습니다."

그는 무릎을 꿇고 흐느끼며 기도했다.

"오, 하나님! 저를 구원해주세요! 오, 제발 저를 지옥에서 구해주세요!"

그는 울부짖었다. 감독도 그의 옆에서 무릎을 꿇고 기도했다. 잠시 후, 그는 자신의 방으로 들어갔다. 저녁 무렵이 되어 방에서 나온 그의 모습은 마치 겸손한 어린아이와도 같았다. 감독은 이 경험을 통해 자신의 몸에 예수님의 흔적을 지니며 한층 더 성숙해질 수 있었다. 예수님의 발자취를 따라간다는 것이 무슨 의미인지 눈을 뜨기 시작한 것이다. 하지만 술집이 문제였다. 복지관 바로 앞뿐만 아니라 거리 양옆으로 많은 술집이 즐비했기 때문에 번즈와 같은 사람들에게는 큰 유혹이 아닐 수 없었다. '번즈가 이 저주스러운 술 냄새를 얼마나 오래 견딜 수 있을까?' 감독은 현관으로 나갔다. 전 도시가 술로 출렁거리는 듯한 느낌이었다. 감독은 속으로 기도했다. '얼마나 더 오래 기다려야 합니까? 주님, 얼마나 오랫동안이요?'

그때 브루스 목사가 나왔다. 두 사람은 번즈와 그가 받은 유혹에 관해 대화를 나누었다. 대화 중간에 감독이 물었다.

"복지관 주위의 술집이 들어선 건물 주인들에 대해 조사한 적이 있는가?"

"없네. 그동안 너무 바빠서 미처 그럴 시간이 없었네. 하지만 에드워드, 알아본들 이 거대한 도시의 술집들을 상대로 우리가 무엇을 할 수 있겠나? 마치 교회나 정치처럼 확고한 기반 위에 서 있는 저들을 무슨 힘으로 제거한단 말인가?"

"하나님이 노예 제도를 폐지하셨던 것처럼 때가 되면 술집도 없애주실 거야."

굳은 믿음의 대답이었다.

"그동안 우리는 복지관 주위에 있는 술집 건물 주인들이 누군지나 알아보자고."

"자네 말대로 하지. 내가 알아보겠네."

브루스 목사가 감독의 믿음에 힘을 보태며 말했다.

이틀 후, 브루스 목사는 나사렛애비뉴교회의 한 교인의 사무실을 찾아갔다. 그 교인은 자신이 다니는 교회를 섬겼던 브루스 목사를 정성스럽게 모셨다. 잠시 안부를 나눈 후 브루스 목사가 자신이 찾아온 이유를 설명했다.

"클레이튼 씨, 제가 찾아온 이유는 전화로 미리 말씀드렸듯이 복지관 옆에 소유하고 계신 건물과 관련해서입니다. 머뭇거리기에는 우리의 삶이 너무 짧고, 사안이 너무 중하기 때문에 솔직히 말씀드리겠습니다. 클레이튼 씨, 당신이 소유하고 계신 그 건물을 술집에 임대하는 게 옳다고 보십니까?"

브루스 목사의 질문은 매우 직접적이고 강경했다. 그 질문이 옛 교인에게 미친 효과는 즉각적으로 나타났다. 사업 현황판 밑에 앉아 있던 클레이튼 씨의 얼굴이 벌겋게 변하더니 점차 창백해져 갔다. 클레이튼 씨는 괴로운 듯 머리를 숙였다. 클레이튼 씨가 다시 머리를 들었을 때 브루스 목사는 놀라지 않을 수 없었다. 얼굴에 눈물이 흐르고 있었기 때문이다.

"목사님, 저도 그날 아침 다른 사람들과 함께 서약을 했다는 것을 아십니까?"

"물론 압니다."

"그동안 제가 그 건물 문제에 있어 서약을 지키지 못해 얼마나 고통을 당했는지 모르실 겁니다. 그 건물은 저에게는 사탄의 유혹이었습니다. 제가 한 투자 중에 가장 이익을 많이 내고 있기 때문이죠. 목사님이 오시기 방금 전에도 그 작은 세상적인 이익을 위해 제가 따르기로 서약한 그리스도를 부정했다는 걸 생각하며 한없는 회한에 잠겨 있었습니다. 저도 예수님이라면 술집사업에 건물을 임대해주지 않으셨을 것이라는 사실을 잘 알고 있습니다. 브루스 목사님, 더는 말씀하시지 않으셔도 됩니다. 제가 잘못했습니다."

브루스 목사는 클레이튼 씨의 손을 잡고 뜨거운 악수를 했다. 하지만 브루스 목사가 클레이튼 씨가 그동안 경험했던 고통에 대해 완전히 알게 된 것은 그로부터 한참 지난 후였다. 클레이튼 씨의 결단은 나사렛애비뉴교회의 교인들이 성령의 인 치심을 통해 그리스도를 닮기로 서약한 주일 아침 이후 시작된 새로운 역사의 일부분에 불과했다. 성령의 강한 인도하심 속에서 움직였던 감독과 브루스 목사조차도, 그리스도의 제자들이 희생과 고통의 부르심을 받고 일어날 수 있도록, 성령이 깊은 사색 속에서 대단한 열정을 가지고 기다리고 계시다는 사실을 미처 알지 못했다. 또한 성령이 오랫동안 우둔하고 차가웠던 심령들을 움직이셔서 사업가와 축재자들로 하여금 더 많은 부를 위한 자신들의 노력에 불안을 느끼게 하고, 도시 역사상 한 번도 경험하지 못한 감동을 교회 안에 일으키기 위해 역사하고 계신다는 사실을 온전히 깨닫지 못했다.

그 때문에 감독과 브루스 목사는 나중에 자신들이 이 세상에서 가능하리라고 생각했던 것 이상의 성령의 능력을 보고 놀라지 않을 수 없었다. 복지관 바로 옆에 있던 술집은 한 달 만에 문을 닫았다. 임대 기간이 만료된 것이었다. 클레이튼 씨는 술집과의 임대 계약을 연장하지 않았을 뿐만 아니라 그 건물을 복지관을 위해 기증했다. 감독과 브루스 목사는 하나님께 감사드렸다. 당시 복지관의 사업 규모가 커지면서 공간이 비좁은 형편이었기 때문이다.

감독과 브루스 목사가 가장 중요하게 여긴 복지사업 중 하나는 펠리시아가 계획한 것처럼 가난한 사람들에게 깨끗하고 맛있는 음식을 제공하는 것이었다. 그래서 클레이튼 씨가 자신의 건물을 복지관에 기증한 지 얼마 지나지 않아 펠리시아는 그곳, 잃어버린 영혼들이 들끓었던 그곳에서 급식 책임자로 일하게 되었다. 그녀는 다른 도시 출신의 봉사자들과 함께 복지관에서 기거했다. 마르다는 그녀가 가게를 했던 곳에서 계속 살면서 음악을 가르치기 위해 정기적으로 복지관을 찾았다.

어느 날 저녁, 연이은 힘들고 고된 일과 속에서 모처럼 만에 감독과 브루스 목사, 목사의 아내, 그리고 복지관 부속 건물에서 건너온 펠리시아가 함께 모여 휴식을 취했다. 감독이 인정 넘치는 표정으로 말했다.

"펠리시아, 어디 한 번 앞으로 너의 계획을 말해보렴."

"저는 오랫동안 이 지역에 사는 여성들의 취업문제를 생각해오고 있었어요. 그녀들이 안정된 직업을 가지게 되면 삶의 질이 많이 향상될 거예요."

펠리시아가 자신의 머릿속에서 생각을 꺼내는 듯한 제스처를 취하며 말하자 브루스 목사의 아내가 그 모습을 보고 웃었다. 목사의 아내는 그녀의 활기찬 아름다움과 열정을 보면서 그리스도를 닮기로 서약한 이후 그녀가 놀랍도록 변화된 사실을 느낄 수 있었다.

"저는 그 문제에 관해 여기 계신 남자 분들이 도저히 생각할 수 없는 계획을 가지고 있어요. 물론 사모님은 빼고요."

"펠리시아, 우리의 무지를 인정할 테니 계속 말해보렴."

감독이 겸손하게 말했다.

"저의 계획은 이래요. 부속 건물은 여러 개의 방을 만들 수 있을 정도로 커요. 따라서 그 방들을 가정집처럼 꾸민 다음 가정부로 일하기 원하는 여성들을 대상으로 가사와 요리를 가르쳐주는 거예요. 강습 기간은 6개월 정도면 충분하리라고 봐요. 그 기간 동안 요리, 깔끔하고 빠르게 청소하는 법, 그리고 무엇보다도 일을 향한 열정을 가르쳐 줄 생각이에요."

"오, 정말 기적 같은 일이야!"

감독이 탄성을 질렀다.

"그러면 우리가 그 기적을 현실로 만들면 되잖아요."

펠리시아가 싱긋 웃으며 말했다.

"물론 저도 무척 힘든 일처럼 보인다는 걸 알아요. 하지만 저는 자신 있어요. 제가 만나본 많은 여성도 그러한 프로그램이 생긴다면 꼭 참여하겠다고 말했어요. 우리가 그녀들에게 미래의 희망을 안겨준다면 분명 엄청난 결과가 나타날 거예요."

"펠리시아, 너의 계획의 반만 이루어져도 이 지역 사회는 큰 축복을 받게 될 거야."

브루스 목사의 아내가 감동에 젖은 표정으로 말했다.

"네가 그 일을 할 때 많은 어려움이 따르겠지만 네게 하나님의 축복이 함께 하기를 기도할게."

"우리도 마찬가지야!"

브루스 목사와 감독이 한목소리로 외쳤다.

펠리시아는 곧 제자도의 열정을 가지고 자신의 계획에 착수했다. 그녀의 제자도의 열정은 타인을 위한 실제적인 봉사로 인해 매일매일 성숙해져 갔다. 그녀의 계획은 사람들의 예상보다 훨씬 큰 성공을 거두었다. 그녀는 강한 리더십을 가지고 빈민가의 여성들에게 놀라울 정도로 빠르게 집안일을 가르쳐주었다. 펠리시아의 가사 도우미 프로그램을 수료한 여성들은 시간이 지날수록 점점 더 온 도시의 주부들로부터 칭찬을 받게 되었다. 만약 복지관의 역사가 글로 기록되었다면 펠리시아의 역할이 크게 다루어졌을 것이다.

겨울은 시대를 불변하고 가난한 사람들에게 살아 있는 죽음과도 같았다. 겨울이 깊어지면서 세계의 다른 대도시에서처럼 시카고에서도 사람들 사이의 현격한 빈부 격차를 피부로 느낄 수 있었다. 사치스럽고 세련된 풍족한 삶을 누리는 사람들과 이와 반대로 무지와 타락, 그리고 추위에 맞서 궁핍과 빵을 위한 몸부림 속에 사는 사람들이 서로 크게 대조를 이루었다. 그 해는 경제적으로 유례없이 어려운 겨울이었지만 다른 한편에서는 흥청거림이 넘쳐난 겨울이기도 했다. 파티, 리셉션, 무도회, 만찬 모임, 향연, 축제 등이 끊임없이 이어졌고, 오페라 무대의 객석과 극장은 사교계 사람들로 북적거렸다. 또한 전에 없이 화려한 보석과 멋진 옷들, 그리고 마차들이 선을 보였다. 그로 인해 깊은 궁핍과 고통은 그 어느 때보다도 더욱 잔인하고 지독하게 기승을 부렸다. 거의 살인적인 수준이었다. 유난히 차갑고 매서운 바람이 호숫가를 지나 복지관 지역에 위치한 셋집들의 얇은 벽을 향해 불어닥쳤다. 가히 사람이 살 수 없는 환경에서 사는 도시 빈민들이 이처럼 음식, 연료, 그리고 의복이 부족해 그 압박감에 쩔쩔맨 겨울도 없었다.

감독과 브루스 목사는 날마다 자원 봉사자들과 함께 물질적인 궁핍으로 고통당하는 사람들을 찾아가 도와주었다. 교회들과 자선 단체, 시 당국, 그리고 여러 조합도 연례행사를 치르듯 어려운 사람들에게 많은 양의 음식과 의복, 돈을 기부했다. 하지만 진정한 그리스도의 사랑을 안고 찾아가 따스한 손길을 펼치는 크리스천들의 모습은 찾아보기 힘들었다. 이런 현실 앞에서 감독은 그 누구보다도 마음속으로 울었다. '다가올 세상에서 상을 받기 위해 고통받는 자들을 찾아가 자신을 내어주라고 하신 주님의 명령에 순종하는 제자도는 도대체 어디에 있단 말인가?'

물론 사람들은 기꺼이 불우이웃돕기 성금을 냈다. 하지만 돈을 낸 사람들 중 상당수는 진정한 희생이라고 볼 수 없었다. 그들은 자신이 당연히 져야 할 희생을 고통 없이 돈으로 대신 치르려 했을 따름이기 때문이다. '여기에 무슨 희생이 있는가? 이것이 과연 예수님을 따르는 삶이며 예수님과 동행하는 삶인가?' 감독은 한때 자신이 지도했던 귀족적이고 화려한 교회들을 찾아갔다. 하지만 호화스러운 삶을 누리는 교인들 중에 고통받는 사람들을 위해 진정으로 불편을 감수하며 고통에 동참하고자 하는 사람들이 거의 없다는 사실에 놀랐다.

'자선이라는 게 겨우 못 입게 된 낡은 옷가지를 주는 것인가? 자선 모금 요원이나 교회 총무에게 10달러를 전달하는 게 자선이라고 할 수 있는가? 자신이 직접 가서 사랑을 전할 수는 없는가? 리셉션이나 파티, 그리고 연주회에 참석하는 대신 도시에서 고통당하는 병든 사람들의 아픈 상처를 직접 싸매줄 수는 없는가? 왜 사람들은 자선 행위를 편하게, 그리고 쉽게 하려고만 하는가? 자신의 사랑을 자선 단체들을 통해 대신 전하도록 해 그들에게 어려운 짐을 맡김으로써 의무를 다했다고 말할 수 있는가?

혹독한 겨울 내내, 죄와 슬픔으로 신음하는 사람들 속으로 뛰어 들어가 그 사람들을 돌보면서 감독은 이와 같은 질문들을 끊임없이 반복했다. 그는 많은 사람이 크리스천으로서 사랑의 책임을 소수에게만 떠넘기는 것을 보고 분노하지 않을 수 없었다.

하지만 놀랍게도 그 시간에 성령은 조용하면서도 저항할 수 없는 강력한 힘으로 교회들을 움직이고 계셨다. 심지어 사회적 문제를 마치 전염병처럼 무서워하며 기피하던 부유하고 안락한 삶을 추구하던 교인들 사이에서도 성령의 역사가 진행되고 있었다. 어느 날 일어난 한 남자의 죽음을 계기로 그런 성령의 역사를 깨닫게 되었을 때 감독과 브루스 목사, 그리고 진정한 예수님의 제자들은 놀라움을 금치 못했다. 그 사건은 나사렛애비뉴교회의 서약운동과 예수님의 방식을 따른 브루스 목사와 감독의 행동이 그 겨울에 어떻게 그런 큰 힘을 받으며 진척되었는지를 무엇보다도 잘 보여주는 사건이라고 할 수 있었다.

26.
한 남자의 슬픈 죽음

복지관의 아침 식사 시간은 하루 중 유일하게 모든 가족이 한자리에 모여 교제하는 시간이었다. 사람들은 선의의 유머와 재치로 그 시간을 기쁘게 보냈다. 감독과 브루스 목사는 곧잘 재미있는 이야기들을 해주곤 했다. 그로 인해 복지관의 가족들은 자신들을 둘러싼 비참한 환경 속에서도 건강한 여유를 가질 수 있었다. 감독은 종종 유머의 능력도 다른 은사와 마찬가지로 하나님이 주신 선물이라고 강조했다. 그리고 자신에게 있어 유머는 삶에 엄청난 압력을 받을 때 유일한 안전장치라고 역설했다.

어느 날 아침, 감독은 다른 사람들을 위해 조간신문에 실린 기사들을 읽어주고 있었다. 다음 페이지로 눈을 옮기던 그는 갑자기 읽는 것을 멈췄다. 점차 그의 얼굴이 굳어지며 슬픈 기색이 감돌았다. 사람들이 모두 그를 쳐다보았다. 알 수 없는 정적이 식탁 위에 내려앉았다. 잠시 후 감독이 슬픔이 가득한 목소리로 입을 열었다.

"어떤 남자가 화물차에서 석탄 한 덩어리를 훔치려다가 총에 맞아 죽었다고 합니다. 6개월 동안 실직 상태에 있는 바람에 가족들이 추위에 떨고 있었기 때문이랍니다. 그 남자의 아내와 여섯 명의 아이는 웨스트사이드에 있는 오두막집에서 비좁게 살고 있었고, 그중 한 아기는 포대기에 감싸인 채 벽장 안에 있었다고 합니다."

감독은 사건의 경위와 기자가 죽은 남자의 가족이 사는 셋집을 취재하고 쓴 기사를 읽어주었다. 감독이 기사를 다 읽자 식탁 주위에 조금 전보다 더 무거운 정적이 흘렀다. 그 비극적인 사건으로 그날 아침의 유머러스한 분위기는 자취를 감추고 말았다. 사람들이 왁자지껄 떠들며 복지관 앞으로 지나가는 소리가 들렸다. 인간 삶의 거대한 흐름이 큰 물줄기를 이루며 복지관을 지나가고 있는 것 같았다. 많은 사람이 군중 속에서 각자의 일터로 빠르게 움직이고 있었다. 하지만 다른 한편에서는 수천 명의 사람이 그 물결에서 떨어져 나와 마지막 희망을 붙들다 문자 그대로 풍요의 나라에서 죽어가고 있었다. 육체적인 삶을 이어갈 수 있는 일자리를 찾지 못했기 때문이다.

그날 아침, 복지관 가족들은 그 사건을 놓고 서로의 생각을 주고받았다. 먼저 복지관에 들어온 지 얼마 되지 않은 한 목사 후보생이 말했다.

"왜 그 남자는 자선단체에 찾아가서 도움을 청하지 않았을까요? 또는 시 당국에 갈 수도 있지 않았을까요? 아무리 각박한 세상이라고 해도 크리스천으로 가득 찬 이 도시가 음식과 난방연료가 없어 고통받는 가족이 있다는 걸 알면서도 모른 체 하지는 않았을 텐데요."

"물론 나도 그렇게 생각하네."

브루스 목사가 말했다.

"하지만 우리는 그 남자가 그동안 어떤 노력을 했는지 알지 못하네. 확실히 그 남자는 사건이 일어나기 전 도움을 청하기 위해 백방으로 뛰어다녔을 걸세. 그리고 마침내 절망을 느끼자 최후의 방법으로 훔치기로 결심한 거겠지. 이번 겨울에 나는 그런 일을 여러 번 보았네."

"이번 사건에서 그 남자가 어떻게 행동했는지는 그렇게 중요하지 않습니다."

이번에는 감독이 사람들을 둘러보며 말했다.

"정말 끔찍한 사실은 그 남자가 6개월 동안 일자리가 없었다는 점입니다."

"왜 그 사람은 농촌으로 가지 않았을까요?"

목사 후보생이 궁금한 듯 물었다.

그러자 특별히 농촌 상황을 연구한 적이 있는 어떤 사람이 그 질문에 답했다.

"농촌에서 안정적인 일자리를 찾기란 도시에서보다 훨씬 어렵습니다. 또한 만약 가족 중에 아픈 사람이 있었다면 어떻게 먼 거리를 이동할 수 있겠습니까? 뿐만 아니라 몇 가지 되지 않는 가재도구라 할지라도 운반하기 위해서는 비용이 들 텐데 그 돈은 어떻게 마련하겠습니까? 그 남자가 다른 곳으로 가지 못한 데는 분명 여러 가지 이유가 있었을 것입니다."

브루스 목사의 아내가 가엾은 표정으로 말했다.

"남편과 아버지를 잃은 부인과 아이들은 지금 얼마나 슬플까요. 그들이 어디 산다고 했죠?"

"여기서 세 블록 떨어진 펜로즈 구역입니다. 사람들은 그 구역을 그렇게 부릅니다. 펜로즈 씨가 그 구역에 있는 집의 절반 이상을 소유하고 있기 때문입니다. 펜로즈 씨는 교인으로 알려져 있습니다. 그 구역의 집들은 사실 이 도시에서 가장 형편없습니다."

감독이 자신이 아는 대로 설명해주었다.

"맞습니다. 펜로즈 씨는 나사렛애비뉴교회의 교인입니다."

브루스 목사가 어두운 목소리로 말했다. 갑자기 감독이 식탁에서 분연히 일어섰다. 감독의 모습에서 신성한 분노를 엿볼 수 있었다. 감독이 자신의 입에서 비난의 말들이 쏟아져 나오려는 것을 참고 있을 때 현관 벨이 울렸다. 봉사자 중 한 사람이 현관으로 나가 문을 열어주었다.

"저는 클라렌스 펜로즈입니다. 브루스 목사님과 감독님께 제가 뵙기를 원한다고 전해주십시오. 브루스 목사님은 저를 잘 아실 겁니다."

식탁에 앉아 현관에서 나는 소리를 듣고 있던 사람들은 '펜로즈'라는 이름에 다들 놀랐다. 감독과 브루스 목사가 서로 의미 있는 눈짓을 교환하며 즉시 현관 쪽으로 걸어갔다.

"이쪽으로 들어오십시오."

브루스 목사는 방문객을 응접실로 안내한 후 문을 닫았다. 펜로즈 씨는 무슨 이유에서인지 몹시 지쳐 있었다. 원래 펜로즈 씨는 시카고에서 제일 품위 있는 사람들 중 한 사람이었다. 그는 사회적으로 유명한 갑부 집안 출신이었다. 매우 부자인 그는 도시 여러 지역에 많은 집과 건물을 소유하고 있었다. 또한 그는 브루스 목사가 전에 담임을 했던 교회에 출석하고 있었다. 그는 자신 앞에 있는 두 목회자를 동요가 가득한 얼굴로 마주보았다. 그의 얼굴에서 뜻 모를 두려움의 흔적이 엿보였다. 그의 얼굴은 매우 창백해 있었고 말할 때마다 입술이 떨렸다. 브루스 목사가 알기에 펜로즈 씨가 이처럼 이상한 모습을 보인 적은 지금까지 단 한 번도 없었다.

"두 분도 한 남자가 석탄을 훔치던 중 총에 맞아 죽은… 사건에 관한 기사를 읽으셨을 줄 압니다. 정말 끔찍한… 사건입니다. 현재 그 남자의 가족은 저의 소유의… 집에 살고 있습니다. 하지만 제가 방문한 목적은 따로 있습니다."

그는 말까지 더듬거리며 초조하게 두 사람의 얼굴을 바라보았다. 감독은 여전히 화가 난 표정이었다. 감독은 이 품위 있는 사람이 개인적 안락과 부를 희생해서 자신의 집에 세 들어 사는 사람들의 생활 환경을 조금이라도 개선시켜주었다면, 비참한 삶의 설움뿐만 아니라 심지어 죽음까지도 미연에 방지할 수 있었을 것이라는 생각을 떨쳐 버릴 수 없었다.

"목사님!"

펜로즈 씨가 브루스 목사에게로 몸을 숙이더니 갑자기 절규했다. 그의 목소리에서 그가 엄청난 공포에 휩싸여 있음을 느낄 수 있었다. 그는 가까스로 자신의 감정을 수습했다.

"제가 온 이유는 저의 이상한 체험을 말씀드리기 위해서입니다. 정말 초자연적인 경험이었습니다. 목사님도 기억하시겠지만 저도 예수님의 방식대로 행동하기로 서약한 사람들 중 한 사람입니다. 그 당시 저는 어리석게도 저 자신이 크리스천의 의무를 다하며 살고 있다고 자부했습니다. 실제로 저는 교회와 자선 단체에 많은 돈을 헌금하고 있었습니다. 하지만 뒤돌아보면 정작 저 자신을 희생하며 고통에 동참한 적은 한 번도 없었습니다. 그로 인해 저는 서약한 후 완전한 이중적 삶을 살았습니다.

반면, 저의 작은딸인 다이애나는 달랐습니다. 목사님은 다이애나 역시 서약운동에 참여했다는 걸 아실 겁니다. 다이애나는 최근 저에게 가난한 사람들과 그 사람들이 사는 환경에 관해 많은 질문을 했습니다. 저는 딸아이에게 사실대로 대답해주지 않을 수 없었습니다. 그리고 마침내 어젯밤 딸의 질문 중 하나가 저의 마음을 찔렀습니다. '아빠는 가난한 사람들이 세 들어 사는 집을 많이 소유하고 계시죠? 그 집들도 우리 집처럼 멋지고 따뜻한가요?' 물론 아직 세상을 모르는 아이들은 으레 이와 같은 질문을 합니다.

하지만 어제따라 저는 딸의 질문에 깊은 고통을 느끼며 잠자리에 들었습니다. 지금 생각하면 그 고통은 하나님이 제 양심을 향해 쏘신 화살이었습니다. 저는 도저히 잠을 이룰 수가 없었습니다. 마치 심판 날에 심판관 앞에 서 있는 기분이었습니다. 그때 갑자기 환상 중에 심판관이 나타나 저에게 육체의 몸으로 그동안 한 행동을 진술하라고 말했습니다. 순간 제 머릿속은 저의 행동에 관한 온갖 질문으로 가득 찼습니다.

'나는 감옥에 있는 죄인들을 얼마나 방문했는가? 나는 청기지의 삶을 가지고 무엇을 했는가? 겨울에는 추위에, 여름에는 찌는 듯한 더위에 숨 막히는 삶을 사는 셋집 사람들에게 무엇을 해주었는가? 그들에게 받는 집세가 아니라 진정 그들을 생각한 적이 있는가? 나의 고난은 어디에 있는가? 예수님이라면 지금 나처럼 행동하셨을까? 내가 서약을 깨뜨린 것이 아닌가? 그동안 내가 소유한 돈과 사회적 영향력을 어떻게 사용했는가? 그것을 고통에 처한 사람들에게 기쁨을 주고, 낙담하는 자들에게 희망을 불어넣어 주기 위한 축복의 도구로 사용했다고 말할 수 있는가? 나는 실로 많은 것을 받았다. 그런데 내가 준 것은 얼마나 되는가?'

 이 모든 것이 환상 중에 마치 지금 두 분을 뵙는 것같이 생생한 모습으로 다가왔습니다. 저는 그 환상이 어떻게 끝났는지 잘 모르겠습니다. 마음속에 고통당하시는 예수님이 손가락으로 저를 가리키시며 책망하시는 모습이 떠올랐을 뿐 나머지 환상들은 안개와 같은 어둠 속으로 사라져버렸습니다. 저는 밤새 한잠도 자지 못했습니다. 그런데 오늘 아침 제가 제일 먼저 본 기사가 바로 석탄 야적장에서 일어난 총격 사망 사건이었습니다. 저는 공포 속에서 그 기사를 읽었습니다. 지금도 그 두려움을 떨쳐버릴 수 없습니다. 정말로 저는 하나님 앞에서 큰 죄인입니다."

 감독과 브루스 목사는 눈물을 흘리는 그를 바라보며 마음속으로 똑같은 생각을 했다. '성령이 얼마나 놀라운 힘으로 역사하셨기에 예수님을 위해 고난당하는 것이 무슨 의미인지도 모른 채 대도시의 커다란 슬픔에 아랑곳하지 않고 지금까지 자기만족 속에서 품위 있고 세련된 문화인으로서 부유한 사회적 삶을 영위해 왔던 사람에게 이런 일이 일어났을까?' 순간 제일교회와 나사렛애비뉴교회를 휘덮었던 성령의 바람이 세 사람이 앉아 있는 응접실 안으로 불어왔다. 감독이 펜로즈 씨의 어깨에 손을 얹으며 말했다.

 "나의 형제님, 하나님은 지금까지 당신 곁을 한 번도 떠나지 않으셨습니다. 우리 모두 하나님께 감사의 기도를 드립시다."

 "예, 그렇게 하고말고요!"

 펜로즈 씨는 의자에 앉은 채 흐느꼈다. 감독이 기도를 마치자 그가 조용히 말했다.

"저와 함께 죽은 남자의 가족이 사는 집으로 가주실 수 있으십니까?"

두 사람은 흔쾌히 그와 함께 고인의 가족이 사는 집으로 갔다. 그 방문은 펜로즈 씨에게는 새로운 삶의 출발점이기도 했다. 그는 낡은 헛간과 같은 집 안으로 들어가 난생 처음으로 말로만 들었지 실제로 보지 못했던 고통과 절망의 참상을 목격했다. 그 후 그의 삶은 완전히 달라졌다. 그가 자신의 서약에 따라 예수님의 방식이라고 판단되는 행동을 실천하기 위해 셋집들을 어떻게 개선시켰는지는 일일이 다 언급할 수 없다. 다만 다음의 질문에 진실하게 대답할 수 있는 사람이라면 펜로즈 씨가 어떤 일을 시작했는지 쉽게 짐작할 수 있을 것이다. '만약 예수님이 시카고나 다른 대도시에 많은 집을 소유하고 계신다면 그 집들을 가지고 무엇을 하셨을까?'

혹독한 겨울이 절정에 이르기 전, 예수님의 발자취를 따라 살기로 약속한 복지관의 가족들의 삶과 관련해서 많은 일이 일어났다. 그중에서도 펠리시아와 스티븐의 사랑이야기는 그해 겨울을 핑크빛으로 물들였다. 어느 날, 펠리시아는 펜로즈 구역에 있는 빵집에 견본으로 진열할 과일 바구니를 들고 복지관을 나서다가 마침 지하 목공실 문을 열고 밖으로 나오던 스티븐과 마주쳤다. 스티븐이 펠리시아를 향해 말했다.

"그 바구니를 제가 들게 해주세요. 제발."

"왜 '제발'이라고 하셨죠?"

펠리시아가 바구니를 건네주며 미소 띤 표정으로 물었다.

"사실은 다른 식으로 말하려고 했습니다."

스티븐이 당당한 태도로 펠리시아를 바라보며 말했다. 그는 자신의 용기에 스스로 놀랐다. 그는 그녀를 처음 만난 날부터, 그리고 특별히 목공실에서 그녀를 다시 만난 후부터 날이 갈수록 그녀를 더욱 사랑하고 있었다. 더욱이 최근 몇 주 동안 복지관 일로 서로 함께한 시간이 많았다.

"다른 식이라뇨?"

펠리시아가 스티븐의 사랑의 함정에 빠진 것도 모른 채 순진하게 물었다.

"원래는…."

스티븐은 잘생긴 얼굴을 펠리시아에게로 향하면서 우주에서 가장 아름다운 것을 품은 사람의 표정으로 말했다.

"원래는 '그 바구니를 제가 들게 해주세요. 사랑하는 펠리시아' 라고 말하려고 했습니다."

스티븐의 말에 펠리시아의 얼굴이 이제까지 모습 중에 가장 아름답게 빛났다. 그녀는 똑바로 앞을 바라보며 계속 걸었다. 그녀 자신도 이미 오래전부터 자신의 마음을 그에게 주었다는 사실을 스스로 알고 있었다. 마침내 그녀가 그에게로 얼굴을 돌리며 수줍게 말했다. 그녀의 얼굴은 장밋빛으로 상기되어 있었고, 눈가에는 사랑의 그림자가 깃들어 있었다.

"그러면 왜 처음부터 그렇게 말씀하지 않으셨죠?"

"정말 그래도 괜찮습니까?"

스티븐이 놀란 목소리로 외쳤다. 그는 너무 놀라 들고 있던 바구니를 떨어뜨릴 뻔했다. 그러자 펠리시아가 재빨리 말했다.

"물론이죠. 하지만 제발 제가 애지중지하는 과일들은 떨어뜨리지 말아주세요!"

"이 세상보다 더 귀한 물건인데 떨어뜨려서는 안 되죠. 사랑하는 펠리시아."

스티븐은 몇 블록을 마치 공중에 붕 뜬 기분으로 걸었다. 그들은 함께 걷는 동안 서로의 비전에 관한 많은 이야기를 나누었다.

같은 시각, 감독은 펜로즈 구역을 둘러본 후 복지관으로 돌아오고 있었다. 그때 골목 저편에서 귀에 익은 목소리들이 들렸다. 펠리시아와 스티븐이었다.

"그런데 언제부터 나를 좋아하게 되셨습니까?"

"목공실에서 당신을 다시 만난 날, 당신의 귀에 대팻밥 한 가닥이 걸려 있는 것을 보고 그때부터 사랑하게 되었죠!"

그 목소리들은 너무나도 맑고 순수하고 감미로워서 듣는 이의 기분을 좋게 했다. 장난기가 동한 감독은 갑자기 그들 앞을 가로막고 나타나 일부러 근엄한 목소리로 물었다.

"너희들, 그 바구니를 가지고 어디에 가는 거지?"

감독의 갑작스러운 등장에 놀란 펠리시아와 스티븐은 어쩔 줄을 몰라 했다. 그 때문에 두 사람은 자신들이 어디로 가고 있었는지조차 잊어버린 채 허둥댔다.

"저희들은 이것을 그러니까… 펠리시아, 이것을 어디에 가져가려고 했죠?"

"친애하는 감독님, 우리는 이것을 복지관에 가져가서…"

"맛있는 음식을 만들려고 했어요."

스티븐이 펠리시아를 도와주기 위해 그녀의 말을 받아 재치 있게 마무리했다.

"정말이니?"

감독이 너털웃음을 지었다.

"그러면 나도 초대해서 같이 먹자구나. 펠리시아의 요리 솜씨는 정말 훌륭하거든."

"감독님, 친애하는 감독님!"

펠리시아가 자신의 기쁨을 감추지 못한 채 말했다.

"정말로 감독님이 오신다면 대환영이에요. 감독님도 좋으시죠?"

"물론이다. 나도 좋다."

감독이 펠리시아의 말뜻을 이해한다는 듯 대답했다. 감독은 지난번처럼 속으로 두 사람의 사랑을 위해 기도한 후 부드럽게 말했다.

"하나님이 너희 두 사람을 축복해주시기를 바란다!"

감독이 먼저 돌아간 후 둘만 남게 된 펠리시아와 스티븐은 다시 서로의 사랑을 나누었다. 예수님이 하늘의 사랑으로 모든 슬픔과 죄를 짊어지고 가신 것처럼 이 땅의 제자들도 이 세상에 속한 영적인 사랑의 능력을 노래하며 살아갈 수 있지 않을까! 이제 두 사람은 함께 손을 잡고 거대한 사막과도 같은 인생고를 헤쳐나갈 것이다. 세상의 슬픈 경험 앞에서도 서로에게 힘이 되어주며 더욱 사랑으로 성장해 갈 것이다. 또한 서로에 대한 사랑으로 예수님의 발자취를 더욱 가까이에서 따르며, 자신들의 집을 집 없는 사람들과 함께 공유함으로써 수많은 가련한 인생에게 축복을 전해줄 것이다. 우리 주님은 말씀하셨다. "이러므로 남자가 부모를 떠나 그 아내와 연합하여 둘이 한 몸을 이룰지로다." 그러므로 이제 펠리시아와 스티븐은 주님의 본을 따라 하늘이 엄숙한 축복으로 인정해준 그들의 세상적인 사랑으로 인해 더욱 깊고, 더욱 진실한 봉사와 헌신으로 그분을 사랑하게 될 것이었다.

복지관을 통해 펠리시아와 스티븐의 사랑의 열매가 열린 지 얼마 후에 레이몬드 제일교회의 맥스웰 목사가 레이첼과 버지니아, 롤린, 알렉산더 파워즈, 그리고 마쉬 총장과 함께 시카고를 방문했다. 그들이 오게 된 동기는 감독과 브루스 목사가 복지관 홀에서 특별한 공개 모임을 개최하면서 그들에게 모임에 참석해줄 것을 간곡히 부탁했기 때문이다.

그날 밤, 복지관 홀 안에는 이전의 공개 모임들 때처럼 실직자들, 하나님과 인간에 대한 믿음을 잃어버린 가련한 인생들, 무정부주의자와 이교도들, 그리고 자유사상가들이 한데 모여 있었다. 맥스웰 목사 일행은 그 모임에서 도시에서 가장 더럽고, 가장 희망 없고, 가장 위험하고, 가장 부패한 사람들과 대면하게 되었다. 죄에 찌든 채 쾌락만을 일삼던 이기적인 거대한 도시는 앞으로 어떤 일이 일어날지 알지 못했지만, 분명 성령의 역사 속에서 하나님의 장중에 사로잡혀 있었다. 그날 밤 모임에 참석한 모든 사람은 목회자 후보생이 복지관 문 위에 선명한 글씨로 써 붙인 표어를 보았다. "예수님이라면 어떻게 하실까?" 맥스웰 목사는 어느 주일 아침, 남루한 차림의 낯선 사람이 제일교회에 나타나 처음으로 그 질문을 했던 일을 회상하면서 깊은 감동에 젖었다.

'다른 도시에 있는 예수님의 제자들과 연합하고자 했던 소망이 실현되고 있는가? 레이몬드에서 시작된 서약운동의 불길이 실제로 전국적으로 번져가고 있는가?' 거대 도시에서 그 질문에 관한 답을 확인하는 것이 맥스웰 목사가 시카고에 온 또 하나의 이유였다. 맥스웰 목사는 그날 저녁 모임에서 말씀을 전할 예정이었다. 철도공장의 노동자들 앞에 처음 선 이후로 그는 세상 사람들 앞에 설 때마다 점점 더 강하고 침착해졌다. 하지만 그럼에도 언제나 주님께 도움을 구하는 깊은 기도를 드리지 않을 수 없었다. 맥스웰 목사는 홀 안으로 들어갔다. 그는 그날 모임이 마치 "예수님이라면 어떻게 하실까?"라는 그의 계속적인 물음에 어떤 답을 줄 수 있을 것 같은 느낌이 들었다.

그날 저녁, 그는 오랫동안 교회를 향해 이방인이요, 대적자로 살아왔던 사람들을 보면서 마음속으로 부르짖으며 기도했다. "오, 주님! 당신의 교회에게 당신을 어떻게 따라야 할지 가르쳐주십시오!" 얼마 후, 그는 사람들과 대면하면서 다른 제자들과 함께 세상의 삶에서 중요한 사건 중 하나를 경험하게 있었다. 과연 맥스웰 목사의 기도가 응답될 것인가? 이 도시의 교회들이 주님을 따르라는 부르심에 순종할 것인가? 교회들이 고통과 고난 속에 걸어가신 주님의 발자취를 선택할 것인가? 전 도시에 걸쳐 성령이 강하게 임재하고 계셨다. 성령이 세상을 개혁하기 위해 이 도시에서 그토록 강하게 역사하신 적은 없었다. "성령을 근심하게 하지 마라. 오, 도시여!"

27.
복지관에서 열린 공개 토론

맥스웰 목사는 복지관 홀을 가득 메운 영혼들을 향해 말씀을 전하기 시작했다. 자신의 삶에서 이처럼 다양한 성향의 관중들 앞에서 연설하기는 처음이었다. 레이몬드 시에서는 그토록 다양한 부류의 사람들을 찾아볼 수 없었다. 심지어 렉탱글에서조차도 교회와 기독교, 그리고 종교적 영향에서 완전히 벗어난 많은 사람을 찾아볼 수 없었다.

맥스웰 목사는 미리 준비한 자신의 요지를 말하기 시작했다. 먼저 가장 쉬운 말로 레이몬드에서 행한 서약운동의 결과 몇 가지를 설명했다. 사실 그곳에 모인 모든 사람도 예수 그리스도와 그분의 인격에 관해 어느 정도 알고 있었다. 그래서 교회의 관행과 사회구조에 적의를 품고 있으면서도 무엇이 옳고 무엇이 진리인지에 관한 어느 정도의 기준을 가지고 있었다. 나사렛의 목수이셨던 예수님을 통해 비록 보잘것없지만 어느 정도 자신의 가치관을 형성하고 있었던 것이다. 따라서 맥스웰 목사가 "예수님이라면 어떻게 하실까?"라고 말했을 때 그들은 매우 큰 관심을 보였다.

레이몬드 시에 관한 이야기를 마친 맥스웰 목사는 똑같은 질문을 일반 사회문제에 적용하기 시작했다. 사람들은 존경의 눈빛으로 그의 말에 주목했다. 그들은 진정으로 흥미 있다는 표정이었다. 맥스웰 목사가 말하는 내내 홀 안에 있는 사람들은 자신의 얼굴을 앞으로 기울여 그를 쳐다보았다. 그것은 노동자나 거리 부랑자들이 흥분했을 때 취하는 태도로서 교회나 다른 곳에서는 좀처럼 볼 수 없는 모습이었다. 맥스웰 목사가 힘주어 말했다.

"여러분, 만약 '예수님이라면 어떻게 하실까?' 라는 질문이 교회의 표어뿐만 아니라 사업가나 정치가, 신문인, 노동자, 그리고 모든 국민의 표어가 된다면, 또한 그런 기준에 따라 행동한다면 세상은 순식간에 변화되지 않을까요? 이 세상의 문제가 무엇입니까? 한마디로 이기주의에서 나오는 고통입니다. 지금까지 예수님처럼 이기주의를 극복한 사람은 아무도 없습니다. 사람들이 결과에 상관없이 그분을 따랐다면, 이 세상은 즉시 새로운 삶으로 변했을 것입니다."

맥스웰 목사는 병들고 죄악에 물든 사람들로 가득 차 있는 홀 안에서 자신이 존경스러운 시선을 받고 있다는 사실을 깨닫고 적잖이 놀랐다. 감독과 브루스 목사는 나란히 앉아서 종교적 신념을 거부하고, 사회적 질서를 경시하며, 자포자기의 좁고 이기적인 삶을 살았던 사람들의 얼굴을 바라보았다. 두 사람은 그동안 세상의 무관심과 홀대로 증오에 차 있던 그들의 마음이 복지관 모임에 참석한 이후 점점 부드러워지면서 그들의 얼굴에서 악의가 사라지는 것을 보고 무척 놀랐다.

비록 사람들이 맥스웰 목사를 존경의 시선으로 바라보고 있었지만 그날 밤, 홀에 모여 있는 사람들의 생각이 구체적으로 어떠한지는 아무도 알 수 없었다. 감독도 예외는 아니었다. 사람들 중에는 그날 오후 우연히 복지관 앞을 지나가다가 모임에 관한 벽보를 보고 호기심에서, 그리고 차가운 바람을 피하기 위해 들어온 2~30명의 실직자도 있었다. 바깥 날씨는 무척 매서웠다. 하지만 3만 명 이상의 영혼이 오가는 이 구역에서 술집을 제외하고는 복지관처럼 추위에 떠는 사람들을 위해 활짝 문을 개방한 곳은 아무데도 없었다. 결국 집이나 직장, 또는 친구들이 없는 사람들은 술집을 찾아갈 수밖에 없었다. 그로 인해 술집은 만원을 이루고 있었다.

복지관에서는 지금까지 공개모임 강연 후 항상 토론시간을 가져왔다. 그날 역시 마찬가지였다. 맥스웰 목사가 연설을 마치고 자리에 앉자 모임의 사회자인 감독이 일어나서 누구든지 자유롭게 질문하며 자신이 생각과 감정을 기탄없이 말해달라고 했다. 또한 다른 사람들을 배려해서 발언을 3분 이내로 제한한 토론규칙을 지켜달라고 덧붙였다. 전에 공개모임에 여러 번 참석한 경험이 있는 많은 사람이 즉시 "네, 알겠습니다!"라고 말했다.

감독이 자리에 앉자 제일 먼저 홀 중앙에 있는 한 사람이 일어나서 말하기 시작했다.

"오늘 밤 맥스웰 목사님의 연설은 정말 감명 깊었습니다. 사실 목사님이 말씀하신 사택에서 숨을 거둔 낯선 사람은 잭 매닝입니다. 저는 그 친구를 잘 알고 있습니다. 2년 동안 필라델피아의 한 인쇄소에서 함께 일했거든요. 한 번은 제가 어려움에 처해 있었을 때 그 친구가 5달러를 빌려주었습니다. 하지만 그 후로 돈을 갚을 기회가 없었습니다. 그 친구가 인쇄기술의 발달로 실직을 하게 되면서 뉴욕으로 갔기 때문입니다. 그 이후로 그 친구를 한 번도 보지 못했습니다.

저 역시 새로운 인쇄기계가 들어오면서 그 친구처럼 실직을 하게 되었습니다. 그리고 지금까지도 실직 상태에서 벗어나지 못하고 있습니다. 흔히들 발명은 좋은 것이라고 말합니다. 하지만 저는 그렇게 생각하지 않습니다. 물론 이것은 저의 편견인지 압니다. 그렇지만 저처럼 새로운 기계 때문에 안정적인 일자리를 잃게 되면 누구나 자연스럽게 그런 생각을 하게 될 것입니다. 목사님이 기독교에 관해 하신 말씀은 다 옳습니다. 하지만 저는 교회 사람들이 그런 희생을 감수하리라고 생각하지 않습니다. 제가 겪은 바로는 크리스천들 역시 세상 사람들 못지않게 이기적이며, 돈과 세상적인 성공에 집착해 있기 때문입니다. 물론 감독님이나 브루스 목사님, 그리고 기타 몇몇 분은 예외라고 생각합니다. 그렇지만 사업이나 돈벌이에 관한 문제에서 세상 사람들과 크리스천들 사이에는 별 차이가 없습니다. 아니, 둘 다 똑같습니다."

여기저기서 "맞소!" "지당하신 말씀!"이라는 외침이 터져나왔다. 이번에는 아까 전부터 발언권을 얻기 위해 기회를 엿보던 두 사람이 동시에 말하기 시작했다. 감독은 두 사람에게 질서를 지켜달라고 부탁하면서 그중 한 사람에게 발언권을 주었다. 그 사람은 기다렸다는 듯 말을 쏟아놓기 시작했다.

"저는 이 공개모임에 처음 참석했습니다. 그리고 동시에 아마도 오늘이 마지막 참석이 될지도 모릅니다. 이제 저의 운명이 거의 다 된 느낌이 들기 때문입니다. 저는 일자리를 얻기 위해 이 도시를 수없이 돌아다녔습니다. 하지만 결국 일자리가 아닌 병만 얻게 되었습니다. 현재 이 도시에는 저와 비슷한 처지에 있는 사람이 수없이 많습니다.

괜찮다면 맥스웰 목사님께 질문을 드리고 싶습니다."

"목사님, 질문을 받으시겠습니까?"

감독이 맥스웰 목사의 의사를 물어보았다.

"물론입니다."

맥스웰 목사가 즉시 대답했다.

"만족하실 만한 대답을 해드릴 수 있을지는 모르겠지만요."

"제 질문은 간단합니다."

그 사람은 몸을 앞으로 내밀고 긴 팔을 쭉 뻗으며 말했다. 팔을 뻗는 모습이 매우 자연스럽게 극적 효과를 가져다주었다.

"예수님이 저의 처지시라면 어떻게 하실지 정말 알고 싶습니다. 저는 원래 목수였습니다. 하지만 지난 2개월 동안 아무 일도 하지 못했습니다. 그런데 저에게는 아내와 세 명의 아이가 있습니다. 그들은 저에게 무척 소중한 존재들입니다. 저는 그들을 사랑합니다. 지금 저희 가족은 제가 세계박람회장에서 일할 당시에 저축했던 돈으로 겨우 연명해가고 있습니다.

목사님은 분명 '예수님이라면 어떻게 하실까?'라는 물음을 우리의 삶의 표어로 삼아야 한다고 말씀하셨습니다. 그렇다면 예수님이 저처럼 실직하셨다면 어떻게 하셨을까요? 저의 입장에서는 이렇게밖에 질문할 수가 없습니다. 제가 원하는 것은 일자리입니다. 전에 했던 대로 하루 10시간씩 일할 수만 있다면 무슨 일이든지 감수할 수 있습니다. 정말 모든 방법을 다 동원해 일자리를 찾아다녔습니다. 일자리를 구하지 못한 게 전적으로 저의 책임입니까? 저도 살아야 하고, 저의 아내와 자식들도 살아야 합니다. 그런데 무얼 먹고 삽니까? 예수님이라면 어떻게 하셨을까요?"

맥스웰 목사는 자신의 얼굴을 유심히 응시하고 있는 사람들을 마주 대한 채 앉아 있었다. 맥스웰 목사는 그 사람에게 도움을 줄 수 있는 답이 얼른 생각나지 않았다. 그는 속으로 기도했다.

'오, 하나님! 저 사람은 자신의 질문을 통해 인간악의 복잡한 구조와 인간의 행복을 향한 하나님의 뜻과 상반되는 사회 제반 조건으로 인해 생긴 총체적 사회문제를 지적하고 있습니다. 건강하고 일을 향한 열정이 있는 사람이, 그리고 자신이 일하지 않으면 가족의 생계가 불가능한 사람이 실제적으로 일할 수 없어 자살하거나 굶주려 죽는 상황에 내몰리게 되는 경우보다 더 비극적인 일이 어디 있겠습니까. 예수님이라면 정말 어떻게 하셨을까요?'

그 사람의 질문은 전혀 틀린 것이 아니었다. 만약 예수님의 제자라도 그 사람과 같은 질문을 했을 것이다. 하지만 누구도 쉽게 대답할 수 없는 참으로 어려운 질문이었다. 맥스웰 목사는 그 사람의 모든 상황을 떠올리며 곰곰이 생각했다. 다른 모든 사람도 그 사람의 질문에 관한 답을 생각하고 있었다. 특히 감독은 슬프고 굳은 표정으로 앉아 있었다. 그 질문으로 인해 마음이 동요된 모습이었다. 감독의 옆에 앉아 있던 브루스 목사는 자신도 모르게 고개를 숙였다. 서약을 하고 교회를 떠나 복지관으로 들어온 이후로 인간의 문제가 이처럼 비극적으로 가슴을 짓누른 적은 한 번도 없었다. '예수님이라면 어떻게 하실까?' 정말 어렵고도 어려운 질문이었다. 질문한 그 사람은 여전히 선 채로 있었다. 큰 키에 수척하고 마른 몰골이었다. 마침내 맥스웰 목사가 입을 열었다.

"지금 이 홀 안에 계신 분들 가운데 혹시 과거에 저분과 비슷한 상황에 처해 계셨을 때 크리스천으로서 예수님의 방식대로 행동하려고 노력해보신 분이 계십니까? 만약 계신다면 그분이 저보다 이 질문에 더 잘 답변해주실 수 있을 것입니다."

일순간 홀 안에 정적이 감돌았다. 그때 홀 앞쪽에서 나이가 많은 한 노인이 천천히 일어났다. 앞에 있는 의자 등받이에 올려놓은 그 노인의 손이 그의 인생 역정을 대변하는 것 같았다.

"확실히 저는 그런 상황을 여러 번 경험했습니다. 그리고 그때마다 항상 모든 상황 속에서 크리스천의 자세를 잃지 않으려고 애썼습니다. 실직해 있는 동안 제가 '예수님이라면 어떻게 하실까?'라는 질문을 직접적으로 했다고 말씀드릴 수는 없습니다. 하지만 어떤 상황에서도 그분의 제자의 길에서 벗어나지 않으려고 노력했습니다. 정말입니다."

노인이 감독과 맥스웰 목사를 번갈아 보며 미소를 지었다. 하지만 그 미소는 질문한 사람의 절망적인 모습보다 오히려 더 애처로워 보였다.

"물론 저는 구걸도 했습니다. 그리고 자선단체에도 찾아가 보았죠. 실직한 동안 정말 안 해 본 일이 없습니다. 그렇지만 음식과 난방연료를 얻기 위해 도둑질이나 거짓말을 한 적은 한 번도 없습니다. 물론 제가 했던 그런 일들을 예수님도 하셨을지는 잘 모르겠습니다. 하지만 한 가지 분명한 사실은 실직했을 때 나쁜 짓은 절대로 하지 않았다는 점입니다. 저는 예수님이라면 구걸하느니 차라리 굶주리셨을 것이라는 생각을 가끔씩 했습니다. 하지만 그 생각이 옳은지는 잘 모르겠습니다."

노인의 목소리는 떨리고 있었다. 잠시 정적이 흘렀다. 순간 한 성난 목소리가 정적을 깼다.

"모두 공연한 허튼소리입니다!"

감독으로부터 세 칸 뒤에 앉아 있던 체구가 크고 검은 머리에 덥수룩한 수염을 한 남자가 버럭 소리를 질렀던 것이다. 그 바람에 앞서 질문을 한 사람이 놀란 표정으로 슬그머니 자리에 앉았다. 그리고는 옆에 있는 사람에게 귓속말로 "저 사람은 누굽니까?"라고 물어보았다. 옆 사람 역시 귓속말로 알려주었다. "저 사람은 칼슨입니다. 유명한 사회주의 운동가지요. 그가 무슨 말을 하는지 한 번 잘 들어보세요." 홀 안의 모든 사람의 눈이 칼슨에게로 모였다. 칼슨의 뻣뻣한 수염이 속에서 치밀어 오르는 분노 때문에 떨리고 있었다.

"오늘날 모든 제도는 결함투성이입니다. 우리가 말하는 문명사회는 속에서부터 완전히 썩어 있습니다. 이제 그 환부를 감추거나 미화한다는 것은 더는 소용없는 짓입니다. 지금 우리는 수천 명의 무고한 남자와 여자, 그리고 아이들의 목숨을 빼앗아가는 기업 담합과 자본주의적 탐욕의 시대에 살고 있습니다. 만약 하나님이 있다면, 사실 저는 하나님의 존재를 의심하지만 제가 결혼해서 가정을 만들지 않고 독신으로 사는 걸 그분께 감사드립니다! 가정을 꾸리다니 차라리 지옥으로 가는 게 더 낫지! 지금 이 순간 저 남자의 아내와 세 명의 자녀가 처해 있는 문제보다 더 절실한 문제가 또 있을까요? 그런데 이 도시에만 저 남자와 같은 사람이 수천 명이나 더 있습니다.

반면, 전국의 대도시에서와 마찬가지로 이 도시에서도 자칭 크리스천이라고 하는 수천 명의 사람이 사치와 안락의 삶을 살고 있습니다. 그들은 매 주일마다 교회에 가서 모든 것을 주님께 드리고 십자가를 지며 그분을 끝까지 따라가며 구원을 얻을 것이라고 찬양합니다! 물론 그들 중에는 정말 좋은 사람들도 있습니다. 하지만 오늘 밤 우리에게 말씀을 전해주신 맥스웰 목사님이 제가 지명하는 귀족적인 교회들을 방문하셔서 그곳의 교인들에게 방금 언급하신 서약을 제안하신다면 아마도 많은 사람이 목사님을 비웃으며 바보나 미치광이로 취급할 것이 분명합니다.

오! 이것은 결단코 치료책이 될 수 없습니다. 그렇게 해가지고는 아무 성과도 일어나지 않습니다. 따라서 문제 해결을 위해서는 새로운 정치 형태가 필요합니다. 모든 것을 다시 재건할 필요가 있습니다. 저는 교회를 통한 어떤 개혁도 기대하지 않습니다. 교회는 대중의 편이 아닙니다. 교회는 귀족적인 삶을 사는 사람들과 돈 많은 부자 편에 서 있습니다. 보다 많은 돈을 챙기기 위해 독점 행위를 마다하지 않는 사람들이 바로 교회에 다니는 교인들입니다. 이런 점에서 목사들은 그들을 위한 노예계급이라고 할 수 있죠. 그러므로 우리에게 진정으로 필요한 것은 대중의 권익을 기초로 한 사회주의의 토대 위에서 세워질 새로운 제도입니다."

칼슨은 분명 3분 발언 규칙을 잊고 있었다. 평소 사람들 앞에서 적어도 1시간 이상씩 연설했던 것처럼 본격적으로 이야기를 시작하려고 할 때, 그의 뒤에 앉아 있던 사람이 칼슨을 끌어 앉히고 대신 일어났다. 매우 화가 난 칼슨은 소란을 피우려고 했다. 하지만 감독이 발언 규칙을 상기시켜주자 몇 마디 중얼거리더니 분을 가라앉혔다.

칼슨을 끌어 앉히고 대신 일어난 남자는 사회악을 근본적으로 치료하기 위해서는 단일 세법이 적용되어야 한다며 그 장점을 역설했다. 그 후 또 다른 발언자가 일어나서 교회와 목사들을 신랄하게 비난했다. 그 발언자는 개혁의 진정한 두 장애물은 법원과 교회제도라고 했다. 그리고는 노동자 행색을 한 남자가 벌떡 일어서서 기업, 특별히 철도회사를 향해 줄기차게 욕을 퍼부었다. 다시 3분이 지나자 자신을 철강 노동자라고 소개한 크고 억센 근육질의 남자가 발언권을 신청했다. 그 근육질의 남자는 사회악의 치료책은 노동조합에 있다고 강변했다. 노동조합만이 그 무엇보다 확실하게 노동자들의 황금시대를 보장해줄 수 있다는 내용이었다. 그 다음 사람은 많은 사람이 실직하는 이유를 설명하며 새로 발명된 기계들을 사탄의 작품이라고 비난했다. 이 말에 많은 사람이 한바탕 웃음과 함께 박수를 보냈다.

수많은 난상토의가 이루어진 다음, 감독은 토론시간의 정회를 선언하고 레이첼에게 찬양을 부탁했다. 레이첼은 예수님의 방식대로 행동할 것을 서약한 주일 아침 이후 레이몬드에서 놀라운 한 해를 보내면서 강인하고 겸손한 크리스천의 모습으로 변모해 있었다. 그리고 그동안 자신의 아름다운 목소리의 은사를 온전히 주님을 위해 봉사하는 일에 바쳐오고 있었다. 그녀는 찬양 전에 자신의 목소리를 통해 성령의 놀라운 역사가 일어나게 해달라고 어느 때보다 간절히 기도했다. 찬양을 부르기 시작하면서 그녀는 주님이 지금 자신의 목소리를 사용하고 계신다는 사실을 느낄 수 있었다. 확실히 그 순간 그녀의 기도가 응답되고 있었다.

"들어보라! 부르시는 주님의 음성
　나를 따르라! 나를 따르라!"

맥스웰 목사는 자신이 렉탱글 집회에 처음 참석했을 때, 레이첼이 찬양으로 사람들을 숨죽이게 했던 사실을 떠올렸다. 그리고 이곳에서도 똑같은 결과가 일어났다. 주님을 위해 헌신된 목소리의 놀라운 위력이 아닐 수 없었다. 사실 레이첼 정도의 타고난 재능이라면 충분히 당대의 최고 성악가 반열에 오르고도 남음이 있었다. 모임에 참석한 사람들은 그런 아름다운 선율을 한 번도 들어본 적이 없었다. 먹고살기도 힘든 사람들이 어떻게 들을 수 있었겠는가? 특히 우연히 지나가던 길에 복지관 모임에 참석한 사람들은 '저 세상'의 일반 사람들이 감히 들을 수 없는 소리에 완전히 도취되어 있었다. 만약 세상에서 그런 목소리를 들으려면 감당할 수도 없는 엄청난 돈을 내야 했기 때문에 엄두도 내지 못했을 것이다.

레이첼의 찬양은 사람들에게 구원의 기쁨을 미리 누리게 해주듯 자유롭게 홀 전체를 감쌌다. 큰 얼굴에 검은 수염을 한 칼슨은 음악에 관해 깊은 애정을 가진 자신의 민족성답게 그녀의 찬양에 깊이 빠져들어 있었다. 곧 칼슨의 뺨으로 눈물이 흘러내려 수염을 적셨다. 그 눈물방울로 인해 수염이 반짝거렸다. 그러면서 차츰 얼굴이 부드러워졌다. 매우 고귀한 모습으로의 변하였다. 예수님이라면 자신의 처지에서 어떻게 하셨을지 알려달라고 질문했던 남자는 앞의 의자 등받이에 손을 얹어놓은 채 엄숙히 경청하며 앉아 있었다. 순간적으로 자신의 비극조차 잊은 듯한 표정이었다. 그 남자에게는 찬양시간이 마치 자신의 아내와 세 아이들과 음식과 사랑, 그리고 따뜻함을 주고받는 시간인 양 여겨졌다. 교회와 목사들을 신랄하게 비난했던 발언자는 처음에는 머리를 곧게 세운 채 마치 교회나 예배와 관련된 요소들이 자신의 영역에 침범할 수 없도록 저항하는 듯한 태도로 앉아 있었다. 하지만 점차 홀 안의 모든 사람의 마음을 흔드는 보이지 않는 힘에 굴복하지 않을 수 없었다. 그 발언자의 얼굴에 슬픈 사색의 기운이 감돌았다.

감독은 레이첼이 찬양을 부르는 동안 속으로 '이와 같이 헌신된 소프라노, 베이스, 테너, 알토 성악가들이 죄와 질병, 그리고 타락으로 길을 잃은 사람들에게 찬양을 통해 복음을 전한다면 어떤 방법보다 더 빠르게 하나님의 나라가 임하지 않을까?' 라고 생각했다. 감독은 마음속으로 계속 고민했다. '왜 세상에서 음악에 위대한 재능을 가진 사람들은 자신의 목소리와 몸짓으로 신적인 선율을 울릴 수 있는데도 불구하고 가난한 자들을 외면한 채 그 재능을 돈벌이에만 사용하는가? 그런 재능을 가진 사람들 중에서는 순교자가 나올 수 없단 말인가? 다른 은사처럼 그런 위대한 은사를 정녕 죽어가는 사람들을 위해 베풀 수는 없는가?'

한편 맥스웰 목사는 머릿속으로 렉탱글 집회에서 만났던 사람들을 떠올리고 있었다. 그는 새로운 제자도의 삶의 물결이 이 도시에서 더욱 크게 퍼져나가기를 바랐다. 그는 그동안 복지관이 해온 일들을 바라보며 이 도시의 크리스천들이 예수님의 명령에 따라 그분을 진실되게 따른다면 모든 문제는 곧 해결될 것이라는 신념을 더욱 굳히게 되었다.

'구세주가 이 세상에 오셔서 구원하려고 하셨던, 소외되고 죄로 물든 이 많은 사람을 보라! 그들은 죄와 궁핍, 비참함이 가득한 소망 없는 삶으로 인해 그 무엇보다도 교회들을 무조건 비난하고 있지 않은가!' 그런 생각이 들자 맥스웰 목사는 마음속 깊은 쓰라림을 느꼈다. '오늘날 교회가 주님으로부터 너무 멀리 멀어져 있기 때문에 주님도 더는 교회에 계시지 않으신 게 아닌가? 교회가 기독교 초기의 많은 성도와 달리 세상 사람들에게 아무런 힘도 발휘하지 못하고 있는 것은 아닌가? 교인들의 이기적이고 배타적이고 귀족적인 성향 때문에 사회의 개혁과 구원에서 더는 교회에 무엇을 기대할 수 없다고 밀한 사회주의 운동가의 주장은 정말 사실인가?'

맥스웰 목사는 조용히 앉아서 레이첼의 찬양을 듣고 있는 상대적으로 소수인 이 사람들이 실제로는 모든 세상 사람의 대변자들이라는 사실과 교회가 그들에게 위로와 기쁨을 주는 일에 있어서 술집보다도 더 못했다는 사실을 깨닫자 등골이 오싹해지는 기분을 느꼈다. '만약 모든 크리스천이 예수님의 방식대로 행동한다고 해도 사람들이 일자리를 찾아 거리를 헤매고 교회를 비난하며 술집에서 큰 위안을 삼는 광경이 계속 벌어질까? 오늘 밤 이곳에서 개인적인 고백을 통해 들을 수 있었던 인간의 문제에 관해 과연 크리스천들은 얼마나 책임 있게 행동했는가? 교회들은 예수님을 위해 그분의 발자취를 따르며 실제적인 고난에 동참하는 삶을 언제까지 거부할 것인가?'

맥스웰 목사는 레이첼의 찬양이 끝나고 비공식적인 모임을 가진 다음 공개모임이 폐회한 뒤에도 이 질문을 떨쳐버릴 수 없었다. 그리고 복지관 가족들과 레이몬드에서 온 방문객들이 복지관의 일과에 따라 짧은 저녁 예배를 드리는 동안에도 이 질문을 계속했다. 심지어 감독과 브루스 목사와 함께 새벽 1시까지 회의를 할 때도 이 질문이 떠나지 않았다. 그는 잠들기 전에 무릎을 꿇고 기도하면서도 이 질문을 하면서 모든 교회에 이전까지 없었던 놀라운 영적 세례가 임하기를 온 영혼을 쏟으며 간구했다. 그는 다음날 아침에 눈을 뜬 다음에도 제일 먼저 이 질문을 했고, 온종일 복지관 주위의 구역들을 돌며 풍요로운 삶과는 담을 쌓고 지내는 사람들의 삶을 바라보면서도 계속 이 질문을 던졌다. 특히 시카고에 있는 교회들뿐만 아니라 모든 교회의 크리스천들이 예수님의 발자취를 걸어가기 위해 십자가를 져야 한다는 사실을 깨닫자, 더욱더 이 질문의 답을 찾으려고 계속적으로 노력했다. '과연 우리는 그분을 따라가는 삶을 언제까지 거부할 것인가?'

28.
당신은 진정 주님의 제자인가?

　맥스웰 목사는 그 다음 주일 아침에는 다시 제일교회의 강단에 설 계획이었다. 하지만 금요일 아침, 복지관으로 그를 찾는 전화 한 통이 걸려왔다. 그 전화는 시카고의 어느 대형교회 목사에게서 걸려온 것으로 그 목사는 맥스웰 목사에게 자신의 교회에서 주일 아침 예배와 저녁 예배의 설교를 해달라고 부탁했다. 맥스웰 목사는 처음에는 많이 망설였다. 하지만 성령의 인도하시는 손길을 느끼자 그 목사의 청을 수락했다. 어떤 면에서 그 교회에서의 설교는 맥스웰 목사가 자신의 물음에 관한 답을 시험할 수 있는 기회였다. 그는 복지관 모임에서 사람들이 교회를 향해 퍼부은 비판이 거짓임을 증명하고 싶었다. 그는 거듭 자신에게 질문했다. '과연 교회는 예수님을 위해 얼마나 자기를 부인할 것인가? 그분의 발자취를 얼마나 가까이에서 따라갈 것인가? 교회의 머리 되신 주님을 위해 얼마나 고난을 자청할 것인가?'

토요일 밤, 맥스웰 목사는 거의 밤새도록 기도했다. 그의 영혼이 그토록 씨름한 적은 한 번도 없었다. 레이몬드에서 그토록 강렬한 체험을 했을 때도 이와 같지는 않았다. 이제 그는 새로운 경험의 문턱에 서 있었다. 자신이 정의한 제자도의 삶을 다시 한 번 시험하고, 그를 통해 주님에 대한 진리에 한 발짝 더 다가갈 수 있게 된 것이었다.

주일 아침, 대형교회 예배당은 사람들로 꽉 차 있었다. 지난밤 밤샘을 하고 강단에 올라온 맥스웰 목사는 호기심 어린 눈으로 자신을 쳐다보는 교인들을 보자 압박감을 느꼈다. 그들도 이미 다른 교회들과 마찬가지로 레이몬드 서약운동에 관해 알고 있었다. 그리고 브루스 목사의 행동으로 인해 서약에 관한 관심도 대체로 높은 편이었다. 하지만 그들 내면에는 이런 호기심 말고 더 깊고 중요한 요소가 있었다. 맥스웰 목사는 그것을 느낄 수 있었다. 그는 자신의 능력은 성령의 임재를 통해 온다는 사실을 의지하면서 교인들을 향해 설교를 하기 시작했다.

사실 그는 위대한 설교자는 아니었다. 그에게서 뛰어난 설교자의 자질이나 박력 따위는 찾아볼 수 없었다. 하지만 예수님을 따르기로 서약한 이후부터 차츰 사람들을 충분히 감동시킬 수 있는 요소들과 설득력을 지니게 되었다. 그날 아침, 교인들은 맥스웰 목사에게서 위대한 진리의 중심부에 들어갔다가 깊이 심취되어 나온 자의 겸손과 신실함을 느낄 수 있었다.

맥스웰 목사는 레이몬드 제일교회의 서약운동으로 일어난 결과들을 간단하게 소개한 후, 복지관의 공개모임 이후 자신의 머릿속에서 계속 떠나지 않았던 질문을 교인들에게 묻기 시작했다. 그는 예수님을 찾아와 영생을 얻기 위해 자신이 무엇을 해야 할지 물었던 부자 청년에 관한 이야기를 설교 본문으로 택했다.

"그 부자 청년의 질문에 예수님은 다음과 같이 말씀하셨습니다. '네게 있는 것을 다 팔아 가난한 자들을 나눠주라. 그리하면 하늘에서 보화가 네게 있으리라. 그리고 와서 나를 좇으라.' 하지만 부자 청년은 그와 같은 고난을 감수하고 싶지 않았습니다. 예수님을 따라가는 삶이 고난을 의미한다는 사실을 깨닫자, 그 청년은 그만 주님을 거부했던 것입니다. 그 청년은 정말로 예수님을 따라가기 원했습니다. 하지만 많은 희생을 당하면서까지 따라가고 싶지는 않았습니다. 이것이 사실입니까?"

깊은 사색에 잠긴 맥스웰 목사의 얼굴이 열정적인 호소로 빛나고 있었다. 이 열정적인 호소에 좀처럼 동요하지 않던 교인들도 조금씩 흔들리기 시작했다. 그는 계속 말을 이었다.

"오늘날의 교회, 그리스도의 이름을 따라 명명되어진 교회가 물리적인 희생과 일시적인 손해와 고난 앞에서 예수님을 따르기를 거부한다는 것이 사실입니까? 지난주 복지관 모임에서 어느 노동운동가는 사회개혁과 구원을 위해 교회에 무엇을 기대하는 것은 부질없는 짓이라고 말했습니다. 무슨 근거로 그와 같은 주장을 했겠습니까? 확실히 그의 주장은 오늘날 대부분의 크리스천이 다른 사람의 고통과 필요와 죄보다는 자신의 부와 안락을 더 많이 생각한다는 판단에서 나온 것이 분명합니다. 그 운동가의 말이 정말 사실입니까? 크리스천들은 과연 자신들의 제자도를 시험할 준비가 되어 있습니까? 많은 부를 소유한 사람들은 어떻습니까? 그들은 자신의 부를 시험해서 예수님의 방식대로 사용할 준비가 되어 있습니까? 뛰어난 재능을 가진 성도들은 어떻습니까? 그들은 예수님의 방식대로 사람들을 위해 자신들의 재능을 헌신할 준비가 되어 있습니까?

여러분은 이 세대가 새로운 크리스천의 제자도의 삶을 요구하고 있다는 사실을 모르십니까? 죄악으로 물든 대도시에 사는 여러분은 이 사실을 저보다도 더 분명히 아셔야 할 것입니다. 어떻게 사력을 다해 크리스천들의 도움의 손길을 바라는 사람들의 참혹한 생활상을 우리가 무관심하게 '나 몰라라' 하며 지낼 수 있겠습니까? 여러분은 전쟁보다 술로 인해 더 많은 사람이 죽어간다는 사실에 아무런 관심도 없으십니까? 여러분은 건강한 신체와 일할 의욕을 가진 수천 명의 사람이 일자리를 찾기 위해 대도시의 거리를 방황하고 있으며, 결국 일자리를 찾지 못해 죄악과 자살에 이르는 현실을 간섭할 문제가 아니라고 생각하십니까? 이 모든 것이 여러분과 상관없다고 말할 수 있을까요?

각자 자신을 돌아보십시오. 만약 모든 크리스천이 예수님의 방식대로 행동한다면 지역 사회와 경제계, 그리고 정치계가 변해 사람들의 고통이 크게 줄어들 것이라고 생각하지 않으십니까? 이 도시의 크리스천 전체가 예수님의 방식대로 행동하려고 노력한다면 어떤 결과가 나타날까요? 구체적으로 그 결과가 어떠할지는 알 수 없습니다. 하지만 분명히 말할 수 있는 것은 인간의 모든 문제가 즉시 해결되기 시작할 것이라는 사실입니다.

크리스천의 제자도의 시금석은 무엇입니까? 그것은 그리스도의 때나 지금이나 마찬가지 아닙니까? 우리의 환경 때문에 그 시금석이 변한 것입니까? 예수님이 오늘날 이 자리에 계신다면, 여러분 중 일부에게 부자 청년에게 하셨던 대로 재산을 포기하고 문자 그대로 그분을 따르라고 명령하지 않으실까요? 예수님은 구세주보다 자신의 부에 더 집착하는 사람들에게 확실히 그와 같이 명령하실 것입니다. 제자도의 시금석은 옛날이나 지금이나 동일합니다. 예수님은 그때처럼 지금도 똑같이 우리에게 자기를 부인하고 고난에 동참하며 가까이에서 그분을 따를 것을 요구하신다고 믿습니다. 예수님은 지상에 계실 때 '누구든지 자기의 모든 소유를 버리지 아니하면 능히 내 제자가 되지 못하리라' 고 말씀하셨습니다. 다시 말해 예수님을 위해 고난을 자원하지 않는다면, 그분의 제자가 될 수 없다는 뜻입니다.

이 도시의 모든 크리스천이 예수님의 방식대로 행동하기 시작한다면 무슨 결과가 일어날까요? 앞서 말씀드렸듯 그 결과를 구체적으로 언급하기는 쉽지 않습니다. 하지만 현재 크리스천들 사이에서 자행되는 몇 가지 잘못은 즉시 사라지게 될 것입니다. 부의 문제에서 예수님이라면 어떻게 하실까요? 예수님은 돈을 어떻게 사용하실까요? 그분은 어떤 원리에서 돈을 사용하실까요? 예수님이 과연 고통받는 사람들의 아픔을 무마시켜주기 위해 약간의 돈을 헌금하시면서 그보다 열 배 이상 더 많은 돈을 개인적인 사치와 쾌락에 낭비하는 삶을 사실까요? 예수님은 돈을 벌 때 어떤 원칙을 지키실까요? 자신의 건물을 술집이나 다른 죄악의 소굴에 임대해주고 임대료를 받으실까요? 또는 거의 집이라고 할 수 없는, 사생활 보장이나 청결함은 상상할 수도 없는 셋집을 지어놓고 사람들로부터 월세를 받으실까요?

예수님은 실직의 고통을 안고 거리를 방황하다 교회를 등지거나 비난하는 사람들, 필사적인 싸움으로 얻은 빵을 먹으며 씁쓸해 하면서도 계속적으로 그런 씁쓸한 투쟁 속으로 빠져드는 거리의 많은 사람에 대해 어떻게 하실까요? 예수님은 그들을 보고 아무런 신경도 쓰지 않으실까요? 그 사람들과 비교할 수 없는 절대적인 안락함과 편안함 속에서 계속 안주하실까요? 그 모든 문제가 자신의 일과 상관없다고 말씀하실까요? 자신에게는 그런 비참한 상황의 원인을 제거할 책임이 없다고 변명하실까요? 예수님이 빠르게 흐르는 오늘날의 문명의 한복판에서 거대한 기업에 고용된 어린 소녀들이 겨우 입에 풀칠할 정도의 열악한 급여 때문에 무서운 유혹에 이끌려 헤어 나올 수 없는 깊은 심연 속으로 빠져가는 모습을 보신다면 어떻게 하실까요? 또한 교육, 도덕적 책임, 그리고 개인적 애정과 같은 크리스천의 의무를 도외시한 사업체에서 사람들이 장사 이윤을 핑계로 수백 명의 어린 소년들을 희생시키는 현실을 보신다면 어떻게 하실까요? 예수님이 우리 시대의 산업 현장에 내려오셔서 기업가들이 아는 모든 사실을 목격하실 때, 아무런 감정도 없이 아무런 말씀과 행동도 하지 않으실까요?

'예수님이라면 어떻게 하실까?' 그분의 제자라면 이런 질문을 해야 되지 않겠습니까? 제자는 예수님의 발자취를 따라가라고 명령받은 사람들이 아닙니까? 이 시대의 기독교는 그분을 위해 얼마나 많은 고난을 당하고 있습니까? 과연 삶의 안락함과 편안함, 그리고 부를 희생하면서 자신을 부인하고 있습니까? 이 시대에 개인적 희생보다 더 절실한 게 무엇이 있겠습니까? 선교단체를 세우고 극빈자들의 짐을 약간 덜어주었다고 교회가 예수님을 따르는 의무를 다했다고 할 수 있을까요? 천만 달러 이상 가진 사람이 자선을 위해 일만 달러를 헌금한 것이 희생입니까? 그에게 일만 달러는 실제적으로 아무것도 아닐 텐데 그게 무슨 희생이며 개인적 고난입니까? 정말로 오늘날 대부분 교회의 크리스천들이 진정 희생다운 희생은 하지 않은 채 편안하고 안락한 이기적 삶만을 산다는 게 사실입니까? 예수님이라면 어떻게 하실까요?

크리스천 제자도의 삶에서 강조되어야 할 부분은 바로 개인적 차원입니다. '개인적으로 직접 가져다주지 않은 선물은 속빈 강정이다'라는 말이 있습니다. 대리인을 통해 고통에 동참하겠다는 발상은 그리스도의 정신이 아닙니다. 사업가이든 시민이든 크리스천이라면 예수님의 개인적인 희생의 본을 따라 그분의 발자취를 걸어가야 합니다. 오늘날 우리 앞에 놓인 길은 예수님 시대의 길과 다르지 않습니다. 그 길은 동일합니다. 새로운 시대에 사는 우리에게 요구되는 것은 새로운 제자도, 즉 초대교회의 단순하고 공동체적인 모습과 같이 예수님을 따라가는 새로운 삶입니다. 실로 초대교회의 제자들은 모든 것을 버리고 말 그대로 주님을 따랐습니다. 오직 이와 같은 제자도의 삶만이 이 세대의 파괴적 이기주의를 극복할 수 있습니다.

오늘날 기독교는 거의 이름뿐입니다. 우리에게는 더욱 진정한 기독교가 필요합니다. 그러므로 그리스도의 기독교의 부흥을 위해 노력해야 합니다. 그동안 우리의 삶은 우리 자신도 모르게 게으르고 이기적이고 형식적인 제자도의 삶으로 변질되었습니다. 예수님이 이런 우리의 모습을 보신다면 확실히 얼굴을 돌리실 것입니다. 그래서 우리가 '주여, 주여'라고 외칠 때 주님은 '나는 너희들을 도무지 알지 못한다!'라고 말씀하실 것입니다. 우리는 십자가를 질 준비가 되어 있습니까? 진실하게 다음과 같은 찬양을 부를 수 있습니까?

'십자가를 내가 지고
주를 따라가도다.'

우리가 만약 이런 찬양을 진실 되게 부를 수 있다면 제자도의 삶을 산다고 말할 수 있습니다. 하지만 크리스천의 삶에 대한 우리의 정의가 단순히 예배의 특권을 누리고, 자신을 희생시키지 않는 범위에서 남에게 관대하며, 재미있는 오락거리와 안락한 환경에 둘러싸여 좋고 편한 시간을 즐기며, 규모 없는 삶을 살면서 동시에 세상의 큰 죄악과 고통은 부담스러워 외면하는 삶이라고 한다면, 이것은 분명 크게 잘못된 것입니다. 실로 이것이 우리가 정의하는 기독교라고 한다면 확실히 우리는 잃어버린 인간을 위해 신음과 눈물, 그리고 고통의 흐느낌으로 걸어가셨던, 땀이 굵은 핏방울로 변하며 십자가에서 '나의 하나님, 나의 하나님, 어찌하여 나를 버리시나이까?' 라고 절규하셨던 주님의 발자취와는 동떨어진 길에 서는 셈입니다.

여러분은 새로운 제자도의 삶을 살 준비가 되어 있습니까? 크리스천의 정의를 다시 재고할 용의가 있습니까? 크리스천이 된다는 것이 무엇입니까? 한마디로 예수님을 닮아가며, 그분의 방식대로 행동하는 것입니다. 다시 말해 그분의 발자취를 따라가는 일입니다."

마침내 설교를 마친 맥스웰 목사는 잠시 교인들을 둘러보았다. 교인들은 그의 표정에서 강한 인상을 받았다. 하지만 그 표정의 의미가 무엇인지는 알지 못했다. 지금 이 상류층 교회에는 오랫동안 편안하고 만족스러운 생활을 누리며 허울뿐인 크리스천의 삶을 살아온 수백 명의 사람이 앉아 있었다. 커다란 정적이 회중 위로 덮쳤다. 회중들은 그 정적 속에서 자신에게 생경한 성령의 능력을 의식할 수 있었다. 교인들은 맥스웰 목사가 결단의 시간을 가지고 자신들에게 예수님의 방식대로 행동할 것을 요구할 줄 알았다. 하지만 성령의 인도함을 받고 메시지를 전한 맥스웰 목사는 이번에도 성령을 통해 나타날 결과를 기다렸다. 그는 하나님의 임재가 회중 한 사람 한 사람에게 임할 수 있도록 부드러운 기도를 드린 후 예배를 마쳤다. 사람들이 천천히 자리에서 일어났다.

이때 놀라운 광경이 일어났다. 큰 무리의 교인들이 강단 앞으로 나와 자신들도 예수님의 방식대로 행동하기로 서약하겠다고 다짐한 것이었다. 아마도 맥스웰 목사 스스로 그런 결과를 연출하려고 했다면 도저히 일어날 수 없는 장면이었다. 정말 놀라운 성령의 역사였다. 맥스웰 목사는 그들의 자발적인 모습을 보면서 뜻밖의 결과에 놀랐다. 하지만 지난밤에 미리 이와 같은 결과를 위해 기도하지 않았던가. 주님은 그가 기도했던 것 이상으로 응답해주셨다!

저녁 예배 때도 아침과 똑같은 서약의 물결이 일어났다. 저녁에는 그 교회 봉사회 소속 청년들이 거의 한 사람도 빠지지 않고 앞으로 나왔다. 맥스웰 목사는 참으로 기뻤다. 예배 끝 무렵에 영적 세례의 큰 물결이 강력하게 나타나자, 사람들은 이루 형용할 수 없는 부드럽고 환희에 넘치는 교감을 느낄 수 있었다. 그날은 그 교회 역사상 가장 놀라운 날이었다. 하지만 맥스웰 목사 개인적으로 볼 때도 큰 의미가 있는 날이었다. 밤늦게 복지관으로 돌아온 그는 한 시간 동안 감독과 브루스 목사와 함께 그날 일어났던 놀라운 일들을 나눈 다음 자신의 숙소로 갔다.

맥스웰 목사는 숙소에 혼자 앉아 그리스도의 제자로서 앞으로 자신이 경험하게 될 일들을 생각했다. 그리고 잠자기 전 평소처럼 기도하기 위해 무릎을 꿇었을 때, 갑자기 환상 중에 새로운 제자도가 모든 교회와 크리스천의 양심과 의식 속에 파급될 때 이 세상에서 일어날 수 있는 광경들이 눈에 나타났다. 분명히 그는 완전히 깨어 있었다. 그래서 그는 매우 생생하게 그 결과들을 볼 수 있었다. 그중 어떤 것은 미래에 있을 일들을 예언한 것이었고, 어떤 것은 미래에 이루어지기를 바라는 열망의 표현들이었다. 맥스웰 목사는 그 모든 것을 깨어 있는 상태에서 환상 중에 바라보았다.

맥스웰 목사는 먼저 자신이 레이몬드 제일교회로 돌아가서 자신을 부인하면서 더 겸손하게 살아가는 모습을 보았다. 그리고 그런 삶을 통해 도움을 바라는 사람들을 더욱더 잘 섬기며 사는 것을 보았다. 반면 매우 희미하게 예수님의 행동방식에 관한 자신의 생각에 반대하는 한편의 무리들 때문에 고통당하는 모습도 보았다. 그때 그는 "내 은혜가 네게 족하도다"라는 하나님의 말씀을 들었다.

다음으로 레이첼과 버지니아가 렉탱글 구제사역을 계속 수행하면서 그들의 사랑과 도움의 손길을 레이몬드를 넘어 다른 도시로까지 펼치는 것을 보았다. 곧이어 레이첼과 롤린의 결혼식 장면과 두 사람이 주님의 도구로 헌신하며 그분의 발자취를 열심히 따르는 모습을 보았다. 주님에 대한 두 사람의 열정은 서로에 대한 사랑으로 인해 더욱 순수하고 강력한 힘을 발휘했다. 특히 레이첼은 빈민가와 절망과 죄로 어두운 곳을 찾아가 계속 찬양을 부르면서 잃어버린 영혼들을 하나님의 나라로 인도했다.

세번째로 마쉬 총장이 자신의 학식과 영향력을 최대한 발휘해 도시를 정화하고, 애국심을 고취시키며, 자신을 따르고 존경하는 젊은 남녀들에게 크리스천의 봉사의 삶을 살도록 영감을 불어넣어 주는 것을 보았다. 또한 마쉬 총장은 학생들에게 배움은 약한 자와 무지한 자를 위한 커다란 책임을 동반한다는 사실을 가르쳐주고 있었다.

네번째로 알렉산더 파워즈 씨가 어려운 시련을 겪는 모습을 보았다. 그는 자신의 정직한 행동으로 인해 가족과 친구들로부터 외면을 받고 슬픔에 잠겨 있었다. 하지만 그는 사회적 명성과 부를 잃었음에도 불구하고 자신의 제자도의 길을 자랑스럽게 걸어가면서 온힘을 다해 주님을 섬기며 순종의 삶을 살고 있었다.

다섯번째로 밀턴 라이트 사장이 커다란 실패를 겪는 장면이 나타났다. 그는 자신의 서약 때문에 복잡한 세상적인 상황 속에서 사업상 큰 손해를 보는 지경에 몰렸다. 하지만 명예롭고 깨끗한 크리스천 기업가의 자세로 어려움에서 빠져나와 다시 일어나 수많은 젊은이에게 사업을 할 때, 예수님의 방식대로 행동하는 것이 무엇인지를 보여주는 본보기가 되었다.

여섯번째로 데일리뉴스 신문의 사장인 에드워드 노먼 씨를 보았다. 노먼 사장은 버지니아가 기부한 돈으로 언론계에서 큰 세력을 구축했고, 그 결과 국정의 원칙과 정책수행을 결정하는 데 중요한 입김을 불어넣는 위치까지 올랐다. 실로 기독교 세계관을 지향하는 신문의 위력을 잘 보여주는 사례였다. 그리스도의 제자로 서약을 한 다른 언론인들도 노먼 사장으로부터 자극을 받아 잇따라 기독교 신문을 창간했다.

일곱번째로 주님을 부인했던 야스퍼 체이스가 등장했다. 그는 점점 냉혈적이고 냉소적이며 무감각한 사람으로 변해갔다. 그는 계속해서 사회적으로 성공할 수 있는 통속 소설들을 썼다. 하지만 소설을 쓸 때마다 자신이 주님을 부인했다는 사실 때문에 양심의 가책을 느꼈다. 그는 그런 아픔을 사회적 성공을 통해 상쇄하려고 했지만 모두 헛수고였다.

여덟번째로 로즈 스털링의 모습을 보았다. 그녀는 몇 년 동안 이모와 동생인 펠리시아의 도움을 받다가 자신보다 훨씬 나이가 많은 남자와 결혼했다. 자신의 삶의 전부였던 물질적인 사치를 다시 누리고 싶다는 욕망 때문에 단순히 부자라는 이유만으로 사랑도 하지 않는 사람과 결혼했던 것이다. 그때 그녀의 삶 앞에 어둡고 무서운 그림자가 드리워지는 것이 보였다. 하지만 그것이 구체적으로 무엇인지는 알 수 없었다.

아홉번째로 펠리시아와 스티븐이 행복한 결혼생활 가운데 아름다운 삶을 살고 있는 장면을 보았다. 그들은 열정을 가지고 고난 속에서도 즐거워하며, 대도시의 어둡고 무서운 곳에 찾아가 향기로운 봉사의 손길을 펼쳤다. 또한 그들 주위의 집 없이 방황하는 사람들에게 헌신하며, 그 영혼들을 구원하기 위해 자신들의 집으로 데려가 정성껏 보살펴주었다.

열번째로 브루스 목사와 감독이 복지관 사역을 열심히 수행하는 모습을 보았다. 복지관 정문 위에 매우 선명하게 큰 글씨로 쓴 "예수님이라면 어떻게 하실까?"라는 표어가 보였다. 복지관 가족들은 그 표어대로 모두 예수님의 발자취를 줄기차게 따라가고 있었다. 복지관 사역을 통해 구원받은 번즈와 그의 동료, 그리고 번즈와 비슷한 처지에 있는 많은 사람이 다시 다른 사람들을 위해 자신들을 내어주는 장면이 보였다. 그들은 한결같이 하나님의 은혜로 세상의 유혹과 싸우며 매일매일의 삶에서 세상으로부터 버림받았던 자신들 속에 새 생명이 태어났음을 증거했다.

순간, 갑자기 환상이 사라지는 듯 했다. 맥스웰 목사는 무릎을 꿇은 채로 기도하기 시작했다. 그러자 다시 환상이 나타났다. 하지만 미래를 예언한 조금 전의 환상과 달리 이번에는 미래를 향한 소망이 그려졌다. 곧, 시카고뿐만 아니라 온 세계에서 새롭게 일어나는 예수님의 교회의 모습이 보였다. '하지만 교회가 과연 예수님을 따를 것인가? 레이몬드 제일교회에서 시작된 서약운동이 표면적으로는 큰 파문을 일으켰지만 나사렛애비뉴교회와 오늘 설교한 교회처럼 몇몇 교회에만 국한된 채 더는 깊고 넓게 뻗어 나가지 못하고 그 생명을 다하지는 않을까?' 맥스웰 목사는 다시 고뇌에 빠졌다. 하지만 이어진 환상 중에 예수님의 교회들이 성령의 역사에 문을 열고 예수님의 이름으로 자기 만족과 안락함을 떨쳐버리고 새롭게 일어나는 광경을 보았다. 또한 "예수님이라면 어떻게 하실까?"라는 표어가 모든 교회의 문 위에, 그리고 모든 크리스천의 마음판에 새겨져 있는 것을 볼 수 있었다.

예수님의 교회에 관한 환상이 사라진 후에 더욱 선명한 또 하나의 환상이 나타났다. 맥스웰 목사는 전세계 기독교 봉사회 소속 청년들이 큰 대회에서 "예수님이라면 어떻게 하실까?"라는 글씨가 쓰인 깃발을 들고 거대한 행렬을 이루며 행진하는 모습을 보았다. 그 대회에 참가한 젊은 남녀들의 얼굴에서 고통, 희생, 자기 부인, 순교의 기쁨을 읽을 수 있었다. 이 환상이 차츰 사라지면서 예수님이 자신과 자신의 삶을 따르는 모든 사람을 손짓으로 부르시는 장면이 나타났다. 어딘가에서 천사들이 찬양하는 소리가 들렸다. 그리고 많은 무리가 위대한 승리를 찬양하는 소리도 들렸다. 예수님의 형상이 점점 더 빛을 발하고 있었다. 예수님은 길게 뻗은 계단 맨 위에 서 계셨다. 맥스웰 목사가 너무도 반가운 나머지 크게 외쳤다.

"정말 예수님이시군요! 오, 나의 주님! 당신의 빛과 진리로 이 세대의 크리스천들에게 임해주소서! 우리로 하여금 당신의 길을 따라

갈 수 있도록 도와주소서!"

 마침내 모든 환상을 다 본 맥스웰 목사가 자리에서 일어섰다. 천상의 영광을 본 사람처럼 두려움이 가득한 표정이었다. 예수님의 제자인 맥스웰 목사는 믿음과 사랑에서 나오는 소망을 붙잡고 잠자리에 들었다. 그는 기독교 국가의 부활에 관한 꿈을 꾸었다. 또한 그 꿈속에서 예수님의 교회가 한 점 흠이나 부끄러움 없이 온전한 순종의 자세로 주님의 발자취를 따라가는 모습을 보았다.

〈끝〉

♠ 예수님이라면 어떻게 하실까 1

이 책을 읽고 나의 처지에서 예수님이라면 어떻게 하실까,
가장 고민되는 것은 무엇인가? 예수님의 마음으로 해결책을 적어보세요.

....

....

....

....

....

....

♠ 예수님이라면 어떻게 하실까 2

이 책을 읽고 나의 처지에서 예수님이라면 어떻게 하실까,
가장 고민되는 것은 무엇인가? 예수님의 마음으로 해결책을 적어보세요.

....

....

....

....

....

♠ 예수님이라면 어떻게 하실까 3

이 책을 읽고 나의 처지에서 예수님이라면 어떻게 하실까,
가장 고민되는 것은 무엇인가? 예수님의 마음으로 해결책을 적어보세요.

....

....

....

....

....